金融安全系列教材

国际金融安全

INTERNATIONAL FINANCIAL SECURITY

主　编　张炳辉
副主编　张辛雨

中国金融出版社

责任编辑：王效端　张菊香
责任校对：李俊英
责任印制：丁淮宾

图书在版编目（CIP）数据

国际金融安全/张炳辉主编．—北京：中国金融出版社，2020.8
金融安全系列教材
ISBN 978－7－5220－0702－1

Ⅰ.①国…　Ⅱ.①张…　Ⅲ.①国际金融管理—教材　Ⅳ.①F831.2

中国版本图书馆 CIP 数据核字（2020）第 126065 号

国际金融安全
GUOJI JINRONG ANQUAN
出版
发行　中国金融出版社
社址　北京市丰台区益泽路 2 号
市场开发部　(010)66024766，63805472，63439533（传真）
网 上 书 店　http://www.chinafph.com
(010)66024766，63372837（传真）
读者服务部　(010)66070833，62568380
邮编　100071
经销　新华书店
印刷　保利达印务有限公司
尺寸　185 毫米×260 毫米
印张　13.25
字数　300 千
版次　2020 年 8 月第 1 版
印次　2020 年 8 月第 1 次印刷
定价　42.00 元
ISBN 978－7－5220－0702－1

“金融安全系列教材”编委会

总序言

金融是现代经济的核心，金融安全事关国家经济安全和社会稳定大局。进入经济新常态以来，我国面临着增长速度换挡期、结构调整阵痛期、前期刺激政策消化期“三期叠加”的严峻挑战，金融安全威胁和风险与日俱增，金融风险已成为当前最突出、最显著的重大风险。习近平总书记强调，金融安全是国家安全的重要组成部分，是经济平稳健康发展的重要基础。维护金融安全，是关系我国经济社会发展全局的一件带有战略性、根本性的大事。可见，维护金融安全已被提升到国家战略高度。

党的十九大报告进一步明确提出“要坚决打好防范化解重大风险、精准脱贫、污染防治的攻坚战”，2017 年中央经济工作会议要求打好防范化解重大风险攻坚战，重点是防控金融风险，体现了党中央维护金融安全的坚强决心。

如何全方位防范金融风险，守住金融安全底线引起了学术界和金融业界的广泛关注。长春金融高等专科学校作为一所具有 40 年建校历史和 22 年中国人民银行部属办学底蕴的金融高等院校，历来高度重视金融理论与实践问题的研究。2016 年 11 月，学校成立了吉林省社会科学重点领域研究基地——吉林省金融安全研究基地，2017 年 4 月，依托基地成立吉林省金融安全研究中心，张炳辉校长亲自担任研究中心主任，全面启动金融安全研究。

2017 年 10 月，吉林省金融安全研究中心组织学校科研处、高教研究所、金融学院、会计学院、经济管理学院及信息技术学院的教学科研团队，着手“金融安全系列教材”的编写。

该丛书是国内第一套关于金融安全的系列教材，具有鲜明的独创性，体现了我们对于金融安全问题全面系统的理性思考，也是我校金融安全研究中心的重要研究成果。本丛书的内容植根于传统的金融安全理论，科学地吸收了金融脆弱性理论、系统性风险理论的精华，也加入了对于近年来金融业实践的反思，融合了当前经济金融态势对金融安全的新要求。在此基础上，丛书充分体现出教材的规范性，科学界定金融安全的内涵，对相关领域金融安全的重点问题、各类金融风险的本质和表现形式进行系统梳理，使读者了解金融安全的基本理论和防范金融风险的业务规范。丛书既可以作为高等职业院校金融安全教学的专业教材，也可以作为金融从业人员的岗位培训教材。

“金融安全系列教材”包括《金融安全概论》、《金融行业安全》、《金融市场安全》、《金融信息安全》、《互联网金融安全》、《国际金融安全》、《金融安全审计》和《金融法律法规》。张炳辉教授担任编委会主任，全面负责丛书的整体结构设计和各本教材的统稿工作。编委会副主任高同彪教授协助完成教材统稿及审稿工作。耿传辉教授、吕鹰飞教授、韩国薇教授、徐丽教授、邢敏教授、任春玲教授、张辛雨博士分别协助组织8本教材编写。丛书编写团队阵容强大，包括11位教授、13位博士和40余位优秀中青年骨干教师。“金融安全系列教材”作为金融安全研究领域的一项重大成果，在改革开放40周年和长春金融高等专科学校恢复建校40周年之际，献礼学界，以飨读者。

丛书编写过程中，我们参阅了大量国内外相关教材、著作和学术论文，参考了很多专家学者的观点，在此，对相关学者深表敬意并由衷感谢！中国金融出版社的相关编审人员对本丛书提出了宝贵的修改完善意见，在此也对编审团队的辛勤工作表示衷心的感谢！

由于编者水平的限制，加之时间紧迫、相关参考资料难求，书中难免存在缺陷，恳请同行专家和读者不吝指正，以便再版时修改完善。

编　者

2018年10月

前言

从世界范围来看，各国之间的金融一体化与金融合作空前发展，国际金融安全业已成为应对金融全球化的一个重要战略。党的十九大以来，随着金融安全上升为国家战略，维护国际金融安全关乎国际金融体系的稳定，对于防范化解国际金融风险有着重要意义。随着金融全球化的发展，国际资本流动对全球经济的影响不断增强，各国参与国际金融活动的广度和深度日益增大，在平衡国际收支、改革汇率制度、调整国际储备结构、开展国际货币合作、稳定国际货币体系等方面都出现了许多问题和动向，需要我们去解读和深入研究。

本书编写适逢我国经济转型升级的关键期，经济生活中“脱实向虚”风险不容小觑，经济发展需要金融的强有力支撑。鉴于此，在内容设计上，教材以国际金融安全和防范风险为基础，一方面，详细分析影响国际金融安全的各类因素，以及当前国际金融面临的新环境、可能出现的新问题，提出在新型国际金融环境下有效维护国际金融安全的对策和建议；另一方面，阐述国际资本流动、国际债务、国际储备、国家货币主权、外汇交易、国际结算相关概念的含义、类型和基本特征，针对现行国际金融市场的发展状况，提出可供参考的国际资本流动、金融风险防范措施和解决办法。

本书在结构上，立足于各个章节设定的教学目的和要求，以深化学生对教学内容的理解为出发点和落脚点，在教学安排中设置案例分析、拓展阅读、课后强化习题等环节，着力培养学生运用所学理论提出问题、分析问题、解决问题的能力。

作为国际金融安全教学用书，教材逻辑清晰、内容翔实，适用于高职高专财经类金融、会计、管理等相关专业学生使用，亦可为金融从业者、投资者提供有益参考。本书由张炳辉教授担任主编，负责全书的整体结构设计、统稿。张辛雨博士担任副主编，协助主编完成统稿和审稿。在具体分工中，第一章由张辛雨编写，第二章由李楠编写，第三章由刘瑾编写，第四章、第六章由黄星月编写，第五章、第七章由赵科乐编写，徐杨担任责任编辑。

本书在编写过程中参阅了大量的国内外文献、相关教材，参考了许多专家学者的观点，在此对所有相关作者表示衷心的感谢！由于国际金融安全内容广泛，加之编者的水平有限，直接相关的参考资料难求，书中难免存在错漏和不足之处，恳请高等教育、金融行业专家和广大同仁、读者给予批评指正并提出宝贵意见，以便进一步完善和提高。

编者

2020 年 8 月

目录

第一章

国际金融安全概述

【教学目的和要求】

通过本章学习，了解国际金融风险、国际金融安全的内涵；掌握影响国际金融安全的各类因素，了解这些因素对我国金融安全的具体影响；了解当前国际金融面临的新环境、新问题，思考在新的国际经济金融环境下如何有效维护我国的国际金融安全。

从全球视角来看，国际金融研究国际货币金融的整体运行；从一国视角来看，国际金融研究开放环境下货币金融的运行。国际金融研究的具体领域有国际收支、外汇与汇率、国际储备、国际金融市场、国际资本流动、国际货币体系、国际金融机构及金融全球化等。随着经济全球化的高速发展，各国参与国际金融活动的广度与深度日益加强，在平衡国际收支、优化汇率制度、调整国际储备结构、开展国际货币合作、稳定国际货币体系等方面都出现了许多新问题和新动向。尤其是国际资本快速流动，国际金融市场的理念创新、制度创新、工具创新等，都增加了潜在的全球性金融风险，因此，把握当代国际金融发展的脉搏、防范国际金融风险、维护国际金融安全的重要性日益凸显。

第一节　国际金融安全的内涵

一、国际金融与国际金融安全

国际金融集中体现了一国对外经济活动的能力，全球化趋势的增强、国际资本流动对全球经济影响日益加深以及金融市场的创新加剧了国际金融风险，尤其是随着美国次贷危机、欧洲债务危机的爆发，理论界开始探索新形势下如何实现金融稳定与金融安全。本节从国际金融安全的内涵入手，分析影响国际金融安全的因素。

（一）国际金融的含义

国际金融（International Finance）是指国家和地区之间由于经济、政治、文化等联系而产生的货币和资本周转和运动。国际金融以国际间的货币金融关系为研究对象，既探索国际间货币和资本运动规律及影响因素等基本理论问题，又探索政府、金融机构、企业等部门和个体管理国际间货币和资本运动的具体手段。

国际金融与一国的金融既有密切联系，又有很大区别。国内金融主要受一国金融法令、条例和规章制度的约束，而国际金融则受到各个国家互不相同的法令、条例以及国际通用的惯例和通过各国协商制定的各种条约或协定的约束。由于各国的历史、社会制度、经济发展水平各不相同，在对外经济、金融领域采取的方针政策上存在很大差异，由此可能会引发矛盾和摩擦，带来国际金融安全隐患。

（二）国际金融安全的内涵

1. 狭义的内涵。关于国际金融安全的含义，目前学术界没有统一的界定，我们先通过金融安全的概念来对国际金融安全内涵进行理解。金融安全是金融经济学研究的基本问题，通常是指货币资金融通的安全和整个金融体系的稳定。金融安全与金融风险、金融危机紧密联系，金融风险主要从金融结果的不确定性的角度来探讨风险产生及其防范问题，金融安全则主要从保持金融体系正常运行与发展的角度来探讨威胁与侵袭来自何方及如何消除。金融风险的产生构成对金融安全的威胁，金融风险的积累和爆发造成对金融安全的损害，对金融风险的防范就是对金融安全的维护。然而，金融风险不一定会导致金融的不安全，如果对金融风险控制得好、运筹得好，在广泛金融风险中也能够维持金融安全的平稳态势，因此，金融风险的大小、金融安全程度的高低取决于该国防范和控制风险的能力，即防范和控制风险的能力越强，则该国面临的风险就越小、金融安全程度就高。但是，金融不安全不代表一定会有金融危机的爆发，金融不安全的表现主要是金融风险与金融危机，然而金融危机是金融不安全状况积累的爆发结果，是金融风险的结果。

由此可见，金融安全是动态发展的安全，是面对不断变化的国际、国内金融环境所具备的应对能力的状态。学者普遍认为国际金融安全是应对金融全球化负面影响的产物，在金融全球化的发展过程中，与其相伴的蔓延效应使金融危机迅速扩散，产生巨大的波及效应和放大效应，国际金融动荡已成为一种常态。因此，国际金融安全问题被作为应对金融全球化的一个重要战略而提出，它已成为国家安全战略的一个重要组成部分。

综上，基于金融安全的含义，我们对于国际金融安全可以狭义理解为防范一国国际金融风险，维护国际金融体系稳定。

2. 广义的内涵。广义上，有学者从金融国际化视角来看待国际金融安全，具有代表性的是刘锡良（2012）在《中国金融国际化中的风险防范与金融安全研究》一书中，立足全球金融体系发展新格局，依托中国新金融安全观，基于全球视角的金融国际化进程，分别从货币国际化、资本流动国际化、金融机构国际化、金融业务国际化、金融市场国际化以及金融监管国际化六个维度对于一国国际金融安全面临的威胁进行深入分析，也为本书从金融国际化视角界定国际金融安全的含义带来了启示。

随着国际范围内的金融一体化与金融合作空前发展，国际金融联系日益密切而引发的金融风险与防范成为广义上的国际金融安全的内涵。

从拉美国家债务危机、墨西哥金融危机，到东南亚金融危机，再到俄罗斯金融危机以及美国次贷危机，说明金融国际化面临着巨大的风险，甚至可能需要付出巨大代价才能完成这种过程。因此，如何安排本国金融开放的步骤与顺序，以最大限度收获国际金融合作的利益，防范和化解金融风险，确保本国金融安全，这已经成为国际金融理论界的重大课题之一。

二、影响国际金融安全的因素

国际金融由国际收支、国际汇兑、国际结算、国际信用、国际储备、国际资本流动、国际投资和国际货币体系等内容构成。它们之间相互影响，相互制约：国际收支必然产生国际汇兑和国际结算；国际汇兑中的货币汇率对国际收支又有重大影响；国际收支的许多重要项目同国际信用和国际投资直接相关。相应地，这使得国际金融安全的影响因素错综复杂。

（一）国际收支与金融安全

国际收支（Balance of Payments）反映一国的国际经济关系与经济结构和经济发展水平，是一国在一定时期内本国居民和非本国居民之间产生的全部国际经济交易价值的系统记录。按照国际货币基金组织的定义（《国际收支手册》第六版），国际收支是指“某个时期内居民和非居民之间的交易汇总统计表，组成部分为货物和服务账户、初次收入账户、二次收入账户、资本账户和金融账户”。国际收支一般按一年、半年或一个季度计算。

一国国际收支中一般存在以下问题，并逐渐演变为影响金融安全的因素：

1. 国际收支失衡对金融安全的影响。大多数国家国际收支不平衡，无论是逆差还是顺差，如果数额巨大且又长期持续存在，都会引起一系列不良后果。

国际收支逆差的影响具体表现在：本国向外大举借债，加重本国对外债务负担；黄金外汇储备大量外流，削弱本国对外金融实力；本币对外贬值，引起进口商品价格和国内物价上涨；资本外逃，影响国内投资建设和金融市场的稳定；压缩必需的进口，影响国内经济建设和消费者利益。

国际收支顺差的影响具体表现在：外汇储备大量增加，使该国面临通货膨胀的压力和资产泡沫隐患；本国货币汇率上升，会使出口处于不利的竞争地位，影响本国的就业率；本国汇率上升，会使外汇储备资产的实际价值受到外币贬值的影响而减少；本国汇率上升，本币成为硬货币，易受外汇市场抢购的冲击，破坏外汇市场的稳定，加剧国际间摩擦。

2. 政府调节国际收支对金融安全的影响。首先，尽管各国之间的经济协调不断增加，但这种经济协调很难达到超经济主权的层级。当出现全球经济失衡尤其是相关国家发生国际收支结构性不平衡、国际债务增加、汇率大幅度震荡时，多数国家往往把自己的偏好以及自己的国家利益放在首位，不愿进行相应的经济调整，有的国家采取贸易保护、外汇管制等激进措施，这些行为很容易产生无序的全球经济失衡调整过程，进而加剧全球经济风险。其次，各国政府力求改善国际收支平衡会采取各种干预措施，本国的干预措施常常引起其他有关国家相应的对抗和报复行动，从而减弱或抵消该国调节措施的作用。最后，调节国际收支的措施常存在同国内经济发展背离的现象，如提高利率调节国际收支，往往会在经济复苏期间阻碍本国国内经济发展。

（二）国际汇兑与金融安全

国际汇兑是指因办理国际支付而产生的外汇汇率、外汇市场、外汇管制等安排和活动的总和。

1. 外汇。外汇是国际汇兑（Foreign Exchange）的简称，一般指充当国际支付手段、国际流通手段和购买手段的外国货币以及外币支付凭证。外汇的概念具有动态和静态双重含义：

（1）动态外汇，是指货币在国际上的自由流动，以及人们把一个国家的货币兑换成另一个国家的货币，借以清偿国际间债权、债务关系的一种专门性的经营活动。这种不同国家货币相互兑换的金融活动就是外汇的动态含义，即国际汇兑。

（2）外汇的静态概念有狭义和广义之分，指的是其物质存在形态。狭义的外汇指的是以外国货币表示的，为各国普遍接受的，可用于国际间债权债务结算的各种支付手段。它必须具备三个特点：可支付性（必须以外国货币表示的资产）、可获得性（必须是在国外能够得到补偿的债权）和可兑换性（必须是可以自由兑换为其他支付手段的外币资产）。广义的外汇指的是一国拥有的一切以外币表示的资产。国际货币基金组织（IMF）对此的定义是："外汇是货币行政当局（中央银行、货币管理机构、外汇平准基金及财政部）以银行存款、国库券、长短期政府证券等形式保有的在国际收支逆差时可以使用的债权。"

2008 年修正颁布的《中华人民共和国外汇管理条例》第三条规定："本条例所称外汇，是指下列以外币表示的可以用作国际清偿的支付手段和资产：（一）外币现钞，包括纸币、铸币；（二）外币支付凭证或者支付工具，包括票据、银行存款凭证、银行卡等；（三）外币有价证券，包括债券、股票等；（四）特别提款权；（五）其他外汇资产。"

2. 外汇市场。外汇市场是一个分散于全球各地用于交易货币和有价证券的金融市场。外汇市场具有空间统一性和时间连续性两个基本特点。空间统一性是指由于各国外汇市场都用现代化的通信技术进行外汇交易，因而使它们之间的联系非常紧密，整个世界越来越连成一片，形成一个统一的世界外汇市场；时间连续性是指世界上的各个外汇市场在营业时间上相互交替，形成一种前后继起的循环作业格局。

3. 外汇管制。外汇管制是一个国家为维护本国经济权益和改善国际收支，对本国与外国的国际汇兑、国际结算等实施的限制和管理。

国际汇兑对金融安全的影响主要包括汇率变动影响投资收益，产生汇兑风险；此外，外汇业务中的利率、信用和政策风险也是影响金融安全的主要因素，我们在后面的内容中会继续阐述。

（三）国际结算与金融安全

国际结算（International Settlement）是指国际间办理货币收支调拨，以结清不同国家中两个当事人之间的交易活动的行为。它主要包括支付方式、支付条件和结算方法等。国际结算所采用的方式是在各国经济交往中自发产生的，汇款、托收、信用证等主要国际结算方式都是历史的产物。

国际结算是一项技术性很强的国际金融业务，且涉及许多复杂的社会、经济问题。社会制度不同、经济发展水平相异的国家或国家集团，对国际结算方式的要求和选择也不同，各国都力争采用对本国最为有利的结算方式，这可能引发金融风险。国际结算风险是指在国际结算过程中，由于多种因素的影响而使国际结算过程中的有关当事人蒙受损失的不确定性，我们在后面内容中会详细阐述。

（四）国际信用与金融安全

国际信用（International Credit）是国际货币资金的借贷行为，没有国际借贷资金周转运动，国际经济、贸易往来就无法顺利进行。国际信用主要有：国际贸易信用、政府信贷、国际金融机构贷款、银行信用、债券发行、补偿贸易、租赁信贷等。

国际信用同国际金融市场关系密切，也是影响国际金融安全的主要因素。现代的市场经济可以称为“信用经济”，信用行为贯穿于经济运行的各个环节，债权债务关系无处不在，相互交织，形成网络。这时，在越来越复杂的经济联系中，有可能造成失信行为的因素增多；而任何一个环节出现失信现象，都会造成交易链条中断，极易引起连锁反应，严重时会导致经济危机。

（五）国际投资与金融安全

国际投资（International Investment）是指跨国公司等国际投资主体，将其拥有的货币资本或产业资本，通过跨国界流动和营运，以实现价值增值的经济行为。国际投资是货币资本从一国转移到另一国，以获取更多利润为目的的活动。参与国际投资活动的资本形式是多样化的，既有以实物资本形式表现的资本，也有以无形资产形式表现的资本；参与国际投资活动的主体也是多元化的，包括官方和非官方机构、跨国公司、跨国金融机构及居民个人投资者，而跨国公司和跨国银行是其中的主体。

国际投资中存在许多影响金融安全的因素，在确定海外投资策略前，投资人必须首先了解海外投资的风险，包括投资国货币和本币兑换的汇率风险；投资国法律和法规的健全性；此外，投资国制度的透明度、投资国的信用风险、投资国的政策风险以及本国与投资国的外交和经济关系的变化也一样会影响投资的风险。

（六）国际货币体系与金融安全

国际货币体系（International Monetary System）也称作国际货币制度，一般指自发或协商形成的有关国际交往中所使用的货币以及各国货币之间汇率安排的国际制度，即各国政府为适应国际贸易与国际支付的需要，对货币在国际范围内发挥世界货币职能所确定的原则、采取的措施和建立的组织形式的总称。

国际货币体系是国际金融领域的重要组成部分。它包括以下几方面内容：一是各国货币比价即汇率的确定；二是各国货币的兑换性和在国际支付方面采取的措施，包括对经常项目、资本与金融项目管制与否的规定，国际结算原则的规定；三是国际收支的调节；四是国际储备资产的确定；五是确定国际货币发行国的国际收支及约束机制。国际货币体系先后经历过的主要类型包括：国际金本位制度、布雷顿森林体系和牙买加体系，如表1－1所示。

表1－1　　　　国际货币体系的划分

类型	产生背景	主要内容
国际金本位制度	1816年，英国制定了《金本位制度法案》，率先采用金本位制度；鉴于当时英国在国际上的地位和影响，英国的做法被欧洲各国及美国纷纷效仿；到19世纪80年代，金本位制度发展成为世界性的货币制度	一是黄金充当国际货币；二是各国货币之间的汇率由它们各自的含金量对比所决定，金本位制度下的汇率是非常稳定的；三是国际收支可以实现自动调节
布雷顿森林体系	1944年7月，第二次世界大战44个同盟国的300多位代表出席在美国新罕布什尔州布雷顿森林市召开的“联合国货币金融会议”，商讨重建国际货币制度，在这次会议上产生的国际货币体系因此被称为布雷顿森林体系	一是美元与黄金挂钩；二是其他国家货币与美元挂钩，其他国家政府规定各自货币的含金量，通过含金量的比例确定同美元的汇率；三是实行可调整的固定汇率；四是确定国际储备资产，使美元成为各国外汇储备中最主要的国际储备货币；五是国际收支的调节，即短期的失衡由IMF提供信贷来解决，长期的失衡则通过调整汇率评价来调节
牙买加体系	国际货币基金组织（IMF）于1972年7月成立一个专门委员会研究国际货币制度的改革问题，1974年6月提出“国际货币体系改革纲要”，对黄金、汇率、储备资产、国际收支调节等问题提出了一些原则性的建议；1976年1月，国际货币基金组织（IMF）理事会“国际货币制度临时委员会”在牙买加首都金斯敦举行会议，讨论国际货币基金协定的条款，签订达成了“牙买加协议”，同年4月，国际货币基金组织理事会通过了《IMF协定第二修正案》，从而形成了新的国际货币体系	一是多元化的国际储备体系，包括美元、英镑、日元等在内的自有外汇占主要地位；二是多元化的汇率制度，IMF成员国可以自行安排汇率制度，具体划分为完全的固定汇率制、货币局制度、传统的盯住汇率制、盯住水平带的汇率制、爬行盯住、爬行的带状汇率制、没有事先宣传路径的管理浮动制以及独立的浮动制共八类；三是多种国际收支的调节手段，允许会员国通过汇率、利率、国际金融市场以及IMF的协调作用等多种手段来调节国际收支

国际货币体系的作用包括：建立有效的汇率机制，防止货币恶性贬值；为国际收支不平衡的调节提供有利手段；促进各国的经济政策协调。

首先，确定国际清算和支付手段的来源、形式和数量，为世界经济的发展提供必要的国际货币，并规定国际货币及其同各国货币的相互关系的准则。其次，确定国际收支的调节机制，以确保世界经济的稳定和各国经济的平衡发展。最后，确立有关国际货币金融事务的协商机制，建立有关的协调和监督机构，以监督各国的行为，提供磋商的场所，制定各国必须共同遵守的基本行为准则，并在必要时提供帮助。

鉴于此，国际货币体系对于国际金融安全起到至关重要的平衡作用。然而，20世纪90年代后，随着金融危机频频爆发，尤其是美国次贷危机蔓延以及欧洲各国深陷主权债务危机，全球经济失衡加剧，各国对危机爆发的深层次原因进行分析，现行国际货币体系的合理性遭到质疑，如何在推动国际金融秩序不断朝着公平、公正、包容、有序方向发展过程中变革现行的国际货币体系，是防范国际金融风险的关键所在。理论界普遍认为，国际货币体系的缺陷是近30年来世界金融危机频发的制度性根源，美国前财政部长劳伦斯·萨默斯（Lawrence H. Summers）甚至把这种国际货币体系格局下的世界经济称为“金融恐怖平衡”。具体而言，关于国际货币体系改革的方案主要有以下五种：重回金本位制、重新构建布雷顿森林体系、建立以汇率完全浮动为特征的国际货币体系、实行多元货币本位、设立超主权货币本位。

综上所述，国际金融安全的影响因素错综复杂，除了上述影响因素，国际资本流动、国际债务危机等因素也加剧了国际金融风险，影响金融稳定与金融安全，在本书后面内容中还要详细阐述。

第二节　金融开放与国际金融安全

当一国实行对外开放，就必然面临金融风险，本国的金融安全也会受到威胁。本节内容以中国金融市场为案例，阐述金融开放对国际金融安全的影响。当前我国金融开放适逢全球化时代，突出表现为经济全球化、金融国际化和生产一体化。与20世纪发展中国家推动金融开放的外部环境显著不同，世界各国间经济金融的联系、互动日益加深和复杂，这给我国开放战略中金融安全的维护提出了新的挑战，国际金融市场更加发达，衍生金融工具层出不穷，因此金融开放过程中外源性影响渠道更多。一旦开放不慎，可能遭遇严重的金融风险和金融危机冲击。而且，当前国际贸易摩擦上升，西方国家主导的跨大西洋贸易与投资伙伴协议（TTIP）等试图对国际贸易体系进行重塑，进一步复杂化了对我国金融体系的影响。总之，我国金融安全的外部因素变得日趋复杂，需要厘清相关因素及作用机制。

一、中国金融开放的简要历程

金融开放包含金融服务业和资本项目两个层面的开放。金融服务业开放涉及金融机构在准入限制和业务范围上的开放，并建设交易活跃、制度完备的金融市场；资本项目开放涉及汇率及利率市场化、人民币国际化等方面的问题。经过40年的探索与发展，我国在金融领域的开放取得了瞩目成就。

（一）第一阶段：1978—1992年

学术界普遍达成共识，我国的金融开放与金融改革基本同步，即1978年党的十一届三中全会确立了全面改革开放的大政方针，金融作为现代经济的核心迅速开始了体制改革，也开始了金融开放的进程。开放之前的中国金融以中央集中计划体制为大环境，金融发展水平落后，金融资产极其单调，信贷资金投向和规模都受到管制，金融体系单一而规模狭小，金融压抑成为商品货币关系和市场经济全面抑制的典型表现形式。改革开放初期，迫切需要消除导致金融压抑的各种因素，解除长期存在的金融压抑状态。

因此，第一阶段是我国金融业对外开放的起步阶段。总体来说，这一阶段我国缺乏资本和外汇，但是劳动力充裕，就业压力大，因此从加工贸易行业入手，利用国内资源成本优势抢占国际市场。为了满足对外贸易的需求，金融部门也探索实施对外开放，引入外资金融机构，发展资本市场，便利国内企业海外融资，优化对外资企业的金融服务，为对外贸易发展和改革开放提供了良好的金融环境。同时，金融业对外开放起步，引起了外资金融机构和企业的关注，一些外资机构和企业开始进入我国，带来了先进的技术和经验，促使我国开始参与国际交换和国际竞争，创造了更多的就业机会，有助于经济的健康快速发展，也进一步推动了国内的改革。

从国内开放角度，中国从 1979 年开始进行了若干变革，致力于建立一个与经济发展相适应的现代金融体制，1983 年 9 月《关于中国人民银行专门行使中央银行职能的决定》的颁布，标志我国正式结束“大一统”银行体系模式，由此中国人民银行完全摆脱了具体银行业务，开始专门行使中央银行职能。在国有专业银行之外，我国先后重新组建了交通银行、中信实业银行、招商银行、广东发展银行、福建兴业银行等一批其他商业银行。其中深圳发展银行于 1991 年 4 月成为我国第一家上市的商业银行。同时，信贷资金管理体制的改进直接增强了中国人民银行通过与专业银行间的资金借贷关系调控宏观经济的能力。本阶段是货币市场和资本市场的起步和迅速发展时期，信托业务与外汇管理体制方面也进行初步改革。而就在这一时期，我国的风险投资基金也起步了，1985 年成立的中国新技术创业投资公司便是最早在我国从事风险投资的机构。

从本时期金融对外开放的角度分析，这一阶段的金融对外开放力度上比较小、速度缓慢，是我国金融市场面向世界的第一步。自 1979 年起，我国逐渐开始向外国金融机构开放，吸引一些外资金融机构在华设立代表处，主要允许进行与工作洽谈、联络、咨询和服务等事务相关的非营业性活动。随后外资金融开始在我国设立营业性分支机构，进一步拓宽市场。1981 年，我国开始了引进营业性外资机构的试点，当时主要是在经济特区开展外汇金融业务。进入 20 世纪 90 年代，继经济特区以后，国务院再次批准上海、大连、天津、青岛、南京、宁波、福州、广州引进同类外资金融机构。中国金融业的对外开放还体现在国内金融机构走向国际市场的各种活动当中。进入 80 年代，我国改变了对除中国银行外的其他专业银行在从事境外业务方面只限于与国外银行建立代理关系的政策，鼓励这些银行通过在境外设立各分支机构将业务逐步扩展到国际市场。本阶段证券市场的对外开放也有所进展，我国开始拓宽在国际金融市场上获得资金融通的各种重要渠道。进入 90 年代初期，我国相继发行了 B 股、H 股、N 股和 S 股，为国内企业进入国际市场融资提供了多种渠道。我国债券融资的国际化始于本阶段的 80 年代初期，以 1982 年中国国际信托投资公司在日本东京发行的第一笔涉及金额为 100 亿日元的武士债券为重要标志，开启了我国境外资本市场融资的先例。本阶段保险事业也有了较快发展，进入 80 年代中后期，保险市场主体由最初仅有的中国人民保险公司逐步有所增加，先后有多家保险公司加入保险系统。中国首次批准外资保险来华设立分公司是1992年美国友邦保险公司在上海设立分公司，由此又陆续有国外保险公司在中国开始营业。

（二）第二阶段：1993—2001年

这一时期是我国金融业对外开放加快发展的阶段。许多学者以1996年为分界点，对1993—1995年与1996—2001年前后两个阶段进行了细分，认为前一阶段属于金融业对外开放全面调整阶段，后一阶段属于迈向国际化阶段。

1. 金融业对外开放发展的全面调整阶段。从全面调整阶段看，本阶段在金融机构、金融法规以及金融市场方面都有突出的表现，金融业开放的稳步开展体现在整个金融业对内、对外的全面调整上。

一是我国银行体系进入规范化发展阶段。为实现邓小平同志提出的“要把银行作为发展经济、革新技术的杠杆，要把银行办成真正的银行”的目标，1993年按照国务院《关于金融体制改革的决定》，中国人民银行进一步强化了金融调控、金融监管和金融服务的职能，划转政策性业务和商业银行业务。1994年成立了国家开发银行、中国进出口银行和中国农业发展银行三家政策性银行，各自服务于特定的领域，改变以往国家政策性金融业务主要由四家国有独资专业银行承担的局面，实现了政策性金融与商业性金融相分离的原则。1995年3月18日，全国人民代表大会又通过《中国人民银行法》，首次以国家立法形式确立中国人民银行作为我国中央银行的地位，规定“中国人民银行在国务院领导下依法独立执行货币政策，履行职责，开展业务，不受地方政府、各级政府部门、社会团体和个人的干涉”，中国人民银行停止对非金融部门发放贷款和对财政提供融资的具体职能，结束了与四大银行实际上的业务分工关系。同年，在中国人民银行的指导下，信托投资公司逐步与所属的国有独资商业银行脱钩。与此同时，原四大专业银行也不断向真正意义的国有商业银行迈进，以1995年我国《商业银行法》的颁布和实施为重要标志，国有独资商业银行由此开始商业化运作，主体地位得到不断提升。

二是引进外资金融机构与成立中外合资金融机构有所进展。1994年2月25日，我国颁布并开始实施《中华人民共和国外资金融机构管理条例》，对引进外资金融机构提供了规范化的指导文件，当年就增批了11个内陆中心城市设立营业性外资金融机构。从外资金融机构来华的数量和规模来看，我国本时期的金融开放进入了一个新的阶段。1995年8月，我国颁布了《中外合资投资银行类机构管理办法》，中国建设银行和美国投资银行摩根斯坦利公司等五家金融机构携手合资建立了中国国际金融有限公司，这是我国的第一家中外合资投资银行。

三是外汇体制改革促进规范化外汇市场的形成。上一个阶段进行了十多年的外汇体制改革，在改革的初期很好地促进了当时的经济金融发展，但随着金融开放的不断扩大，国际交往突破以往以进出口贸易为主的局面，外汇收支规模迅速扩大，旧体制逐渐不能适应新的实际情况。1994年，人民币官方汇率与外汇调剂价格正式并轨，开始实行以市场供求为基础的、单一的、有管理的浮动汇率制度。本阶段的体制改革不仅将外商投资企业的外汇买卖全部纳入了银行结售汇体系，并且为个人因私用汇提供了方便，主要表现为扩大了对境内居民个人供汇的范围。这样的结果是在全国范围内形成了由银行结售汇市场和银行间外汇市场两个层次构成的外汇市场。本时期的外汇体制改革走出的非常关键的一步是，1994 年 4 月 1 日在上海成立了中国外汇交易中心作为全国统一的银行间外汇市场，从而在人民币汇率形成机制的市场化问题上取得了实质性的进展，为后来的改革打下了良好的基础。

2. 金融业对外开放加快发展迈向国际化阶段。进入 1996 年以后，我国金融体制的改革、金融法制法规的建设、金融市场的发展不断完善，我国在国际领域的经济金融活动不断增多，在国际经济金融领域的地位有重大变化。

一是外汇体制实现重大改革。1996 年我国开始实现人民币在贸易等经常项目下的完全可兑换，接受《国际货币基金协定》第八款的要求正式成为第八条款国，由此建立起了我国新外汇体制的基本框架。1996 年开始，允许部分符合条件的外资金融机构在上海浦东开展人民币业务，不过在新的外汇管理体制下仍然实行的是强制性的结汇方式，尚没有完成外汇收入由收入者自行决定的目标。本阶段我国外汇储备量增幅较大，一方面得益于我国对外往来的增多，另一方面也是外汇管理体制改革取得成功带来的成果。1997 年亚洲金融危机爆发，我国加强了资本流动管制，金融改革的侧重点调整为加强金融监管、整顿金融秩序，有效防范了外资银行经营风险。这次危机提醒我们，金融业对外开放首先应夯实基础，资本账户开放必须坚持稳中求进，谨慎考量资本项目可兑换的路径选择与时间安排。1999 年放宽外资银行设立分支机构的区域限制，可以在我国所有中心城市设立营业机构。

二是商业银行与其他金融机构发展迅速。本阶段着力解决国有商业银行历史包袱问题，1998 年，在中央金融工作会议的部署下，对中国人民银行管理体制进行了进一步的改革，撤销了原省级分行，进而设立跨省区分行。自 1999 年 3 月开始陆续成立了华融、长城、东方、信达四家由国家投资的特定政策性金融资产管理公司，分别对从工商银行、农业银行、中国银行、建设银行四家国有独资商业银行剥离出来的不良资产进行收购、管理和处置。与此同时，这一时期其他商业银行、城市信用社、农村信用社以及其他金融机构得到大力发展，各股份制商业银行努力创造条件上市是本时期的一个关注点。继深圳发展银行于 20 世纪 90 年代初成功上市后，1999 年上海浦东发展银行上市，2000 年中国民生银行上市，这是我国股份制商业银行改进经营机制、完善股权结构和公司治理结构以加速迈向现代商业银行的结果。金融体系的深化夯实了金融对外开放的根基。

三是加快引进外资银行及其业务扩展。本阶段我国提供了鼓励在华外资金融机构发展的各项政策措施支持，这一时期外资在华金融机构从数量和业务方面都有了很大的发展，尤其值得关注的是开始于该阶段的外资金融机构的人民币业务经营及其发展。1996 年 12 月，中国人民银行宣布允许符合条件的外资金融机构在上海浦东进行经营人民币业务的试点，开启了外资金融机构在华经营人民币业务的金融活动。1998 年，中国人民银行再宣布允许深圳 5 家外资银行经营同类业务。跨入 1999 年，我国进一步放松外资金融机构经营人民币业务的地域限制和规模限制。不过本阶段外资银行尽管在规模和数量上有较快的发展，然而就实际盈利情况来看则不太理想。

与此同时，我国金融机构继续积极拓展海外业务，大力发展银行、保险、证券公司海外分支机构，扩展跨国经营的范围和数量。截至1996年底，中国金融机构境外分支机构就已经达到658个，其中营业性机构630个，代表机构28个，境外资产规模逐年递增。

（三）第三阶段：2002—2017年

这一阶段是我国金融业对外开放稳步发展的阶段。2001年加入世界贸易组织（WTO）是我国对外开放的里程碑。按照加入世贸组织承诺，我国要在五年过渡期内逐步取消对外资金融机构的限制，实现金融业全面对外开放。在这一阶段，我国四大国有银行完成股份制改革和上市，为银行业进一步对外开放奠定了坚实基础。随后，引入外资金融机构参股、允许外资设立独资银行以及鼓励中资金融企业走出国门等，成为国内扩大银行业对外开放的主要方式。证券业进一步开放，允许外资金融机构参股国内券商，或成立中外合资券商。2002年我国开始实施合格境外机构投资者（QFII），外国机构投资者可以通过额度配给投资我国的债券、股票以及其他金融资产；2006年国为开始推行合格境内机构投资者（QDII），2014年、2016年，沪港通和深港通分别启动，2017年7月中国香港与内地“债券通”上线，资本市场的开放进一步深入，与国际金融市场的互动、互联、互通不断深化。保险业领域，2004年初我国放开外资非寿险机构设立公司形式的限制，进入我国的外资保险机构增多。

【知识链接】

我国加入WTO在金融服务业开放方面的承诺

2001年，我国加入WTO后，依据加入世贸组织的相关法律文件，我国既获得世贸组织成员国可以享受的所有权利，又享受了作为发展中国家的各项协定规定的特殊和差别待遇等。我国在金融服务业开放方面作出了一系列重要的承诺，包括银行业、证券业等方面。

根据WTO的相关协议，银行业对外开放承诺如下：加入时，在外汇业务方面取消地域限制，允许外资金融机构在华提供外汇服务并取消服务对象限制；对跨境交付方式不做限制；对外资银行经营人民币业务逐步从多方面扩大经营业务范围，逐步取消地域限制；放宽对异地业务的限制；逐步取消人民币业务客户对象限制。此外，允许外资银行增加票据贴现、代理收付款项、提供保险箱业务等。

证券业对外开放方面的承诺如下：加入时对跨境提供和境外消费的服务不设限；外国证券机构可以（不通过中方中介）直接从事B股交易；外国证券机构驻华代表处可以成为所有中国证券交易所特别会员；允许设立中外合资的基金管理

公司，从事国内证券投资基金管理业务，外资比例可以达到33%；加入后3年内则应允许从事国内证券投资基金管理业务的中外合营公司的外资比例可以达到49%；3年内允许外国证券公司设立合营公司，可以不通过中方中介从事A股的承销、B股和H股、政府和公司债券的承销和交易，以及基金的发起，同时要求外资的比例不超过1/3。

资料来源：百度文库。

本阶段汇率制度的进一步改革。2005年，我国废除单一盯住美元的汇率制度，改为以市场供求为基础，参考一篮子货币进行调节、有管理的浮动汇率制度，汇率市场化程度进一步提高。人民币国际化快速推进，2009年人民银行公布《跨境贸易人民币结算试点管理办法》，倡导在贸易结算中直接使用人民币。2015年底开始组建亚洲基础设施投资银行，为推动“一带一路”建设、推动国际产能合作、推动人民币国际化提供了平台。2016年人民币加入国际货币基金组织的特别提款权（SDR）货币篮子，权重为10.92%。目前，我国对外贸易人民币结算比重接近三分之一；在全球范围看，人民币作为支付货币排在第五位。在伦敦、巴黎、纽约等主要金融中心建立了人民币清算行，中国香港成为最有影响力的人民币离岸金融中心。

（四）第四阶段：2018年至今

在2018年4月的博鳌亚洲论坛上，习近平总书记宣布，中国将大幅放宽包括金融业在内的市场准入，加大开放力度，加快保险行业开放进程，放宽外资金融机构设立限制，扩大外资金融机构在华业务范围，拓宽中外金融市场合作领域，标志着我国金融开放进入新阶段。

扩大金融开放有利于国内金融市场的结构优化和长远发展，提高我国金融行业整体竞争力；有利于优化我国的融资结构，促进资本市场的发展；有助于降低资本成本，原则上可以拉动投资和消费水平的提升，最终促进国民经济的可持续发展。但是金融开放对金融稳定的挑战也不容忽视：外资机构的进入会打破原先国内金融体系的格局，同时，国际市场上的波动将加速向国内传导，加剧金融体系的风险暴露，威胁金融市场稳定。金融开放程度的提高可能引致潜在风险：一是汇率和利率市场化程度不高，金融开放加剧风险；二是加剧跨境资本流动冲击；三是加剧国内金融结构扭曲程度。对此中国人民银行行长易纲指出，将遵循三条原则推进金融业对外开放：一是准入前国民待遇和负面清单原则；二是金融业对外开放将与汇率形成机制改革和资本项目可兑换进程相互配合，共同推进；三是在开放的同时，要重视防范金融风险，要使金融监管能力与金融业对外开放度相匹配。

二、国际金融安全面临的主要挑战

（一）资本账户开放

资本项目开放，又称资本账户自由化或资本账户可兑换，是指实现资本与金融账户下的货币自由兑换，不对资本项目和金融账户下的资本流动实施管制或采取任何可能影响其交易成本的措施。资本账户开放与金融风险的关系一直是一个热点的议题。现阶段，我国经济已逐步进入全面转型的新时期，金融改革无疑将成为促进经济转型和增长的巨大动力，而资本账户开放作为资金高效、自由流动的前提，已成为我国金融改革的重中之重。在全球经济一体化的当下，资金的自由流动不仅是充分发挥资本作用的基础，更是人力资本、物质资源和技术服务等在全球范围内流转的有力保障。而资本管制不仅抑制了资金的配置效率，更会阻碍经济全球化的发展。中国的资本账户在过去的几十年间虽然经历了由完全封闭到逐渐开放的进程，但与发达国家相比，仍处于较为严格管理的状态，并在很大程度上限制了资金的自由流动。资本账户的开放在新时期不仅成为我国充分利用国际市场和国际资源的必要条件，更是我国实施全球化战略、全面融入世界经济，以及发展全球投资战略和拓宽居民投资渠道的必然选择，因此，我国资本账户的全面开放已是势在必行。

然而，以货币危机和银行危机为主要形式的金融风险始终伴随着经济全球化的发展。20 世纪 90 年代以来，新兴市场发生了多次金融危机，如 1997 年亚洲金融危机，1998 年和 1999 年先后发生的俄罗斯金融危机和巴西货币危机，以及 2007 年美国银行次贷危机引发的全球金融海啸。这些危机的背后，或多或少都伴随着新兴市场的资本账户开放和国际资本流动的加剧，也正因如此，我国在资本账户开放的进程中始终保持着谨慎的态度。

1. 资本账户开放与货币危机。国际货币基金组织（IMF）在 1998 年的《世界经济展望》中将货币危机定义为：一国货币的交换价值受到攻击，该国货币出现大幅度贬值，迫使货币当局为捍卫本币而消耗大量外汇储备或急剧提高利率而引发的危机。资本账户开放后，资本出入的成本降低，会引起国际游资的频繁出入，从而加剧金融市场动荡。投资国经济利好时，国际游资会大规模涌入，一旦投资收益减少，游资的方向会迅速逆转，这些都会导致经济泡沫化、汇率频繁波动、货币政策失灵等不利后果。如果一国宏观经济基本面恶化、金融体系不完善、汇率制度选择不当，在投机资本冲击下，就可能爆发货币危机。

在金融全球化和资本账户开放的背景下，一国发生货币危机往往会导致区域性或全球性的系统性金融危机。货币危机的传染渠道主要有三个方面：一是金融渠道传染。在资本项目开放条件下，各国金融系统交织在一起，包括两国间的直接投资、银行贷款或通过第三方建立了金融联系。当一国由于货币危机导致金融市场出现流动性危机，导致与其金融关系密切的另一国金融市场也出现流动性危机，严重时引起货币危机。二是预期性渠道传染。在信息不对称的情况下，一国发生货币危机，投资者在对危机发生国与所投资国的经济、金融方面进行对比后，将重新评估投资国的风险，更改自己的投资组合，从而对那些与危机发生国经济依存度高或与其特征类似的国家产生防范和警惕的心理，为回避风险必然抛售本币资产，产生资本恐慌性外逃。投机者也会在攻击一国货币成功后，对类似国家发动攻击，从而导致货币危机的蔓延。三是贸易渠道传染。当危机国发生货币贬值，这会提高相对于竞争对手国在国际贸易上的价格竞争力，导致对手国出口减少，进而外汇储备下降，容易招致货币攻击。在危机扩散时，类似条件的国家倾向以货币贬值来增加出口竞争力，引发竞争性贬值，这种竞争性货币贬值必然加剧金融危机的进一步扩散。

2. 资本账户开放与银行危机。银行危机是指真实或潜在的银行挤兑或者破产引发银行终止国内债务清偿，或迫使政府提供大规模援助以及干预以阻止上述情况的发展。银行危机极易扩散到整个金融体系。在资本账户开放的过程中，国外金融机构的进入，金融工具的不断创新，短期资本的频繁出入等使得银行资产规模急速膨胀，银行坏账风险提高。另外金融创新会使得银行表外业务大量增加，监管难度提高，造成银行体系风险聚集。银行危机与货币危机常常相伴而生，两者之间常互为因果关系。一方面由于一国的银行体系存在着重大问题，使得投资者对该国货币产生贬值预期，因此引发货币危机；另一方面，货币危机爆发后本币标价的银行资产大幅缩水也会导致银行危机。20 世纪 80 年代以来，货币危机常与银行危机同时发生，称为“双重危机”。在资本项目开放后，国际资本流动的规模与速度都进一步加剧，这些资本会通过直接或间接的方式进入银行体系，对银行体系的稳定性造成很大冲击。资本账户开放对银行体系风险的传导如图 1－1 所示。

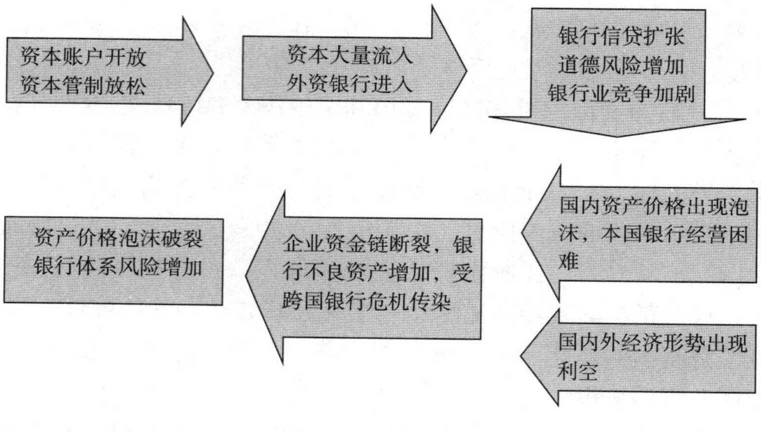

图 1－1　资本账户开放与银行体系风险传导机制

（二）汇率制度与汇率体系

汇率制度与资本账户开放安排不当，被认为是导致亚洲金融危机的重要因素。依据“三元悖论”，资本账户开放和汇率制度选择是相互关联又相互独立的两个问题，要斟酌多种因素的复杂相互作用，如货币政策自主性、银行系统脆弱性、出口贸易增长、货币错配程度等。综合考虑两者的时机和次序，对于降低金融风险和避免危机发生具有重要意义。

实现灵活的汇率制度有助于获得货币政策的独立性，减轻受外部冲击的影响程度。但历史经验证明，不合理的开放次序和政策搭配往往容易引发金融危机。在国内金融系统较薄弱时，开放资本账户同时维持固定汇率制，是引起 1997 年亚洲金融危机的重要原因。

对于不同汇率制度与货币危机之间的关系，有三种观点：一种认为浮动汇率制度可以更好地避免货币危机。这一观点认为，浮动汇率制度下，汇率的变化可以吸收国外经济变动中的一些冲击，以减轻国内经济调整变动的压力，使国内经济免受影响。并且，由于汇率自由浮动，外部经济的失衡也可以通过汇率的变动随时做出调整，从而不会使失衡累积以致发生危机。另一种观点认为浮动汇率制度更易引发货币危机。预期是投机资本运动的心理基础，在投资预期作用下，对未来预期的微小变化，都会通过折现累加，导致汇率的大幅度变化。因此，一些学者认为固定汇率制度下政府对汇率盯住的承诺可以相对减小金融危机发生的可能性；此外保持汇率锚的目标可以制约政策制定者做出反复无常的政策选择，所以固定汇率为国际贸易和投资提供了稳定的汇率预期，从而会减小对未来预期不确定导致的汇率大幅波动。在这些理论研究基础上，也有研究成果认为，中间汇率制度由于政策的不明确等原因，更易引起货币危机。可见，任何汇率制度本身并不一定能引起金融风险，汇率制度与资本账户开放的关系和次序才是金融风险产生的原因。

（三）国际资本流动

国际长期资本流动主要通过国际借贷、证券投资和直接投资三种形式来实现；而短期资本流动即所谓的“热钱”，主要包括贸易资本流动、银行资本流动、保值性资本流动和投机性资本流动等项目，具有较高的波动性和非透明性。

当国际资本流动表现为国际借贷时，国际资本流入导致国内资金充裕，在缺乏足够严格金融监管的前提下，银行往往会盲目扩大信贷，加大了银行体系的风险，一旦资本发生逆转，这些国家往往因流动性不足而陷入困境，危及金融体系的稳定。亚洲金融危机中，韩国、印度尼西亚等国外债规模都在1000亿美元左右，而外汇储备仅有100亿~300亿美元不等，外债规模过大是导致金融危机加重的重要原因。此外，当国际借贷债务国发生危机，债权国会受到冲击从而调整金融政策，从那些与债务国发展水平相似的国家抽逃资金，进而引发新一轮危机。

国际资本流动表现为证券投资时，会加大流入国证券市场的价格波动，吹大经济泡沫，冲击金融市场的稳定。如果该国证券市场发育程度较低、金融监管相对薄弱，泡沫得不到化解，国内资本也会由生产部门向泡沫部门转移，加大泡沫膨胀。一旦环境变化，投资者预期资产价格缩水，便会迅速撤回资本，导致泡沫破灭，给国内金融市场带来灾难性冲击。另外，跨国证券投资加速了风险的国际传递。由于投资者倾向于投资不同的证券组合，以获得稳定收益，因此，在新兴市场经济国家金融资产收益和风险结构较为相似的情况下，当一国发生危机，投资者就会抛售出他们认为风险相似的相邻国家的资产，从而导致危机的传染。

当国际资本流动表现为直接投资时，也会间接或直接对一国的金融安全产生不利影响。首先，外商直接投资（FDI）会引起国际资本的短期投资行为，引发东道国金融市场的泡沫。一方面，对FDI的合理利用会改善流入国国际收支，吸引更多的国际资本流入，包括大量短期投机资本，短期资本的大规模流入会降低银行的负债约束，产生道德风险，促使资金投向股市和房地产市场，造成泡沫；另一方面，长期资本绕过东道国监管程序从事短期投资，对东道国金融安全构成威胁。其次，FDI 大幅度流向某些产业会导致生产过剩，表现出企业开工不足与效益低下，进而导致出口增长率下降，减少外汇储备。再次，尽管 FDI 从东道国撤资并非易事，然而，当境外投资者意识到投资环境发生变化或预期改变时，仍会作出撤资决策，从而对流入国的经济造成严重的打击。此外，由于资本的本性是赚取高额利润，随着外商直接投资存量的增加，在流入国赚取利润的大量汇回，也会给东道国带来冲击。最后，金融业国际直接投资在流入国监管不力的情况下，会使流入国金融机构陷入与跨国金融机构的不公平竞争，加剧金融体系的脆弱性，直接影响该国金融安全。

当国际资本流动表现为短期资本流动时，其对流入国金融稳定的影响较为显著。首先，当短期资本越过资本管制大规模流入一国时，可迅速增加一国货币供应量，促使国内利率下降，刺激投资，导致经济过热和通货膨胀。一旦外部条件发生逆转，资本迅速抽逃，货币供应量急剧下降，实体经济衰退，就会极大地制约一国中央银行货币政策的独立性。其次，短期资本可借助于金融衍生工具及先进的电子交易技术，实现大规模资金在全球范围内的瞬间交易，过剩的短期资本可同时集中于某一金融市场，推动股市上升，造成虚假繁荣。

（四）人民币国际化

人民币国际化实则为一把“双刃剑”，随着其国际化步伐的不断加快，对我国的经济运行产生影响的同时，也会导致我国面临的金融风险不断加大。与其他货币国际化相比，人民币国际化处于一个特殊的环境，其遭遇的风险也将会有一定的特殊性。人民币国际化是一个长期过程，在这个过程中，可能形成的金融风险传导机制集中在以下几点。

1. 人民币汇率波动机制。在岸人民币市场和离岸人民币市场的不协调发展可能导致境内外的高利差，引发国际热钱的流入流出。当人民币发生贬值，境外投资机构与居民纷纷抛售人民币资产的情况就很有可能发生，这在一定程度上加大了人民币汇率波动的幅度，从而对人民币汇率的波动产生新的冲击。

2. 货币政策操作风险机制。人民币国际化的过程，就是人民币跨越国界，境外和境内人民币同时的流通和使用必然会影响国内货币供给量，导致调控难度进一步加大。在制定和执行货币政策时需要考虑多方面因素，既要考虑到人民币在境外和境内流通使用的需要，也要考虑到国内经济发展目标、人民币国内币值稳定等。货币主管部门面临同时实现多重目标时，往往会遇到目标冲突，货币政策调控失灵的风险就会增加。

3. 外部金融危机传染机制。首先，在经济全球化和金融自由化的作用下，金融危机频繁爆发。而人民币国际化将会为金融危机的传染提供新渠道，使国外的金融危机很可能波及国内。如果大量的进出口贸易采用人民币结算，一旦贸易进出口量受到较大影响，那么人民币国际流通就会受到阻碍。其次，当金融危机发生时，投资者出于规避风险的考虑，会大量抛售以人民币计价的资产，导致人民币资产价格大幅度波动，进而导致金融危机波及我国的金融市场。再次，人民币将越来越多地参与到国际经济活动中，人民币利率对外部风险更加敏感，危机发生后我国货币当局须迅速变动基础利率来应对季风效应。最后，人民币国际化加强了中国与其他国家之间的联系，一旦其他国家发生金融危机，投资者会改变对我国经济的心理预期，认为我国的经济同样会受到影响，从而改变投资策略，引发“羊群效应”。

4. 国际货币竞争机制。在推进人民币国际化的进程中，我国将面临大规模的资本流入与流出，加上我国在经济转轨时期存在制度性缺陷和结构性失衡等问题，人民币必然会受到美元、欧元和日元等强劲对手的排挤，这是一个动态博弈的过程。

5. 资产价格过度波动风险。人民币国际化意味着人民币将作为主要的资产在全世界范围内进行计价和结算，这些资产主要包括货币和股票等有价债券。当非居民持有以人民币进行计价和结算的资产时，国际资本会从多头和空头两个方向攻击我国的资本市场、房地产市场以及期货市场等领域，并通过国际衍生品头寸的杠杆效应放大危险倍数，由此带来的资产价格波动风险会加剧我国金融体系的脆弱性。

【知识链接】

人民币国际化稳步推进：2018 年离岸及跨境人民币业务

截至 2018 年 11 月，人民币在全球支付中的份额排名第五，较上年同期上升一位。2018 年底，在岸人民币（CNY）和离岸人民币（CNH）兑美元即期汇率较上年末分别贬值 5.15% 和 5.33%，总体呈双向波动态势。在岸和离岸人民币价差略有收窄，掉期点稳步下行，衍生品交易量延续高增长。

即期市场：2018 年，多方因素导致在岸和离岸人民币兑美元即期汇率贬值。一方面，得益于美国经济的强劲表现，美元指数全年升值 4%。另一方面，中美贸易摩擦导致外部环境恶化，国内经济下行压力较大。在岸和离岸人民币汇率价差较上年略有收窄。

远期市场：2018 年，在岸和离岸人民币掉期点稳步下行，较上年平均值分别下降 715 点和 984 点。离岸与在岸一年期掉期价差年平均值较上年下降 231 点。

汇率衍生品市场：2018 年，新加坡亚太交易所首次推出人民币汇率期货合约。截至 2018 年底，已有来自 9 个国家或地区的 11 家交易所上市了人民币汇率期货；两家交易所上市了人民币汇率期权。交易量方面，2018 年全球各大交易所美元兑人民币期货和期权合约成交量走势不一，但香港交易所、新加坡交易所（SGX）、芝加哥商品交易所（CME）等离岸人民币汇率衍生品交易主平台延续了 2015 年以来的高速增长态势。

第三节　当前国际金融安全环境

2008 年国际金融危机爆发后，国际金融环境发生重大变化。全球经济复苏较为缓慢，依然不能摆脱长期性停滞的困扰。金融危机中大规模财政货币救市政策造成发达国家政府债务上升，中央银行资产负债表膨胀，货币政策分化加剧。从金融市场来看，受发达国家中央银行长期宽松货币政策推动，全球风险资产与避险资产价格在过去 10 年均经历了显著增长。在这样的大环境下，曾作为全球化主要推动者的美国等西方发达国家，开始通过各种形式的贸易保护主义与资源要素流动壁垒等“逆全球化”举措，为本国产业搭建“保护伞”，从而导致作为全球经济增长引擎和衡量全球化重要标志的国际贸易受到重创。自 2008 年以来，全球贸易增速明显放缓。国际金融环境的变化为我国国际金融安全带来了诸多不确定性。

一、国际金融市场的发展态势

（一）货币政策分化加剧

2008 年国际金融危机爆发后，主要发达国家均采取了大规模的财政货币救市政策，包括中国在内的一些新兴市场国家也显著放松了财政货币政策，这些国家的集体性宏观政策放松，一方面成功稳定了金融市场与提振了经济增长，另一方面也带来了很多延续至今的副作用。

美国、欧元区、日本、英国的政府债务水平在 2008 年至 2011 年期间均出现大幅上升；在主要新兴经济体中，中国政府债务水平在 2008 年之后也持续上升。货币政策方面，金融危机后主要发达国家中央银行均大幅下调政策性利率，一度达到 0% ~ 0.25% 的最低水平；同时，美联储、欧洲中央银行与日本中央银行实施量化宽松政策，持续量化宽松的后果，是这些中央银行资产负债表的扩张。这也意味着随着这些国家或地区的经济复苏，未来将面临中央银行缩表可能。事实上，美联储已经在 2014 年底停止了量化宽松政策，但欧洲中央银行和日本中央银行尚未退出，全球货币政策分化加剧，为国际金融环境带来重大不确定性。

（二）全球金融资产价格在历史高位

2008 年国际金融危机重创了股票、大宗商品等风险资产价格，与此同时推升了发达国家国债等避险资产价格。随后，发达国家中央银行实施的集体低利率与量化宽松政策，则同时推升了全球风险资产与避险资产价格。发达国家股市目前依然处于历史性高位，但从 2018 年起波动性有所加强。发达国家国债市场在 2016 年达到峰值，最近两年虽然有些回落，但仍处于历史高位。全球大宗商品价格在金融危机后呈现出“快速复苏—盘整—暴跌—温和复苏”的四阶段特征。受美联储货币政策正常化影响，美元、人民币名义有效汇率在危机后表现强劲，而其他新兴市场国家货币均显著下跌。展望未来，随着美联储进一步加息导致长期利率上升，发达国家股市与债市均可能面临显著调整压力，而部分经济基本面较为脆弱的新兴市场国家货币则可能继续贬值。

（三）市场风险隐患依然存在

当前全球范围内的市场潜在风险隐患依然存在，至少包括以下三点：

第一，当前导致2008年国际金融危机爆发的若干市场风险，目前不仅没有消除，反而还有所加强。首先，美国次贷危机的爆发，在很大程度上就是因为针对金融衍生品与金融机构混业经营存在监管不足与监管缺位所致。次贷危机爆发后，各国政府的确针对商业银行加强了监管，然而这使得风险转移到影子银行（即开展银行业务的非银行金融机构，例如资产管理公司、对冲基金与保险公司等），而影子银行的监管标准远低于传统商业银行。当前影子银行的资产占比已经超过了2008年国际金融危机爆发之前的水平，达到全球金融总资产的30%左右。其次，当年很多“大而不能倒”的机构，目前变得更大了，这意味着更高的系统性风险。最后，新的金融工具与金融产品的风行也带来了新的风险。例如，算法交易与跟踪指数的被动型基金在过去10年显著增长，这些新的交易与产品在未来很可能会产生负向连锁反馈，从而放大市场下跌造成的影响（Financial Times，2018）。

第二，当前美国股市无论指数还是估值水平都处于历史性高位，未来很可能由于中美贸易摩擦加剧、美国长期利率快速上涨等因素而出现大幅下跌，进而引发全球股市动荡。当前美国国债市场的期限利差已经处于历史极低水平，如果未来一段时间，美国经济能够继续维持强劲增长态势，那么通货膨胀预期很可能会上升，进而带动期限利差正常化，这将会推动美国长期利率快速上行，可能会导致美国股市下跌引发全球股市动荡。

第三，过去10年内，全球债务总规模不降反升，其中新兴市场经济体杠杆率快速上升，这为下一轮金融危机的爆发埋下了隐患。根据IMF的统计，2017年全球债务总规模达到182万亿美元，比2008年全球金融危机爆发时高出50%（IMF，2018），其中，新兴市场经济体的总杠杆率显著攀升，随着未来全球长期利率出现趋势性上升，部分新兴市场国家可能爆发各种类型的债务危机。

二、国际资本流动格局变化

（一）新兴经济体改变国际资本流动的走向

从中长期看，国际资本向全球新兴市场特别是亚洲新兴经济体大量流动。2008年国际金融危机爆发以后，国际资本流动规模曾一度急剧收缩。据IMF数据统计，2009年全年全球跨境资本流动净值从2008年的1.7万多亿美元降至1.04万亿美元，下降幅度达到了40%。但随着世界经济的逐渐复苏，国际资本流动又再次趋于活跃，由于危机后全球新兴经济体的经济复苏状况整体上明显优于处在危机风口浪尖的众多发达国家。因此，新兴市场尤其是经济增长保持较快的亚洲新兴经济体成为了危机后国际资本流向的重要区域。

自2017年以来，新兴经济体资本净流入的规模有所收窄，虽然2018年全球国际资本流动总规模维持增长态势，但随着全球经济的天平向不利方向倾斜，未来全球资本流动总规模的增长幅度有可能下降甚至由增长转向收缩。一方面，包括中美贸易摩擦在内的一系列多边贸易争端和英国脱欧前景不明使得当前全球经济中的贸易政策不稳定性高企；另一方面，许多发展中国家与10年前相比具有更高的公司和主权债务风险，因此美联储加息和欧洲中央银行资产购买计划的结束也将对这些新兴经济体的金融环境产生不利影响。

【知识链接】

全球金融危机以来新兴市场跨境资本流动

2018年是国际金融危机爆发10周年，国际金融危机爆发之后，国际资本流动在短期内受到了严重打击。全球资本流动规模占GDP的比重曾经从20世纪末的不到10%上升至危机爆发之前的超过20%，但是国际金融危机爆发之后，资本流动出现了大规模收缩，起初主要是银行信贷的收缩，随后传导至各类资本跨境流动。

从国际金融危机之后新兴市场资本流动的历史来看，新兴市场的资本流动受周期性和政策性因素影响较为明显。根据国际金融协会（IIF）公布的数据（本节数据来源均为IIF公开数据），2010年至2012年，每年新兴市场私人资本净流入均保持在超出1万亿美元的水平。源于发达国家超宽松货币政策导致低利率引致的利差以及危机之后新兴市场国家采取刺激政策维持增长高位带来的与发达国家经济增长暂时性脱钩。随着美联储退出量宽计划及其实施，以及新兴市场最终被拖入危机泥潭增长放缓，国际资本开始大量流出，引发新兴市场金融市场、外汇市场的动荡。2016年，新兴市场证券跨境资本开始出现流入，但规模仅有280亿美元，是全球金融危机爆发以来的最低值，2017年，随着新兴市场经济增长的周期性恢复及美联储加息政策进度缓于预期，新兴市场的资金流入得到较大修复。

资料来源：business. sohu. com/.

（二）私人资本的跨境投资发展迅速

私人资本流动成为危机后最主要的国际资本流动方式。其中，以银行信贷与证券投资为主的短期资本投资在跨境私人资本流动中所占的比重在大幅增加。美国次贷危机爆发前，流入全球新兴市场的私人资本规模迅速增加，2007年达到峰值，之后随着次贷危机升级为全球性金融危机，跨境私人资本的净流入规模迅速减少，直到2010年私人资本的跨境流动又再次活跃，而且，近年来流入亚洲新兴经济体的私人资本占比超过一半以上。另外，据IMF统计，2000—2009年的10年间流入新兴市场的私人资本净值已超过国际金融机构及政府投资的4倍以上，证券投资基金、保险公司、对冲基金等机构投资者带来的私人资本流动占到了全球资本流动的3/4左右，成为跨境资本流动的主体。

从流入亚洲新兴经济体的私人资本的组成来看，外国直接投资的规模最大。联合国贸易和发展组织（UNTAD）发布的《2012年世界投资报告》显示，2011年流入东亚和东南亚的FDI不仅增长了14%，而且占全球流入总量的比例也从金融危机前的

12%快速增加至22%。但是《2018年世界投资报告》指出，由于投资风险显著、政策不确定性等原因，2018年全球对外直接投资规模走势相较过去10年平均水平1.5万亿美元更低。2018年发达经济体由2017年的净流出转为净流入的态势，其中美国经济增速继续向好，净流入规模较大。新兴市场经济表现普遍低于预期且外债风险高企，2018年新兴市场国家和发展中国家净流入规模相较于2017年下降5.1%。

（三）私人资本的金融风险加剧

虽然私人资本流动规模的上升有利于提高全球资本的配置效率，但私人资本明显的逐利特征导致其跨境流动的稳定性相对较差。最近的跨境短期资本流动呈现出宽幅震荡格局。这是因为国际金融市场动荡是由国际金融投资者主观预期、投资交易成本、投资者的投机行为和一国本身的金融市场状况等因素引起的，这些因素的变化使国际金融市场失去均衡，导致国际金融资本流动变化无常，市场波动性加剧。短期资本流动的反复无常变化将会通过影响新兴市场国家的汇率、财富及资产价格的传导机制对该国的实体经济增长、资产泡沫水平以及金融体系稳定产生严重的负面影响。1997年亚洲金融危机的经验充分表明，一旦新兴经济体私人资本净流入创历史新高，资本流动逆转甚至发生危机的风险就会凸显，2008年国际金融危机再次印证了这一特征。2007年新兴经济体私人资本净流入异乎寻常地暴增，达到史无前例的7000亿美元，而2008年下半年起资本流动发生逆转，资本流入急剧下降。不仅如此，金融危机爆发以后跨境资本流动变得更加无序和混乱。为了遏制经济增长急剧坠落，各国特别是发达国家采取经济刺激计划，通过实施量化宽松的货币政策向金融市场注入大量流动性，其中的大部分流入了新兴经济体，使新兴经济体的私人资本净流入在2009年恢复到了金融危机爆发前的较高水平。自2015年以来形成发达经济体资本净输出、新兴市场国家资本净输入的格局，从而形成了新一轮私人资本流入新兴经济体的浪潮。资本流入不仅给复苏中的新兴经济体带来通货膨胀压力、资产泡沫风险、实际汇率升值等问题，而且潜在的大规模逆转风险对这些国家的实体经济与金融市场的冲击将更为可怕。

三、逆全球化风潮涌动①

当前，"全球化"发展进程中一股"逆全球化"风潮涌动，以美英为代表的单边主义、贸易战、军事制裁、脱欧等行为作为"逆全球化"的具体表现，给世界经济发展带来震荡。

（一）逆全球化的兴起

当前，全球正面临着后金融危机时代经济复苏乏力的持续困扰。表现为全球经济总需求不足，各主要经济体的增速普遍下滑，经济增速持续低于预期；国际贸易增长失速，投资低迷，促进经济增长的动力不足；货币政策分化加剧，资本流动和汇率风险显著增强。全球治理方面的改革也出现了倒退。在这样的大环境下，曾经作为全球化主要推动者的美国等西方发达国家，开始通过各种形式的贸易保护主义与资源要素

① 刘洋，纪玉山．从"逆全球化"到"新全球化"：中国发展的战略选择［J］．江苏行政学院学报，2018（3）．

流动壁垒等“逆全球化”举措，为本国产业搭建“保护伞”，从而导致作为全球经济增长引擎和衡量全球化重要标志的国际贸易受到重创。自2008年以来，全球贸易增速明显放缓。金融危机前的1990—2007年，全球贸易年均增长6.9%，而2008—2015年全球贸易年均增长仅为3.1%，2016年全球贸易增长不仅低于GDP增长率，而且只有后者的80%①。同一时期，全球进出口贸易额占GDP的比重也从2008年历史峰值的51.86%下降至2015年的44.99%，倒退回21世纪初的水平②。

过去几十年间，全球化成就斐然，但在其进程中衍生出的三大主要问题却不容忽视：一是资本运动带来的技术进步对就业的冲击。发达国家以制造业为代表的传统产业失业率增加与空心化趋势，随着经济萧条的持续，失业率居高不下，加之移民对劳动市场的冲击，社会底层成为逆全球化的重要支持力量。二是劳资收入差距的日益扩大。在全球化的过程中，财富分配不均，贫富差距拉大，社会弱势群体未能平等地融入全球化进程，没有充分地分享到全球化红利。三是全球性金融风险的不断加剧。这些问题与矛盾长期积累，并在全球经济下行期进一步激化，这是导致当前“逆全球化”思潮兴起的基本原因。在经济疲软、移民问题、难民危机和恐怖主义等全球化危机面前，民众期望政府的公共政策从释放市场力量的新自由主义转向保护社会、保护国内市场，许多国家民粹主义兴起，并成长为逆全球化的助推力量。

（二）逆全球化对我国的影响

中国在积极参与并融入全球化的过程中，充分获取并享受到全球化发展的红利。我们在深度融入全球产业链与价值链的基础上，实现了国际贸易与投资的高速发展，以及贸易方式和产业结构的转型升级，自成功加入WTO以来，逐步实现了国内市场与国际市场的深度融合。作为最大的发展中国家，在推动本国经济的转型发展与积极参与全球治理的过程中，中国为全球经济的复苏作出了巨大贡献，实现了全球影响力与国际地位的进一步提升。

然而，“逆全球化”浪潮的兴起，将有可能使中国作为全球经济增长主要贡献国与最大贸易国，从全球化的最大受益者转而成为最大受害者。长期以来，中国经济的高速发展，得益于开放经济模式下的贸易自由化与投资便利化。考虑到目前中国经济增长动力尚未发生实质性转变，当主要贸易伙伴在逆全球化的浪潮下转向保护主义和孤立主义的经济封闭时，中国开放型经济的发展将面对一个非常不利的外部环境。中美之间自2018年开始的贸易摩擦，是美国等西方国家推行保护主义、逆全球化思潮的集中体现。

然而，“逆全球化”冲击对于积极倡导全球化、主张构建包容性发展的中国而言，既是一次重大挑战，也是一次难得的机遇。一方面，在全球贸易规则的重构期内，大规模多边贸易协定的推进难度将因美国贸易政策的转变而加大，与此同时，各种区域性的、双边的自由贸易协定将明显增加，可能会导致国际投资和生产的转移与重新布局，使全球产业链和价值链面临重组，进而引发国际贸易投资格局的多元化发展。另

① 张茉楠．“特朗普主义”下的逆全球化冲击与新的全球化机遇［N］．中国经济时报，2017－02－16.

② 胡鞍钢，王蔚．从“逆全球化”到“新全球化”：中国角色与世界作用［J］．学术界，2017（3）.

一方面，在新的国际分工和全球价值链模式下，作为全球最大的中间品贸易大国，中国仍将对全球贸易产生巨大的创造效应，并将持续为其他经济体创造更多的贸易机会，这意味着中国仍将在与各国间展开广泛经贸合作的基础上，以自身的凝聚力和向心力进一步推进全球化进程。

【本章小结】

1. 国际金融以国际间的货币金融关系为研究对象，既探索国际间货币和资本运动规律及影响其变化的因素等基本理论问题，又探索政府、金融机构、企业等部门或经济主体管理国际间货币和资本运动的具体方法和手段。国际金融安全可以狭义理解为防范一国国际金融风险，维护国际金融体系稳定；广义上的国际金融安全从金融国际化视角来看待国际金融安全。

2. 国际金融风险是指在国际贸易和国际投融资过程中，受各种事先无法预料的不确定因素带来的影响，参与主体的实际收益与预期收益发生一定的偏差，从而产生蒙受损失和获得额外收益的机会或可能性。

3. 资本项目开放，又称资本账户自由化或资本账户可兑换，是指实现资本与金融账户下的货币自由兑换，不对资本项目和金融账户下的资本流动实施管制或采取任何可能影响其交易成本的措施，不仅取消跨境资本交易本身的管制，还允许与资本交易相关的汇兑自由，最大限度地利于资本的自由流动。资本账户开放影响一国金融安全的作用机制主要包括：资本项目开放后国内金融机构由于资金实力、技术水平、服务经验、管理制度等方面的竞争能力远差于国际金融机构，而面临亏损、倒闭的风险。

4. 国际资本流动是指一个国家（或地区）的政府、企业或个人与另外一个国家（或地区）的政府、企业或个人之间，以及国际金融组织之间资本的流入和流出。长期资本流动是指使用期限在1年以上，或者规定使用期限的资本流动。它主要包括国际直接投资、国际证券投资和国际贷款。短期资本流动是指期限在1年或1年以内即期支付的资本流动。它主要包括贸易资本流动、银行资本流动、保值性资本流动（资本外逃）与投机性资本流动。

5. "逆全球化"，即与全球化进程背道而驰，重新赋权于地方和国家层面的思潮。全球化进程导致西方出现了全球化赢家与输家之间的结构性对立。如果把全球化视为一种现代化进程，那么"现代化输家"理论总体上可以解释"逆全球化"思潮出现和涌动的原因。所谓"现代化输家"，是指在西方经济、社会、文化与政治持续变迁过程中出现的，不能适应现代化进程，地位与声誉受到影响并遭受社会排斥的收入低、受教育程度低的群体，这个群体表现出反全球化和反精英的态度。

【复习思考题】

1. 简述国际金融安全的内涵。

2. 简述资本账户开放影响金融安全的作用机制。
3. 简述外部金融危机传染机制。
4. 简述“逆全球化”对我国经济的影响。
5. 论述国际资本流动的格局变化。

【拓展阅读】

新时代人民币国际化进程中的我国金融开放

党的十九大报告提出，要“主动参与和推动经济全球化进程，发展更高层次的开放型经济”，扩大金融开放将为全面开放新格局添加推动力。改革开放以来，我国金融体系的对外开放进程一直遵循服务实体经济与国家总体发展战略的思路。回顾我国金融开放的逻辑脉络，有如下几个特点：

一是机制改革来源于服务企业贸易投资与调节外部失衡的共同需求。基于便利企业贸易投资的需要，人民币汇率改革与资本项目开放共同驱动了我国外向型经济发展。从国际上看，本币可兑换是封闭经济向开放经济转变的必然要求。在实现经常账户可兑换以后，企业部门日益增大的对外经贸往来也会催生资本项目下的交易需求。按照有真实交易背景优先的原则，人民币资本项目开放遵循了直接投资先于证券投资、资本流入先于资本流出、长期资本先于短期资本的思路。资本项目开放后需要汇率维持在相对较为均衡的区间，为构建更为灵活的汇率形成机制提供了依据。

二是我国企业全球价值链重构与居民资本国际化配置对金融开放提出新要求。从企业国际化进程来看，我国企业全球化的动力已从初期的通过出口与并购获取资源、市场与效率，转变为通过境外直接投资实现创新技术、产品与资源的全球化布局，提升企业的全球竞争力。我国企业寻求参与全球产业链重构的过程，带动了资本的国际化配置，我国已成为新生的对外投资者，而资本输出需要相应的开放环境予以配合与保障。此外，“藏汇于民”特点日益鲜明，对外资产持有主体发生结构性变化。官方外汇储备形成的对外资产比重逐渐降低，而市场主体所持有的份额不断增加。

三是国际金融危机后人民币国际化迎机遇乘势而为取得关键进展。全球金融危机期间，我国周边一些国家和地区出现了外汇流动性紧缩；再加上区域内贸易与经济往来便利，使用人民币进行贸易投资结算的需求在我国贸易伙伴当中显著增加，人民币迎来区域化的窗口机遇期。

四是治理全球金融周期需要引入人民币实现国际储备货币多元化。随着全球金融一体化程度加深，新兴经济体的资产价格、信贷增速以及资本流动总量随着发达经济体货币政策变化而产生共振的情况更为显著。储备货币发行国的货币政策通过金融渠道对其他经济体的影响更为广泛与深入。而从治理全球金融周期的政策选择来看，可以采用宏观审慎政策体系管理顺周期的信贷增速和企业杠杆率，维护金融稳定。更加主动和根本性的解决方案是推动人民币参与全球货币体系的优化与重构，从加强区域性货币金融合作入手降低对美元的依赖，进而逐步提升人民币在储备货币体系中的地位，减弱美国经济环境变化对我国内外部经济政策选择的掣肘与制约。

基于上述逻辑，我们可以从三个视角来衡量我国金融开放的进程。

从机制改革视角来看，汇率形成机制市场化与资本项目开放稳步有序推进。经过多轮市场化改革，人民币汇率逐渐形成以市场供求、一篮子货币汇率以及逆周期调节因子为基础的决定框架，有利于实现汇率双向波动与相对稳定的协调统一，并适度对冲和缓解市场情绪的顺周期波动。综合评估目前人民币资本项目开放的程度，从参与主体来看，以机构为主的资本流动渠道已打通，个人资本项目还需进一步开放；从市场层次来看，证券类项目的境内外二级市场投资渠道开放程度较高，非居民在境内发行证券仍有限制；从资本期限来看，长期资本流动比较通畅，短期交易性资本流动也在逐渐放开；从资本流向来看，资本流入基本通畅，流出仍受限制。

从市场开放视角来看，以互联互通模式开创国内金融市场国际化新局面。从2014年到2016年，将沪深港三地股票市场连接成共同市场的“沪港通”“深港通”相继推出上线，以互联互通模式实现了海外产品与投资者“引进来”以及内地产品与投资者“走出去”，提供了国内国际资产布局的高效平台。随着互联互通的延伸，“债券通”于2017年7月正式运行，为三地共同市场加入定息及货币产品，进一步补充可供投资的人民币资产组合，将在岸与离岸债券市场连成一体。上述互联互通模式连接各地市场形成区域性市场，进而形成国际化市场，以稳步有序的节奏推动金融市场开放。

从行业准入视角来看，自贸区试点加大金融服务业的对外开放力度。从2013年正式建立上海自贸区开始，金融开放试点的步伐不断加快。根据连续更新的四版自贸区外商投资准入负面清单，开放范围显著扩大，对金融业的要求更加具体和透明。而且，很多国家均对本国国有金融机构设有一定程度的特殊保护，而我国并没有设置相关保护条款。通过国际比较可见，发达经济体的金融业普遍开放程度较高，而新兴市场国家在本地化经营、股东资质等方面存在诸多限制，我国相比发达经济体的金融业开放水平仍存在一定差距。

资料来源：金融时报—中国金融新闻网.

第二章

国际资本流动安全

【教学目的和要求】

通过本章学习，了解国际资本流动的含义、资本流动的类型，国际资本流动的根本原因、影响因素，了解国际资本流动相关特点。能够了解短期国际资本流动风险、中长期国际资本流动风险；能够正确认识短期国际资本流动风险的防范措施、中长期国际资本流动风险的防范措施。

第一节　国际资本流动概述

20 世纪 70 年代布雷顿森林体系崩溃以来，国际资本流动成为一种普遍的经济现象，各国经济的运行方式也发生了根本的变化。本节主要介绍国际资本流动的基本内容，为后面两节内容做一些准备。

一、国际资本流动的含义

国际资本流动（International Capital Flows）是指资本在各国（或地区）之间，以及国际金融组织之间的移动，即资本的跨国界、跨地区流动。这里的“资本”可以是以货币形态的资本，也可以是实物形态的资本（如生产设备、技术、原材料、劳动力等）。它是国际间经济交易的基本内容之一。

国际资本流动是资本跨越国家的界限而在国际范围内运动的过程，是资本要素在不同主权国家和法律体系管辖范围之间的输出与输入。资本的本质决定了资本跨国流动的本质，是居民的一部分储蓄或社会剩余劳动积累在不同社会再生产体系、不同社会经济分配体系、不同政府宏观决策体系之间的运动。

国际资本流动不同于以所有权的转移为特征的商品交易，它是以使用权的转让为特征，以盈利或平衡国际收支为目的，主要反映在一国（或地区）国际收支平衡表的资本与金融账户中。

另外，在把握“国际资本流动”含义时，还必须清楚地掌握资本外流和资本内流的概念。

（一）资本外流

资本外流（Capital Outflows）是居民向非居民让渡资本使用权的过程，或者说是资本由居民流向非居民的过程，也可以理解为本国的资本输出。资本外流所强调的不是资本流入（Flowing In）或流出（Flowing Out）的方向，而是资本使用权由居民让渡到非居民。资本外流意味着本国资本流向外国，外国在本国的资产减少，外国对本国的负债增加，本国对外国的负债减少，本国在外国的资产增加。资本外流在方向上表现为流出，但在资本外流发生逆转时（Outflows Reversal），比如本国居民收回海外投资或非居民偿还居民的贷款时，则在方向上表现为资本流入。在国际收支平衡表中，资本外流反映在金融账户下的“资产”方，数字通常用“－”表示，意味着海外资产的增加。但当居民将之前流出的资本大规模收回时，则资产方的数字有可能变为“＋”号，这表明资本外流发生了大规模逆转，海外的资产减少。所以，资本外流在方向上通常表现为资本的流出，但在某些时候也可以表现为资本的流入。

（二）资本内流

资本内流（Capital Inflows）与资本外流相反，资本内流是非居民向居民让渡资本使用权的过程，或者说是资本由非居民流向居民的过程，通常也可以理解为资本的输入。同样，资本内流所强调的也不是资本流入或流出的方向，而是使用权由非居民让渡到居民。资本内流意味着外国对本国的负债减少，本国对外国的负债增加，外国在本国的资产增加和本国在外国的资产减少。20 世纪 80 年代以来，大规模的资本内流是新兴市场经济体的一个显著特征，为弥补经济发展中的资本不足，发挥了重要积极作用。但这些资本内流也经常遭遇突然停顿（Sudden Stop）或逆转，往往会引发东道国的货币危机。比如 1997 年爆发的亚洲金融危机，直接原因就是大规模的资本内流逆转；2008 年国际金融危机爆发后，很多新兴市场也遭遇了资本内流的逆转，从而引发了本国货币的大幅度贬值。资本内流在国际收支平衡表中记录在金融账户下的“负债”方，数字通常用“＋”表示，意味着资本在方向上是流入，但在遭遇大规模的资本内流逆转时，数字也会变为“－”值。所以，与资本外流相反，资本内流通常表现为资本的流入，但在某些时候也可能表现为资本流出。

二、国际资本流动的类型

国际资本流动的种类很多，根据不同的标准，可以做出不同的划分。根据流向可以分为资本流入与资本流出；根据资本流动的期限可以分为短期资本流动与长期资本流动；根据资本属性可以分为官方资本和私人资本；根据资本流动的目的可以分为借贷资本流动和生产资本流动。以上各种分类又是相互交叉的，譬如可以有官方长期资本流动，私人长期生产性资本流动，或私人短期信贷资本流动等。

通常我们将资本流动按使用期限的长短，划分为短期资本流动和长期资本流动两大类。

（一）短期资本流动

短期资本流动是指期限在一年以内的资本通过一定的信用工具来实现在国际间的

转移。这类信用工具有银行票据、商业票据、银行活期存款凭证、短期政府债券以及可转让银行定期存单等。因为这些短期资本容易转化为货币，因此它们可以迅速和直接地影响到一国的货币供应量，这一点与长期资本流动不同。

短期资本流动一般有四种情况：

1. 贸易资本流动。这是指国际间贸易往来的资金融通与资金结算而引起的货币资本在国际间的转移。世界各国在贸易往来中，必然会形成国际间的债权债务关系，而为结清这些关系，货币资本必然从一个国家或地区流往另一个国家或地区，贸易资本流动就形成了。一般来说，这种资本流动，是资本从商品进口国向商品出口国转移，具有不可逆转的特点，因此，严格来说，它属于国际资本流动。

2. 银行资本流动。各国经营外汇业务的银行，由于外汇业务和牟取利润的需要，要不断地进行国际间同业资金的往来，收付、结算、套汇、套利、掉期，外汇头寸的抛补和调拨，短期外汇资金的拆入、拆出等。这些都会产生频繁的国际短期资本的流动。

3. 保值性资本流动。金融资产的持有者为了资金的安全和保持其价值不下降，而在国际间进行资金调拨转移形成的短期资本流动。国内政治局势不稳，资本没有安全保障；外汇汇率波动较大，资本价值面临损失；外汇管制或征税过高，资本的流动性受到威胁等原因，都会造成短期资本出于避险的需要而大量外流。

4. 投机性资本流动。投机性资本流动是投资者在不采取抛补性交易的情况下，利用汇率、金融资产或商品价格的波动，伺机买卖、寻求高利而引起的短期资本流动。投资者能否盈利全凭其对形势的预期或判断是否正确，若预测有误，必然遭受损失，这种资本流动完全以获取差价收益为目的。如投资者将资金投向目前疲软的货币，预期该货币汇率不久就要转向，若日后该货币汇率回升则投机盈利。国际市场上能引起投机性资本流动的因素很多，除贵金属及证券价格的剧烈波动能引起投资者极大兴趣外，国际市场某些重要商品价格的大幅涨跌也能诱使投机者不断买入卖出。这都形成短期资本市场上的投机性资本流动。

（二）长期资本流动

期限在一年以上或未规定使用期限的资本流动是长期资本流动，它包括国际直接投资、国际间接投资和国际贷款。

1. 国际直接投资（Foreign Direct Investment，FDI）。国际直接投资也称为外国直接投资，是指一国居民以一定生产要素投入另一国并相应获得经营管理权的跨国投资活动。

国际直接投资可以取得对方或东道国企业的全部或部分管理和控制权，进而取得企业经营利润。国际货币基金组织对国际直接投资下的定义是：在投资者母国以外的国家（或地区）所经营的企业中拥有持续收益的一种投资，其目的在于对该企业的经营管理拥有有效的发言权。对外直接投资主要有三种类型：

（1）创办新企业（独资和合资），这类直接投资往往不限于货币资本的投资，特别是创办合资企业时，机器设备、存货、技术专利、商标权、特许经营权等无形资产都可以折价入股。

（2）收购或合并外国企业，包括建立附属机构。

（3）收购国外企业的股权达一定比例以上。例如美国有关法律规定，本国公司拥有外国企业股权达10%以上，就属于国际直接投资，但外国企业只要拥有美国企业股权达5%以上，就属于国际直接投资。按照国际货币基金组织的规定，外国投资者如拥有当地企业25%的投票权，可视为国际直接投资。

除此之外还有利润再投资。投资者在国外企业投资所获利润并不汇回国内，而是作为保留利润投入该企业或其他企业，这也是直接投资的一种形式，虽然这种投资并不引起一国资本的流入流出。

2. 国际间接投资。国际间接投资也称为证券投资（Portfolio Investment），是指以取得利息或股利等形式的资本增值为目标，以被投资国的证券为购买对象的投资。国际货币基金组织对间接投资下的定义是：间接投资是为了获得投资收入或资本收益的一种投资，而不是对企业的经营有直接兴趣。对购买有价证券的国家来说是资本流出，对发行有价证券的国家来说则是资本流入。

国际证券投资可分为国际股票投资和国际债券投资。国际股票投资是指在股票市场上购买外国企业的股票。国际债券又分为外国债券和欧洲债券。

国际间接投资与国际直接投资的区别在于两个方面：

第一，有效控制权的区别。根据国际货币基金组织的解释，有效控制权是指投资者拥有企业一定数量的股份，因而能行使表决权并在企业的经营决策和管理中享有发言权。国际直接投资以股权方式参与而取得的对企业的控制权，有别于非股权参与的控制权。如果没有股权参与，即使能通过其他途径或方法对企业产生影响，也不能算直接投资。在国际直接投资活动中，投资者对企业的控制权一般与投资者对企业拥有的股份成正比，拥有的股份越多，控制权越大。国际货币基金组织认为，投资者在所投资的企业中拥有25%或更多的股份，可以作为有效控制的标准。

第二，国际直接投资的性质和过程比国际间接投资复杂。国际直接投资从本质上说是生产资本在国际间的流动和转移，它不但包括货币形式的资本转移，还包括生产资本的物质形态转移（如机器设备、原材料及劳动力的投入）和无形资产的输出（如商标、专利、专有技术和管理经验）。在整个经营过程中，国际直接投资的收益是浮动的，随着投资企业经营状况变化而变化。因此，从国际直接投资的股权确认、谈判过程以及实际操作过程等各个方面看，都比国际间接投资要复杂，其风险也要大于国际间接投资。国际间接投资者对投资对象企业并无实际控制权和管理权，所以只能收取债券或股票的利息和红利。国际间接投资的性质比较简单，收益也是相对固定的。

3. 国际贷款。国际贷款主要有政府贷款、国际金融机构贷款、国际银团贷款和出口信贷。政府贷款是一个国家政府向另一个国家提供的贷款，其目的是促进本国商品和劳务的出口以及企业的对外投资等。一般为发达国家向发展中国家提供的双边贷款，其实就是两国政府机构之间的资金借贷。国际金融机构贷款是国际金融机构向其成员国政府提供的贷款。国际银团贷款是指由一家银行牵头，多家银行参加，共同对一个借款人提供贷款，并且共同分担贷款风险。国际银团贷款不限定用途，借款人可以自由使用资金，而且贷款资金额度也不受限制。出口信贷是与国际贸易直接相关的中长期贷款。它是商业银行对本国出口商或外国进口商及其银行提供的贷款，其目的是解决本国出口商的资金周转困难，或是满足外国进口商对本国出口商支付货款的需要。其一般有三个特点：贷款特定用途、利率低和有偿担保。

三、国际资本流动的原因

（一）宏观因素

宏观因素包括经济全球化趋势的加强、各国（地区）政策的调整、技术通信手段的现代化等。

1. 经济全球化趋势的加强。按照国际货币基金组织的定义，“经济全球化”（Globalization）是跨国商品与服务交易、国际资本流动规模和形式的增加，以及技术的广泛传播使世界各国经济的相互依赖性增强”。国际资本流动是经济全球化的重要内容，同时也是经济全球化最有力的推动力量，而经济全球化为国际资本流动提供了发展的基础环境。

2. 各国（地区）政策的调整。各国（地区）政策的调整，如金融管制或自由化政策、提供融资便利、税收优惠、风险担保、研发费用等，对资本流动会产生强有力的推动或阻碍作用。例如，资本管制与国际资本流动具有负相关关系，资本自由化与国际资本流动具有正相关关系，可以通过对新兴市场的资本管制与资本流动的样本分析加以论证。

（二）微观因素

微观因素是投资者为了自身的利益和发展进行对外投资的动机，主要因素有：

第一，为寻求稳定的资源供应和利用廉价资源，降低成本。例如，企业为了自身利益，向第三国寻求廉价资源，试图降低成本。第二，避开关税和非贸易壁垒，克服贸易限制和障碍。例如，企业通过向第三国或进口国直接投资，在进口国当地生产或在第三国生产后再出口到进口国以避开进口国贸易限制和壁垒。第三，获得规模经济效益。当企业的发展受到国内市场容量的限制而难以达到规模经济效益时，可通过对外直接投资，将其相对闲置的生产力转移到国外，以实现规模经济效益。第四，利用国家间的汇率和收益率差异，谋求高利润。利率决定了金融资产的收益率，汇率的高低可以改变资本的供求，为了保值增值，国家间的收益率差异将造成资本在国际上的流动。第五，追求政治稳定分散风险。例如，规避和分散政局动荡、国有化、政策变动等政治风险，以及汇率、利率和通货膨胀率等经济风险。第六，转移环境污染。一些发达资本主义国家针对环境污染问题，严格限制企业在国内从事易造成污染的产品生产，促使企业将污染产业转移。化工业、石油和煤炭产品、冶金制浆造纸是四大高污染行业。第七，与同行竞争，开拓海外市场，避开本国过度竞争的市场。这是跨国公司的固有属性使然。在本国市场上，来自其他国家的竞争非常激烈，特别是在其本身所具有的优势不足以与他国竞争时，投资者为了避其锋芒而将眼光瞄准海外。一些投资者投资于海外，一方面旨在为其产品创造市场，另一方面是为了充分利用闲置资源，并使其专有技术资本化。

（三）证券投资国际分散化的动因

资本报酬差异只能说明资本从低利率国流向高利率国的单向流动。在现实中，资本在多数国家之间是相互或双向流动的。这表明投资者除了关心投资收益之外，还注重投资收益的稳定性，关注投资风险的差异，包括政治风险、经济风险、金融风险。证券投资国际分散化将更利于改善风险管理和提高收益。

四、国际资本流动的影响

国际资本流动对世界经济的影响有利有弊，以下从长期资本和短期资本两个角度讨论其影响。

（一）长期资本流动的经济影响

1. 对世界经济的影响。长期资本流动对世界经济的积极影响主要体现为：第一，增加世界总产量，提高总福利。按照国际资本流动的一般模型，国际资本流动可以使各国的资本边际产出率趋于一致，从而提高总产量和福利水平。第二，加速全球化进程。经济全球化分为贸易自由化、生产国际化和金融全球化三个层面。在这三个层面上，国际资本流动一直与经济全球化存在着紧密联系、相互促进的关系，是经济全球化的第一推动力。

2. 对资本输入国的影响。长期资本流动对资本输入国的积极影响主要表现为：第一，弥补输入国资本不足，缓解资金短缺的困难，加快经济发展。第二，创造就业机会，增加国家财政收入。第三，引进先进技术与设备，加速结构改造，提高工业化水平。第四，增强出口创汇能力，改善国际收支。资本输入国可以利用外资所带来的先进技术和海外销售渠道，扩大本国产品的出口，提高国际市场竞争力。

但是，长期资本流动同时也会给资本输入国带来消极影响，主要表现为：第一，形成沉重的外债负担，引发发展中国家的债务危机。第二，加深对外资的依赖性，影响民族经济的发展。有些关系国计民生的命脉部门如果被国际垄断资本控制，可能会使资本输入国丧失经济政策自主权。第三，加剧国内市场竞争，掠夺资源，强占市场。外国投资建立的经济实体如果对当地资源实行掠夺性开采，同时挤占当地销售市场，会加剧市场竞争，影响本国经济的正常运行。

3. 对资本输出国的影响。长期资本流动对资本输出国的积极影响主要表现为：第一，有助于促进商品输出，带动贸易的发展。第二，提高输出国的国际经济地位。第三，解决闲置资本的出路问题，实现投资收益的增加。第四，绕开贸易保护主义的壁垒，成为维持和扩大海外市场份额的有效途径。

但是，长期资本流动同时也会给资本输出国带来消极影响，主要表现为：第一，使经济效益转移，妨碍国内经济的发展。第二，面临较大的投资风险。一旦政局不稳、市场容量有限、投资安全系数不高，资本就要撤出。第三，培养潜在竞争对手。长期资本流动不仅输出了货币资本，还带动了先进的技术、管理经验等生产要素的总体转移，促进了资本输入国的经济发展，孕育出潜在竞争者。

（二）短期资本流动的经济影响

短期资本流动的目标是追求营利性和流动性。由于短期资本流动的不确定性、投机性会对资本造成运营风险，因而应对短期资本的跨境流动趋势予以密切关注。巨额的国际短期资本流动会对一国、一定区域乃至整个国际金融市场产生深刻的影响。

1. 影响国际金融市场。短期资本流动有助于增强市场流动性，对国际金融市场的培育和发展有积极作用，特别是推动了金融衍生市场的发展和壮大。国际游资的频繁套汇、套利活动使国际金融市场的价格趋向一体化，使各国经济的金融相关性增强，加速了世界经济一体化进程。但是投机资本的大规模流动，也会导致市场汇率、利率更加大起大落，造成国际金融市场的动荡不安。

2. 影响国际收支和汇率水平。当一国国际收支出现暂时性逆差时，该国货币汇率下跌，如果投机者认为这种下跌是暂时的，就会出现短期资本流入，有助于弥补国际收支逆差。当一国国际收支出现暂时性顺差时，该国货币汇率上升，如果投机者认为这种上升只是暂时的，就会形成短期资本外流。所以，短期资本流动可以调节暂时性的国际收支失衡。另外，这种投机性的资本流动使汇率差异缩小，从而起到稳定一国货币汇率的作用，因而被称为“稳定性投机”（Stabilizing Speculation）。

当一国国际收支出现持续性逆差时，该国货币汇率持续下跌，如果投机者认为汇率可能进一步下跌，就会卖出该国货币，造成资本外流，进一步扩大国际收支逆差。当一国国际收支出现持续性顺差时，该国货币汇率持续上升，投机者预期汇率可能进一步上升，就会买入该国货币，形成资本流入，国际收支顺差会进一步扩大。所以，短期资本流动会加剧国际收支不平衡。此外，这种投机性资本流动使得本国货币汇率更加不稳定，波动幅度增大，因而被称为“破坏稳定性投机”（Destabilizing Speculation）。

3. 影响一国金融政策的独立性和经济发展。当短期资本大量涌入时，会导致本国货币升值，而市场利率、汇率下跌会导致短期资本迅速抽逃，使汇率暴跌。为稳定汇率，中央银行会增加基础货币的投放，买进外汇，这会导致货币供给的大幅增加，形成通货膨胀压力。

大量短期资本流入银行体系将使银行资产规模膨胀，银行会出现过度贷款的倾向。当贷款质量不高而形成坏账时，会加大银行体系风险。中央银行也会增加储备积累以稳定货币，而向国内投放大量本币资产会促使国内金融资产膨胀，加剧金融体系的脆弱性。

实践中，一方面，短期资本外逃会降低一国国内的储蓄水平，造成投资下降和生产萎缩。如果该国为了维持一定的生产和消费能力，则势必引起外债负担的迅速累积。另一方面，短期资本流动期限短，变化速度快，对货币政策敏感。当一国为了控制通货膨胀而采取紧缩性货币政策时，由于利率提高，会带来短期内大量资本的涌入，从而破坏货币政策的紧缩力度；反之，膨胀性的货币政策又会因短期资本的抽逃而削弱实施效果。

五、当前国际资本流动特点

20 世纪 90 年代以来，国际经济、政治的巨大变化，尤其是 90 年代中期国际金融发展的重大影响，使得国际资本市场资金的需求大大增加，资金供给相对趋紧，且流入发展中国家的资金迅速回流发达国家，加大了资金不均衡的发展趋势，投机性资金的流动伴随私人资金融入资本市场趋势上升。主要表现在以下几方面：

（一）发达国家资金需求上升

主要发达国家（欧盟、美国、日本）资金需求的上升，使得发达国家既是对外投资的大国，也是引进外资最多的国家，特别是跨国公司已经成为经济全球化的重要力量。这些跨国公司的投资已经渗入各国的几乎所有领域和部门，从而带动资金的迅速流动。

美国从近一个世纪的债权国变为最大的债务国，外债总额从 1990 年的 6000 亿美元上升至 2018 年底的 19.31 万亿美元，贸易赤字从同期的 1000 亿美元增长至 2018 年底的 6210 亿美元，财政赤字由 3000 亿美元增加到 7790 亿美元。美国既是世界主要的资本输出国，又是最大的资本输入国。

欧盟国家则由于经济复苏的乏力，对资金的需求也有所加大，由主要投资国变为资金需求国。其中德国由于内部原因以及欧盟统一货币达标的需要，在资金上作了较大的调整，被迫损失了部分资金以解决和调整居高不下的财政赤字和通货膨胀问题，极大地限制了德国对外资金的供给能力。

日本在 20 世纪 80 年代中期凭借其经济及金融实力，一跃成为世界头号债权国。从 1984 年到 1989 年，日本海外贷款以每年 25% 的速度膨胀，到 1990 年海外债权余额达 2 万亿美元，2014 年底日本对外资产总额约达 3 万亿美元，连续 24 年成为世界最大的资金供给国。但 20 世纪 90 年代以来的泡沫经济使得日本政府被迫将挤占国际市场的战略变为从国际市场收缩的战略，股票和债券总额也逐年下降，明显地表露出股票市场国际地位的下降。而日本采取资金收缩的原因在于国内结构调整的需要，出口导向转为内需导向，私人消费和国内投资成为经济增长的动力，因而国内资金的需求明显上升，尤其是银行业为适应《巴塞尔协议》对资本充足率的要求，努力增加资本金而收缩放款业务，加之银行不良贷款的负担沉重，使日本明显减少对外资金的供给。

（二）新兴市场国家和地区资金需求旺盛

俄罗斯及东欧等国家因经济调整和改革需要大量资金支持。中东欧国家都是中小国家，本身市场容量小，国内生产总值的 1/3 甚至 1/2 靠外贸实现。外贸状况的变化以及外债的增加，使该地区丧失了 1993—1996 年吸收外资的良好势头，非洲、拉丁美洲和亚洲发展中国家和地区经济发展金融改革也需要大量资金的支持。2018 年全球经济景气度由高位回落、增长步伐放缓，美国单边挑起的贸易冲突引发市场对全球贸易及经济增长前景的担忧，在主要发达经济体货币政策正常化持续推进的背景下，新兴市场国家普遍存在货币贬值、资本外流以及外债压力，未来经济发展面临一定挑战。同时各主要新兴市场国家间的经济发展也呈现出一定的分化。2019 年美联储仍将继续加息，新兴市场国家面临的资本外流压力或继续上升，其货币政策被动趋同的状态也将持续，将阻碍新兴经济体经济提振，新兴市场面临的增长压力也将加大。

（三）国际直接投资迅速发展，地区分布有所变化

从2003年开始，全球外国直接投资流入量经过四年的连续增长，2007年再增长30%，达到18330亿美元，远远高于2000年创下的13965亿美元的历史最高水平。但是2007年全球金融危机后，全球外国直接投资流入量呈现下降趋势，2014年降至1.23万亿美元左右，比2007年的最高水平低约32.9%。2018年全球外国直接投资总额为1.3万亿美元，较2017年减少13%，连续第三年出现下滑。

全球外国直接投资的一个新特征是主权财富基金作为直接投资者的出现，得益于近年来储备的迅速积累，这些管理资产达5万亿美元的基金风险承受能力和预期收益往往高于货币当局管理的传统官方储备。虽然主权财富基金的历史可以追溯到20世纪50年代，但是直到近几年参与了一些大规模的跨国并购，并向发达国家某些窘迫的金融机构注入大量资本后，主权财富基金才引起全球关注。虽然主权财富基金以外国直接投资形式进行的投资金额较小，但是近年来持续增加。2007年，主权财富基金的总资产中仅0.2%与外国直接投资有关。然而，主权财富基金20年来在海外投资390亿美元，其中310亿美元是2004—2006年投资的。贸易顺差使储备迅速增加，全球经济基本面发生变化，许多金融公司财务状况的恶化，这些都推动了主权财富基金最近的活动。主权财富基金约75%的外国直接投资投向发达国家，迄今为止对非洲和拉丁美洲的投资都非常有限。主权财富基金的投资集中在服务业，主要是商业服务。

尽管2007年下半年开始出现金融和信贷危机，但在三大类经济体——发达国家、发展中国家以及转型期经济体（东南欧国家和独联体）中，外国直接投资的流入量都在继续增长。外国直接投资的增长主要反映了世界许多地区较快的经济增长和强劲的公司业绩。特别是发展中国家的外国子公司的利润增长，收益再投资约占外国直接投资总流入量的30%。在某种程度上，以美元计算的外国直接投资水平创下新高也反映了美元对其他主要货币的大幅贬值。不过，即使以当地货币计算，2007年全球外国直接投资流量仍然增长了23%，达到历史最高水平。之后几年，全球金融危机的负面影响开始显现，全球的外国直接投资量出现下滑趋势，2014年全球外国直接投资流量是1.23万亿美元，相比于2007年最高峰减少了32.89%。其中，发展中国家的外国直接投资流量达到6810亿美元（以全球投资流入的份额计算），是外国直接投资流入量最大的区域。2014年中国已超越美国成为全球最大的外国直接投资接受国，吸引的外国直接投资总额达1290亿美元，其次是中国香港和美国。

2014年，在全球外国直接投资中，发展中国家创纪录地占了35%，而2007年只占13%。相较于发展中国家，发达国家的外国直接投资流入量为4990亿美元，比2013年下降28%。2018年发达国家吸收外资仅有4510亿美元，与2017年相比降幅达40%。而发展中国家吸收外资增长了3%，保持相对稳定共达6940亿美元。

（四）国际资本证券化趋势加强

研究表明，经济越发达，证券化融资方式在融资总额中的比例越大。证券化融资

既能满足企业对高回报项目长期占用资金的需要，又能向投资者提供高流动性，顾此而不失彼。随着发达国家逐渐放松金融管制，发展中国家加快金融自由化，金融创新向深度和广度的快速发展以及高科技运用于金融市场的推动力，融资证券化已经成为国际金融市场发展的必然趋势，证券融资的比例日渐上升。据统计，1970 年美国、日本、德国三国超越国界的股票、债券交易占国内生产总值的比例都在 5% 以下，而到 1996 年这一比例分别上升到 152%、83% 和 197%。1990—1995 年，国际证券发行净额已从 164 亿美元增加到 313 亿美元，国际银行贷款规模则相对有所下降。1998 年国际债券和长期票据市场发行额高达 11425 亿美元，1999 年则达 12303 亿美元，2000 年证券市场融资仍相当活跃，较 1999 年略有上升，约为 12346 亿美元。进入 2002 年后，由于受美股表现欠佳、利率下调的预期等因素的影响，投资者蜂拥而入债市，推动美国国债利率不断下降。另外，由于商业票据发行标准更加严格，许多公司更多地依靠发行公司债券进行融资，其债务结构也更偏向长期。到了 2007 年，美国债市规模扩张了一倍多。其中国债和市政债券的份额呈收缩趋势，但抵押相关和资产支持类债券的份额则明显上升。截至 2014 年末，美国债市的总规模约达 40 万亿美元。从外国对美国债券的增持看，外国对美国债券增持额占美国债券净增额的比重也呈上升趋势。1998 年外国对美国债券增持额占美国债券净增额的比重只有 17%，而到 2014 年这一比重已大幅升至 35.85%。在新兴市场，由于亚洲经济增长情况相当不错，许多投资评级机构调高了亚洲国家债券的级别，与此相反，对拉丁美洲地区债券的需求大大下降，反映了投资者对拉丁美洲经济形势的悲观预期。

2017 年，我国资产证券化发展迅猛，不论是信贷资产支持证券，还是企业资产支持证券和资产支持票据，发行规模与发行单数均创下历史新高，但资产支持票据的市场规模仍相对较小。2017 年，伴随着互联网金融和供应链金融的发展，小额贷款和应收账款成为资产证券化市场中重要的基础资产；在房地产行业调控升级的背景下，房地产企业发行的资产证券化产品的类型更加多元化，基础资产为物业费和购房尾款的资产支持证券、商业地产抵押贷款支持证券和房地产信贷投资基金相比 2016 年呈现增长的态势，长租公寓类资产证券化产品更成为备受关注的创新资产证券化产品。

（五）国际资金结构的变化，私人资本挑战多边机构的贷款和国际援助

按世界银行的划分标准，国际资本流动分为官方发展融资和外国私人资本两种形式。在第二次世界大战后一个很长的时期内，国际资本的流动曾以包括各国政府和国际经济组织在内的官方资本占据主导地位。从 20 世纪 70 年代中期起，官方发展融资总量尽管还在增加，但其地位和作用大为削弱。私人资本市场的发展在 80 年代由于债务危机受到较大的影响，但近几年在国际金融环境大为改观的情况下，国际资本市场中的私人资本开始复苏和回升，并且已经逐步占据主导地位。目前，私人资本流动已占全球资本流动的 3/4 以上。国际私人资本的扩展主要得益于科技进步和经济全球化的发展。科技进步提高了企业的盈利能力和水平，为增加资本积聚和积累创造了条件，从而出现大量资本过剩，而经济全球化的发展则为过剩资本提供了新的跨国投资和盈利机会，特别是许多发展中国家实行市场经济改革和大规模私有化，并放松金融管制，

极大地激发了对资本的需求，为资本的流入创造了前所未有的条件，从而使私人资本流动的主导地位进一步加强。

私人资本中发展最快的当属机构投资者。机构投资者包括共同基金、对冲基金、养老基金、保险公司、信托公司、基金会、捐款基金及投资银行和商业银行，其中共同基金的增长尤其突出。在主要工业化国家，非银行金融机构所持有的金融资产在20世纪90年代中期就已超过其GDP，而在80年代初，没有一个国家的机构金融资产超过其GDP。机构投资者掌握的金融资产急剧上升的原因是居民家庭储蓄行为的多元化和金融业的开放，如储蓄的机构化管理、居民家庭将银行账户转移到共同基金等。

（六）国际游资规模日益膨胀

经济全球化的显著特点表现为资金在全球资本市场上跨越国界大量快速流动，由此也就产生相应的负面作用，对金融市场和国别经济造成破坏性影响。国际游资，又称热钱（Hot Money）或短期投机资本，是一种没有固定投资领域，以追求高额短期利润为主要目的的投机行为，期限在一年以下的短期资本。它包括现金、银行短期存款、短期政府债券、商业票据、各种衍生产品（如期货与期权合约）、各种基金及其他流动性很强的资产。国际货币基金组织估计，国际上这类游离于商品和劳务之外以谋利或保值为目的的游资已超过7万亿美元。这类资本来源主要有两大类：一类是证券市场机构投资者所运用的各类基金；另一类是专业投资者从事期货、期权、掉期等衍生工具交易所掌握的资本。

国际游资的存在和发展固然有利于调剂资金余缺，一定程度上有利于国际金融市场的发展和打破资金市场的垄断，但由于其不择手段的逐利性以及极强的流动性，对国际金融市场尤其是外汇市场和证券市场的破坏性影响可想而知。

（七）国际资本流动部门结构的变化

20世纪90年代以来，随着高新技术产业的兴起和服务业的日益兴旺，国际资本流动主要转向高新技术产业以及金融、保险、房地产等非制造业领域。造成这种变化的主要原因在于原材料工业和基础产业投资大、见效慢，因而也增大了投资风险，而高新技术产业、金融、保险等服务业却由于高盈利性而使投资者趋之若骛，尤其是金融、保险业日益成为投资的热门行业。

第二节　国际资本流动风险

一、国际资本流动影响金融稳定的内在机制

金融市场是国际资本流动的载体，国际资本的流动会对流入国或流出国的金融市场产生一些不利影响。外国资本的大量流入和外国投资者的广泛参与，大大增加了市场的波动性，尤其是在一些机构投资者成为这类国家非居民投资的主体时，国内金融市场的不稳定性表现得更为显著。

（一）国际资本流动与资产价格波动

1. 汇率的波动。大量外国资本在一国金融市场上流动进行交易，必然导致该国外汇市场、借贷市场和股票市场上交易对象价格波动的加剧。国际资本流动有可能引发汇率波动，增加国际金融市场尤其是外汇市场的动荡。巨额资本的国际流动，尤其是短期投机套利资本的频繁出入，使国际金融市场尤其是外汇市场动荡频繁。当国际资本流入某国时，导致外币供给增加或对本币需求增加，其他条件不变时，造成本币对外币升值；反之，则导致本币对外币贬值。因此，发生大规模的资本净流入时，本币汇率将持续上升；反之，本币汇率将持续下跌，造成汇率的动荡。固定汇率制下，大量国际短期资本流入更容易导致宏观经济不稳定。首先，为维持汇率稳定，一国货币当局被迫吸纳流入的外汇资金，使得相当部分的流入资本转化为外汇储备，造成货币当局对货币总量的控制能力下降。其次，在实际汇率升值的情况下，一国可调控短期资本流入并将本币适当贬值。如果该国仍维持名义汇率的稳定，会使得实际汇率错位，汇率泡沫化严重。并且它容易产生巨大的波及效应和放大效应，在一国引发后，冲击波可以迅速扩散到若干国家。这种效应使各国的国内经济政策和国际干预的效力大大减弱。

2. 利率的波动。国际资本流动有可能引发利率的波动，当国际资本流入时，将导致银行贷款增加和货币供给量增加。货币供给量的增加在其他条件不变的情况下导致利率下降，国际资本的流出则导致利率上升。如果大规模的国际资本持续净流出，利率将出现一个上升的过程；反之，利率将出现一个下降的过程。

3. 证券价格的波动。国际资本流动有可能引发证券价格的波动，大规模的国际资本进入或退出可能造成或加剧本国资本市场价格波动的风险。如果本国市场的规模本来就不大，市场的流动性也不充分，那么一定规模的外资流入或流出都会十分显著地影响本国市场的价格走势，加剧市场的波动。当国际资本以证券投资的形式流入某国时，将刺激该国证券的需求并引起该国证券价格的上升；当国际资本以卖出证券的形式流出某国时，将增加该国证券的供给并引起该国证券价格的下降。而一旦国际投机资本进攻一国股票市场，就会造成严重的消极影响。在许多国家，共同基金是外国投资者投资于本国市场的重要方式。这些基金往往拥有巨额资金，其逐利本性决定了其频繁的流动性，若用于投机必会给证券市场价格造成巨大冲击，提高市场价格的波动性，增加市场的不稳定风险。

（二）国际资本流动与资本外逃

资本外逃可以理解为因恐惧和疑虑所导致的资本异常流出。在资本流动自由化条件下，资产持有者可以通过合法途径持有国外资产，回避一国异常的投资风险，引起本国资本向其他国家的异常流动，从而对一国金融稳定产生冲击。一方面，大规模突发性的资本外逃使本国国际收支状况突然恶化，使本币汇率过度下跌。政府将动用外汇储备以维持现有汇率，使外汇储备大幅下降，从而影响一国的偿债能力和筹资能力，进一步加剧了国际收支平衡和资本外逃。另一方面，极大削弱了货币政策的有效性。例如，中央银行增加货币供给刺激经济增长时，资本外逃使得本币需求大幅下降，增加的货币供给成为多余的流动性，无法与实际经济资源结合产生经济效益。

（三）国际资本流动与国际收支失衡

国际游资无论是以本币形式还是以外币形式流动，无论是流入还是流出，它都会体现于一国的国际收支中，并主要表现为资本项目中短期资本的变动。在国际短期资本流动中，贸易资金流动、银行资金调拨、保值性流动比较稳定，而投机性流动、安全性流动不仅数额巨大而且变动频繁，从而造成国际短期资本流动变化迅速且缺乏规律性，难以进行有效分析。特别是当一国的国际收支顺差由大量的国际游资流入而维持时，这种国际收支结构便处于一种不稳定状态，隐藏着长期国际收支逆差的可能性。因为国际游资往往对金融市场上的风吹草动相当敏感，一旦未来该国的经济、政治形势恶化，国际游资会大规模地迅速撤出，造成该国国际收支的严重逆差。因此国际游资的大规模流动不利于一国国际收支的调节，并可能加剧该国的国际收支平衡。

国际资本流动同样也给国际收支的调节带来一定的难度。国际资本往往对金融市场上的风吹草动相当敏感，并且移动迅速、规模巨大，往往使政府的货币政策意图很难真正贯彻，并且效果大打折扣，有时甚至取得相反效果。例如，当一国国际收支逆差，货币可能贬值时，货币当局欲利用外汇平准基金干预汇率，使汇价上升。投机者看准时机，在政府干预时，投资大量涌入，直至货币当局再也无力干涉时，游资又纷纷撤回，使该国货币贬值更甚，国际收支越发不平衡，并且国内经济大伤元气。

二、短期国际资本流动风险

短期国际资本流动是把“双刃剑”，推动了全球金融市场一体化进程，增加了国际金融市场的流动性，客观上推动了金融创新；对于新兴市场经济体而言，短期国际资本流入有利于促进金融改革、解决资本形成不足问题、提高资金配置效率，以及促进经济增长等。但是，短期资本流动的不确定性，严重时容易引发货币危机与金融危机，因此，如何趋利避害、防范短期国际资本流动风险，对于维护国际金融安全至关重要。

（一）短期国际资本流动与投机性冲击

1. 投机性冲击的特点

（1）投机性冲击策略日渐立体化，从投机性冲击的历史来看，投机性资本对冲击一个国家或同时冲击一些国家的货币有特别的偏好，常见的是对固定汇率制度或有管理的汇率制度进行的投机性冲击或货币投机性冲击。投机者利用各类金融工具的即期交易、远期交易、期货交易、期权交易、互换交易，同时在外汇市场、证券市场，以及各种金融衍生产品市场进行操作，构成了立体投机策略。（2）投机性冲击容易产生连锁效应，投机性冲击的危害也逐渐呈现区域化的现象。（3）注重对公众预期的影响，投机者越来越注重对公众预期的影响和利用，用各种渠道动摇公众对本币的信心，使跟风者为投机家们对本币的打压推波助澜，从而加速目标货币的贬值。

2. 投机性冲击引发货币危机的传导机制。由于国际收支是影响汇率变动的长期基本因素，因此它也成为投机者推断一国货币名义汇率是否被高估的主要依据。如果一个国家经常项目持续逆差，且同时采用固定汇率制，则易于被投机者锁定为冲击目标。这是因为，经常项目持续逆差将造成对外汇的持续需求，在固定汇率制下这一需求不能以外汇价格升高即本币贬值的方式来使外汇市场达到均衡，那么，这一逆差的首要融资来源就是资本与金融项目的持续顺差。如果资本与金融项目顺差不足以弥补经常项目逆差，或者这两个项目都是逆差时，就需要动用外汇储备来平衡国际收支。一旦发展到动用外汇储备也无济于事，那么该国货币只有贬值。同时，短时期内大量抛售本币的行为极易引发“羊群效应”，当投机者大量抛售本币并散布预期本币贬值的舆论时，将影响整个市场参与者的预期，最终导致恐慌性抛售，迫使本币贬值。由此产生的货币危机会给一国的实体经济带来严重伤害，如失业率升高、大批企业倒闭、通货膨胀严重、经济增长放缓或负增长。

【知识链接】

墨西哥金融危机

1994 年底，中美洲的墨西哥爆发了严重的金融危机。墨西哥在 1982 年发生债务危机以后，在 IMF 的监督下实行了全面的市政经济和改革政策，紧缩经济并大幅度削减财政赤字。1987 年重新固定比索与美元的汇率，1989 年 1 月改为爬行盯住汇率制，1991 年 12 月又变为移动目标区域汇率制，并逐步扩大比索允许波动的范围。这一系列经济改革措施收到一定的成效，墨西哥国民经济稳步回升，逐步发展成为世界上经济最具活力的地区之一。但是到了 1994 年 1 月 1 日，墨西哥的恰帕斯州发生了暴乱，紧接着 2 月 4 日美联储将联邦基金利率提高 25 个基点（由 3% 升至 3.2%），这引起全球加息的风潮。此后，美国 4 次提高官方利率。美国提高利率给墨西哥金融市场带来了很大压力，因为短期资本很可能为寻求高利率而抽逃。此时，墨西哥国内政治局势也日趋紧张。在内外交困下，比索贬值的预期和传闻不断加强，资本纷纷外逃。1994 年 12 月 20 日，墨西哥政府被迫宣布比索兑美元汇价的干预上限放宽 15%，其目的是将比索币值稳定在一定的幅度内，并允许每天上浮 0.0004 比索。这一举措引起了资本市场恐慌，外资大规模撤出，股市暴跌。中央银行的干预措施使市场利率急剧上升，同时国家外汇储备不断降低。12 月 30 日，墨西哥政府不得不宣布比索贬值。然而贬值后的新汇率立即受到投机性冲击，墨西哥政府不得不转而实行浮动汇率制。此后的经济状况和政治局势使外国投资者极度恐慌，资金继续外逃，银行受到挤兑，经济陷入危机。在浮动汇率制下比索持续贬值，到 1995 年，比索在外汇市场上连创新低，股票市场价格也持续下降。

资料来源：百度百科。

【知识链接】

亚洲金融危机

1997年东南亚“四小虎”（泰国、马来西亚、印度尼西亚、菲律宾）和东亚“四小龙”（韩国、新加坡、中国香港、中国台湾）中的韩国都发生了较严重的金融危机，新加坡、中国台湾和中国香港特区以及日本也受到金融危机不同程度的冲击。在20世纪80年代和90年代初，东南亚各国加快金融自由化的步伐，形成快速的经济增长，被称为“东南亚奇迹”。但进入90年代中期以后，劳动力成本的上升使产品的国际竞争力有所下降，一些国家出现经常账户的逆差。由于不能及时地提升产业结构，提高产品竞争力，继续涌入的外部资金及国内投资普遍形成泡沫经济和房地产投资过热。以泰国为例，1996年的外债余额已达900亿美元，其中短期外债就高达400亿美元，超过其1997年初的外汇储备水平。另外，由于投资过热，特别是房地产投资过度，1997年初泰国金融机构的坏账已超过300亿美元。于是公众及外国投资者对泰国的经济状况和金融秩序开始担忧，货币贬值的预期不断集聚。国际投机者也不断积蓄能量，准备大规模的投机性冲击。2月，以索罗斯为首的国际对冲基金开始接连地对泰铢发动攻击；从4月下旬开始，对冲基金开始大量抛售泰铢，买入美元，并引起投资者的跟风。泰国中央银行不惜血本入市干预，经过反复较量，有200多亿美元外汇储备的泰国中央银行终感力不从心。7月2日，泰国宣布泰铢和美元脱钩，实行浮动汇率制，放弃了自1984年以来实行了13年的固定汇率制，泰铢即开始大幅度贬值，对美元的汇率当即下跌了20%。国际炒家冲击泰铢的手法是直接打压现货，基本策略是先在资金市场上借钱，然后在现货市场大肆抛售，并引起其他投资者的跟风，中央银行进行干预，动用外汇储备，买入本币，同时提高本币利率，增加投机资金的成本。但提高利率会对本币股市产生较大的负面影响，而中央银行一旦抵挡不住货币贬值的压力，投机基金所借的钱已变得十分低廉，则它自然就赚钱了。泰国的金融危机迅速波及周边的菲律宾、马来西亚、印度尼西亚，连曾被国际评级机构誉为最能防御外来冲击的新加坡货币也未能幸免，在3个月内贬值13%。10月以后，危机扩散至韩国，韩元对美元大幅度贬值，同时韩国经济也陷入深度经济危机。

可以看出，国际游资在三次危机中均扮演了导火索的角色，并在危机发展中起了推波助澜的作用。

资料来源：百度百科。

【知识链接】

阿根廷金融危机

2000 年，阿根廷外债总额达 1462 亿美元，相当于当年外汇收入的 4.7 倍，当年还本付息占出口收入的 38%。因受东南亚金融危机和巴西金融危机影响，2001 年 11 月，阿根廷政府宣布无力偿还外债，决定实施债务重组。2001 年 12 月 20 日德拉鲁阿总统宣布辞职至 2002 年 1 月 1 日正义党参议员杜阿尔德就任新总统，短短 12 天内五易总统，表明政治危机也相当严重。大规模的骚乱和激烈的政局动荡迫使政府放弃了比索盯住美元的货币汇率制度，国内外投资者对阿根廷的信心急剧下降。阿根廷不仅遇到了债务危机，而且陷入了政治危机和社会危机。

在此之前，阿根廷经济已陷入萧条，政府财政赤字和债务情况显著恶化。政府不得不通过国内银行的资助来缓解财政赤字，政府债务占银行资产的比率迅猛攀升，这显著增加了银行系统的信用风险。2001 年 12 月 23 日，阿根廷政府宣布暂时停止偿付所有公债的利息和本金，12 月 24 日宣布将于 2002 年 1 月发行本国第三种货币阿根廷元。阿根廷比索大幅贬值，最高时达 75%，阿根廷通货膨胀迅速上扬，比索贬值后累积通货膨胀率最高达 80%，大批企业倒闭，失业率大幅上升至 25%，2002 年经济下滑 10.9%。2004 年底，经过艰苦谈判，最终与国际金融机构达成协议，公布了以相当于欠债 25% ~35% 的面值发行新债来偿还旧债的债务重组方案。2005 年 3 月 3 日，债务重组取得成功，长达三年多的债务危机宣告结束。

资料来源：百度百科。

（二）资本外逃风险

国际短期资本的大量流入，使得流入国银行业面临新的冲击。一方面就资产而言，国际短期资本以直接或者间接的方式进入银行体系，会扩大银行的可贷资金量，银行以往的信贷决策机制和风险控制能力难以适应新的信贷扩张，可能出现贷款给信用等级较低的借款人的现象，导致投资流向高风险的证券市场和房地产市场，从而使资产的不良率上升。另一方面就负债而言，如果出现与资产方货币和期限的“双重错配”现象，一旦国际短期资本流动出现逆转，短期资本大量流出，会导致银行体系的流动性骤然紧张，面临大规模挤兑的风险。

（三）国际风险传递

国际机构投资者一般都偏好于快进快出的策略，其运作的庞大资金规模对发展中国家证券市场的影响力不容忽视。短期资本的自由流动也将国际证券市场的波动传导到国内。国外投资者根据国际市场行情调整资金头寸，必然引起一国股票市场的价格波动。尤其是对发展中国家证券市场的影响，一方面，可能带动股票市场以外的其他金融资产价格波动；另一方面，有些国家的银行等金融机构以证券投资为主要资金运用方式，证券价格波动直接影响到金融机构的收益和资本金结果，短期国际资本对股票市场的冲击就有可能酿成整个金融体系的灾难。

综上所述，国际短期资本的高流动性和高投机性容易引发巨额国际资本加速外逃，导致该国宏观经济迅速恶化，严重时还会引发货币危机和金融危机。危害的表现通常有：第一，影响当事国的外债清偿能力，降低国家信用等级。第二，导致市场信心崩溃，引发资本撤出，金融市场陷入极度混乱。第三，破坏稳定性投机造成国际收支失衡。第四，导致当事国货币价值巨幅波动，面临极大贬值压力。

三、中长期国际资本流动风险

（一）影响汇率稳定

汇率变动是资本跨国流动不可避免的问题，而且期限越长，相应的外汇风险程度可能就越高。从宏观上看，汇率变动可能因为恶化贸易条件或者引起旅游业波动而改变一国的资本流动状况，也可能因为货币当局调整外汇储备规模和结构而影响资本流向和数量，从而对国民收入、国内就业及经济发展等宏观因素不利。从微观上看，汇率波动超出预期水平，会加大企业成本与收益核算的难度，从而影响企业涉外业务，也就影响到私人资本的跨国流动；如果汇率变动加大了企业对外的债务负担，造成企业不能按时偿还到期外债，就会影响进一步的国际资本流入，并最终影响到相关企业的经营战略。

（二）影响利率稳定

无论是国际银行贷款、国际债券、国际股票市场还是国际衍生品市场，都与国际金融市场利率水平联系密切。利率变动使借贷双方都面临遭受损失的可能性，而且期限越长，相应的利率风险程度可能越高。对国际商业银行来说，资金来源往往是吸收存款或发行金融债券，与资金运用之间存在着利率不匹配的问题。这不仅表现为浮动利率与固定利率的不匹配，也表现为利率期限的不匹配。所以，国际金融市场利率的变动，可能造成国际商业银行在支付借款利息和收取贷款利息两方面同时蒙受损失，使得其比申请国际银行信贷的涉外企业面对更加复杂的利率风险。

就国际债券而言，债券发行人所面对的利率风险与上述借款企业相似。而对债券投资者来说，如果购买了固定利率债券，市场利率的上升会导致承受少收利息的经济损失，以及债券市场价格下跌而造成的价差损失。如果是投资于浮动利率债券，市场利率的下跌也会导致承受少收利息的经济损失，但是债券市场价格上升可能在转让时产生资本利得，在一定程度上减少了利率风险的损害程度。

（三）危害流入国的银行体系

银行业的高负债特征，使其具有内在脆弱性，由于发展中国家金融体系大多以间接融资为主，20 世纪 90 年代私人资本大规模进入发展中国家，严重冲击流入国的银行体系。一方面，资本流入国的商业银行规模发生变化。如果国际资本是以国内银行对外负债的形式流入，就会直接扩大国内商业银行的资产负债规模。当中央银行从这些商业银行处购入外汇资产时，若不采取冲销性货币政策，就将通过信贷扩张而增加本国流通中的货币数量，从而增加通货膨胀压力。官方外汇储备增加，也容易带来外汇市场本币升值的压力。中央银行采取冲销性货币政策，相当于把国际资本流入的风险从商业银行体系转移到中央银行，从而造成潜在的公共成本。另一方面，改变了资本流入国银行资产负债结构。银行对外债务增加如果只造成国外资产增加，即发放对外贷款或投资于外国证券，则扩张效果会比较小；但绝大部分发展中国家商业银行的外币负债要比外币资产增加得快，同时国内的非政府存款也急剧上升。这表明国际资本流入会直接或间接地导致国内贷款、消费或投资的增加。在此情况下，银行部门是否可靠，银行贷款或投资决策是否科学，将直接影响国际资本流入的效应和效率。事实证明，许多国家银行体系的问题，主要是低劣的贷款决策和对贷款风险管理不当造成的，一旦银行过度地陷入这种风险，很可能要面临巨额亏损。

（四）潜在违约风险引发债务危机

如果从资本流出国的角度出发，中长期国际资本流动潜在的危险主要就是违约。国际中长期资本流动在资本的让渡与偿还之间存在相对长的期限，因此这一流动机制中的核心问题是清偿风险问题，即蕴含了发生资金偿还困难的可能性，习惯上我们把这种情形称作国际债务危机。值得注意的是，从国际中长期资本流动机制角度分析债务危机，是因为二者之间存在密切的联系，但并不意味着债务危机只是由国际中长期资本流动引起的，实际上一国债务结构中短期债务比重过大也很有可能是因为资本来源的不稳定。

第三节　国际资本流动的风险防范

一、提高国际资本流动的监管水平

国际资本流动的新趋势给金融监管提出了更高要求。应采取切实可行的措施，增强对国际资本流动与金融机构的监控，准确评估和控制相关风险。

（一）建立金融风险预警指标体系

这套系统包括对金融危机的精确定义和金融危机的预测方法，通过设定一系列预警指标，利用现代化信息系统，把这些指标组合起来进行实时动态监控，及时防范和化解金融风险。

（二）加强金融监管政策的协调和国际监管合作

在目前分业监管的格局下，要理顺监管体系，进一步明确分工，划清职责，防止监管疏漏和重叠，避免增大监管成本，影响监管效率，同时，经济全球化决定了仅仅在某一国或地区防范国际资本流动风险已经很不充分，客观上需要开展监管的国际合作。

二、加强资本管制政策的实施

资本管制是外汇管制的重要组成部分，资本管制有助于改变国际资本流动的期限结构，限制短期国际资本的流入；有助于减小债务结构的脆弱性，减小有风险的短期债务形成国际资本流入的规模；有助于增强金融体系的稳定性。具体管理措施如下：

（一）鼓励资本输出的措施

放宽对资本流动的外汇管制，允许资本自由地流出；以对外援助为手段，通过外交政策予以支持；设立专门机构提供财政信贷资金，支持本国企业海外投资；通过减免税收鼓励海外投资；实行海外投资风险保障制度。

（二）鼓励资本输入的措施

努力改善投资环境，吸引外商投资；提供税收优惠，鼓励和引导外商投资；放宽外汇管制，提供融资便利和各种金融服务；提高金融市场的开放程度，扩大国际证券融资；引导外资投向，优化外资结构，提高利用外资的质量和效益。

（三）管制国际资本流动的措施

实行外汇管制，防止投机行为；干预金融市场；颁布各种限制性政策、条例和法令，对资本流动进行必要的限制和干预；采用限制性贷款方式，将借款与出口创汇联系起来；还债能力的限制，设立外债偿还能力临界点；各国国内政策的协调，以及国际间的相互协调合作。

三、完善宏观审慎监管措施

宏观审慎监管措施是一项逆经济周期政策。该政策将整个金融体系作为监管的对象，以更加有效地增强金融体系应对冲击的能力。宏观审慎监管措施优点在于：一是宏观审慎监管措施的确能够通过一系列监控指标对金融体系中存在的不稳定因素进行监测，发现需要控制与解决的问题，尽量避免金融机构的顺周期性所导致的风险积聚、传染与爆发；二是宏观审慎措施有助于防范及应对在金融全球化与金融创新产品层出不穷背景下所引发的系统性风险，有助于防止风险在虚拟经济与实体经济之间传播；三是定性与定量评估指标的结合运用提高了宏观审慎措施的监管效率，也增强了宏观审慎措施的监管效果，进而提高金融体系应对冲击的能力，增强金融体系的稳定性。

虽然目前宏观审慎监管的目标比较明确，但是对于多数国家而言，宏观审慎监管措施的框架体系以及具体可供使用的政策工具的发展还只是处于起步阶段，存在许多方面的不足。

四、完善利率与汇率市场化

在走向开放资本账户的道路上，利率的变动应依据市场供求关系。如果利率仍然是由货币当局行政性指定，作为货币价格的利率会僵化迟钝，则国际资本流入引起的货币供应量扩大和通货膨胀压力增加无法通过利率的变动来缓和。同样，当国内经济环境发生不利变化，国内外资大规模撤离时，也无法借助利率上升的作用阻止资本外流。

（一）实现利率市场化

利率市场化是金融市场发展的基础。在货币市场上，同业拆借利率是中央银行基准利率和商业银行利率之间最重要的传导机制，中央银行既可以根据同业拆借利率来调整基准利率，引导市场利率，也可以通过变动基准利率引导同业拆借利率水平，以此增加或者减少对金融机构的头寸，调控货币供应量，而且同业拆借利率的变动会直接影响外汇市场上短期汇率的形成，也会影响资本市场上长期资本流动。因此，合理地确定利率这一资本的使用价格，使利率能够充分反映市场上资金的供求状况，有助于对国内外资本流动作出迅速的反应。

（二）实现汇率市场化

适当的汇率制度对一国的经济发展和金融安全至关重要，因为汇率制度不仅直接影响汇率的变动趋势和国际收支平衡，而且还影响一国的国际储备、贸易条件、国际竞争力、国内物价水平和金融安全。

根据约翰·威廉森和伯格斯坦的研究结果，汇率目标区制度是一种适当的汇率制度，因为这种汇率制度既可以避免固定汇率制的刚性缺点，又可以有效地发挥浮动汇率制的灵活性优点。与有管理的浮动汇率制相比，汇率目标区制度不仅允许汇率波动的范围较大，而且汇率目标区本身还可以随着经济形势的变化相应地进行调整，所以中央银行干预外汇市场的灵活性较大，可以对国际资本的过度流动及时作出反应，阻止投机性资本大规模的流动，保持汇率的相对稳定。可见，汇率目标区制度既保留了有管理的浮动汇率制的合理内核，又增强了汇率调控的灵活性、可操作性和有效性。

实行适当的汇率制度只是为维持汇率相对稳定提供了可能性，要使可能变为现实，还必须有一定规模的外汇储备作为物质基础。外汇储备就其作用来说，主要是用于维持国际收支平衡、干预外汇市场和维持汇率稳定，以及充当对外举债的保证。一国持有的外汇储备多少，是该国干预外汇市场和维持汇率稳定实力的重要表现。一国拥有雄厚的外汇储备，不仅为中央银行干预外汇市场提供了物质资产，而且还能够增强国外投资者对本币的信心，维护本币的信誉和币值稳定。但是外汇储备规模过大，又会增加国内货币供给量，影响国内的利率水平、物价水平和消费水平等，造成通货膨胀压力。因此外汇储备规模既不能过小也不能过大，而应保持一个合理的规模。

五、建立国际资本流动预警体系

经济全球化是大势所趋，全球资本流动越来越迅速，加强对国际资本流动风险的防范并不是一两个国家的事，各国政府之间，政府与国际组织之间应当合作，建立国际资本预警体系，不应由危机发生国或国际金融机构来承担全部风险，必须让各类参与者特别是私人机构投资者承担其投资失败的全部或大部分损失，这样才能有效地遏制过度贷款、过度投机或寻租，防范金融全球化进程中国际资本流动的道德风险。

资本流动的全球化在为世界经济和贸易发展带来前所未有的发展机遇的同时，也带来了风险，金融危机在世界范围的快速传递，资本的大范围的跨国界流动，大大降低了单个国家宏观经济政策的有效性和资本流动风险的控制能力。因此，只有国际社会积极沟通，加强协调和合作，才能够有效地防范国际资本流动的风险，从根本上减少金融危机的发生。

【本章小结】

1. 国际资本流动是指资本从一个国家或地区转移到另一个国家或地区。当代国际资本流动已成为影响世界经济发展的主要因素，国际资本投资主体日益多元化。国际资本流动实质上是资本的国际化，即资本的循环和增值运动从一国的范围向国外的延伸。获取高额利润是国际资本流动的内在动力和根本原因。

2. 当代国际资本流动呈现出新的发展趋势和特点：国际资本流动规模急剧增长，并日益脱离实体经济；国际资本流动结构急速变化，并呈现证券化、多元化特征；机构投资者成为国际资本流动的主体；国际资本流动的产业重点由制造业转向服务业。

3. 长期资本流动是指使用期限在 1 年以上，或者规定使用期限的资本流动。它主要包括国际直接投资、国际证券投资和国际贷款。

4. 短期资本流动是指期限在 1 年或 1 年以内即期支付的资本流动。它主要包括贸易资本流动、银行资本流动、保值性资本流动（资本外逃）与投机性资本流动。

【复习思考题】

1. 简述国际资本流动引发的金融安全机制分析。
2. 论述国际资本流动对经济的影响。
3. 简述国际资本流动的类型和特点。
4. 简述国际资本流动的原因。
5. 简述国际资本流动风险防范的主要措施

【拓展阅读】

全球跨境资本流动稳定性特点及启示

近十年来，在影响全球跨境资本流动稳定性的各种渠道中，银行渠道发挥关键性作用。当发生外部负面冲击时，无论发达国家还是新兴市场，其境内的外资均主要通过银行渠道流出，以缩减跨境借贷为主要形式。总结经验，在当前我国跨境资本流动“宏观审慎＋微观监管”两位一体管理框架下，维持稳健的银行体系，关注外部风险敞口，有助于维护我国经济金融安全。

银行渠道是跨境资本流动的关键渠道，对保持跨境资本稳定格局至关重要。在2008年国际金融危机中，银行渠道资本流动对各国的冲击远大于证券投资和直接投资渠道。其一，银行渠道的资金流出主要体现在跨境借贷的大幅萎缩，资金流出呈现幅度大、速度快、持续时间长的特点。如2008年第三季度前，发达国家的银行渠道资金流入量维持在每季度1万亿美元以上。雷曼兄弟公司破产后，银行渠道的资金迅速转为流出，峰值超过每季度2万亿美元。2009年第三季度后，全球避险情绪有所缓解，但银行渠道资金流入量持续萎缩，并显著低于危机前水平。其二，证券投资渠道呈现较强的顺周期性。证券投资渠道资金流出主要体现在境外投资者减持国内股票和债券资产。危机期间，新兴市场资金季度流出峰值接近1000亿美元，但持续时间较短。随着市场情绪好转，证券投资渠道资金从流出转为流入，完全抵消了危机的负面冲击。其三，直接投资渠道受周期性影响有限，资金流动变化相对较小。直接投资资金关注中长期回报，主要受结构性因素影响，如竞争力、产业链、税收制度和地理位置等，受周期性影响较小。

当银行渠道资金持续流出时，证券投资和直接投资渠道在发达国家和新兴市场中的作用略有不同。发达国家的证券投资渠道资金流入恢复较快，对银行渠道资金的持续流出起到部分抵消作用。而新兴市场的直接投资渠道保持季均约1000亿美元的资金流入，是跨境资本流动中更为重要的缓冲因素。

新兴市场国内银行与企业行为的自我强化加剧了美元短缺，引发连锁反应。以韩国为例，国内银行的美元负债在2008年金融危机前远超美元资产，债务到期需要不断借入美元。而国内进出口企业单边看涨韩元，持有较多美元贷款，中小企业普遍通过外汇衍生工具押注韩元相对美元升值，同样积累大量美元债务。危机蔓延时，全球避险情绪加剧，美元融资成本攀升，跨境借贷萎缩，国内银行间市场极度缺少美元。银行停止向企业拆借，企业只能出售资产获取美元，加剧国内资产和汇率下跌，导致境外投资者进一步减持韩国股票和债券资产，引发连锁反应。韩元实际有效汇率一度下跌接近40%。

2010年至今，银行渠道仍是跨境资本流动最重要的渠道。2015年新兴市场面临跨境资本流出压力，银行和证券投资渠道均转为资金流出，其中银行渠道资金流出最为显著，季度流出峰值接近800亿美元。而直接投资渠道维持了稳定的资金流入，起到了缓冲作用。

当前，我国跨境资本流动实施“宏观审慎＋微观监管”两位一体的管理框架，其中银行渠道是宏观审慎管理的重要内容。历史经验表明，从银行体系和监控外部风险敞口两方面来增强我国应对外部冲击的能力，有助于维护经济金融安全。一方面，维持稳健的银行体系，保障银行系统充裕的外币流动性，可对外部冲击引发的流动性紧张起到缓冲作用，保持跨境资本流动的稳定格局。另一方面，在逆周期市场化调节跨境资本流动时，应加大对外部风险敞口的关注，如汇率对冲比例、外汇杠杆等，以防止银行或企业盲目扩大外汇敞口，放大外部冲击。同时，引导企业合理运用外汇衍生产品，防范隐性杠杆攀升和异常跨境资本流动。

资料来源：《中国国际收支报告》，2019 - 03 - 29.

第三章

国际债务安全

【教学目的和要求】

通过本章学习，掌握国际债务的含义及类型；了解国际债务危机的成因及发展；了解债务危机的解决措施，能够正确认识主权债务危机对中国的启示。

第一节　国际债务概述

20 世纪 70 年代，外债逐渐成为发展中国家经济振兴的一项重要工具，国际借款达到了一个鼎盛时期。发展中国家借入巨额外国资本来发展本国经济，早期研究国际债务问题的学者认为，外债形式的国际资本流动可以提高全球经济效益。但是国际资本流动在促进全球经济与贸易发展的同时，也隐藏着一定程度的风险。特别是中长期资本流动管理不当可能加大违约风险，导致国际债权债务关系不能如期了结。当债务负担超过借款国自身的清偿能力，导致无力还债或必须延期还债时，就会引发债务危机。在第二次世界大战后，伴随着国际资本的大规模流动，全球性的债务危机屡屡发生，使得人们不得不重新认识外债对全球经济的影响。同时，关于如何对外债进行有效管理，以及如何防止国际债务危机再度爆发等金融安全问题的研究，也日益受到国际金融组织及发展中国家政府的重视。

一、国际债务的含义

国际债务，又称外债（External Debt），根据国际货币基金组织、国际清算银行、世界银行、经济合作与发展组织的有关资料，一国的国际债务可以定义为：对非居民以外国货币或本国货币承担的具有契约性偿还义务的全部债务。理解国际债务的概念应该掌握以下四点：第一，外债包括外币债务，也包括本币债务。第二，外债的当事双方应具有债权债务关系。例如，直接对外借款、延期付款贸易、发行债券、补偿贸易、金融租赁等都属于外债范畴。但直接投资、购买公司股权以及无偿捐赠，由于当事双方不具有债权债务关系，因此不属于外债。第三，外债的债权债务关系须具有契约性，即应是合法的、有效的，具有明确的偿还日期和本息额。这就将口头协议、口头承诺以及没有约束力的其他协议排除在外债范畴之外。第四，外债的这种债权债务关系必须是发生在居民与非居民之间的。居民，是指在一个国家居住时间在一年以上的法人、自然人、政府机构和营利团体，反之，则是非居民。所以，在我国注册的外商投资企业属于我国居民，它们的对外负债应列入我国的外债统计之内。反之，国内企业在海外注册的子公司，其对外负债则应属于其驻在国的外债，而不算我国的外债。

根据我国国家外汇管理局的定义，外债是指中国境内的机关、团体、企业、事业单位、金融机构或者其他机构对中国境外的国际金融组织、外国政府、金融机构、企业或者其他机构使用外国货币体现的具有契约性偿还义务的全部债务。

二、国际债务的类型

按照债务类型划分，外债可分为外国政府贷款、国际金融组织贷款和国际商业贷款。外国政府贷款是指一国政府向外国政府举借的官方信贷。国际金融组织贷款是指一国政府向世界银行、亚洲开发银行、联合国国际农业发展基金（IFAD）和其他国际性、地区性金融机构举借的非商业性信贷。国际商业贷款是指一国境内机构向非居民举借的商业性债务，包括：一是向境外银行和其他金融机构借款；二是向境外企业、其他机构和自然人借款；三是在境外发行中长期债券（含可转换债券）和短期债券（含商业票据、大额可转让存单等）；四是买方信贷、延期付款和其他形式的贸易融资；五是国际融资租赁；六是非居民外币存款；七是补偿贸易中用现汇偿还的债务；八是其他的国际商业贷款。

按照偿还责任划分，外债可分为主权外债和非主权外债。主权外债是指由一国政府举借的、以国家信用为担保的外债。非主权外债是指除主权外债以外的其他外债。

三、主权债务

（一）主权债务的定义

主权债务是指一国以自己的主权为担保向外（不管是向国际货币基金组织还是向世界银行，还是向其他国家）借来的债务。由于主权债务大多是以外币计算，向国际机构、外国政府或国际金融机构借款，因此一旦债务国家的信誉级别被调低，就会引发主权债务危机。

主权债券是主权债务的重要表现形式。主权债券是指由政府支持的机构发行的债券，是各国政府（多为发展中国家）在国际市场以外币（如美元、欧元等主要货币）所发行的政府债券。主权债券的发行主体是政府，它是指政府财政部门或其他代理机构为筹集资金，以政府名义发行的债券，主要包括国库券和公债两大类。一般国库券是由财政部发行，用以弥补财政收支不平衡；公债是指为筹集建设资金而发行的一种债券。有时也将两者统称为公债。中央政府发行的称中央主权债券（国家公债），地方政府发行的称地方主权债券（地方公债）。美国联邦政府发行的各种债券，包括国库券、国库本票和联邦政府公债。

主权债务和一般意义上的国债是有明显区别的，国债是向社会筹集的，而主权债务则针对外国或者国际组织，二者最大的不同就是债权人存在区别。

（二）主权债务违约

目前很多国家随着国内经济问题的凸显，救市规模不断地扩大，债务的比重也在大幅度增加。当危机爆发到一定阶段的时候可能会出现主权违约，当一国不能偿付其主权债务时发生的违约就是主权债务违约。

国家债务违约最直接的结果就是主权债务评级被下调，债券价格下降，收益率提高，也就是今后该国的融资成本会飞涨，最终政府无法从国际金融市场筹集到足够的资金以应对政府支出，可能导致更加紧缩的财政政策，降低经济增速和产出增长。甚至主权评级的降低会连累该国的金融机构证券评级，使得该国金融行业整体萧条，去杠杆化增加，道德风险和逆向选择加剧，企业融资成本增加，减产裁员，可能引发金融危机和经济危机。

传统的主权违约的解决方式主要是两种：违约国家向世界银行或者是国际货币基金组织等借款，或与债权国就债务利率、还债时间和本金进行商讨。

（三）主权信用评级

主权信用评级是信用评级机构对一经济体政府或当局作为债务人履行偿债责任的意愿和能力进行评判。在评判过程中，评级机构一般对一个经济体经济增长趋势、贸易及国际收支、外汇储备、外债余额及结构、财政收支和相关政策影响等进行考察，最后给出具体评级。

一般而言，主权信用评级包括长期主权信用评级、短期主权信用评级和评级展望三个方面，分别反映不同时间段的偿债能力及中长期信用状况的潜在变化方向。

第二节 国际债务安全管理

一、国际债务影响金融安全的传导机制

从世界范围看，资本流动的积极作用在于按照市场需要合理配置资源，促进世界经济的发展，对国际金融市场的发展和成熟也具有促进作用，有利于经济全球化。消极作用在于国际资本在流动中存在不完全市场机制影响，导致很多国家出现经济恶化，社会动荡，全球经济两极分化严重。尤其是20世纪60年代以来，发展中国家不同程度地借入巨额外国资本来发展本国经济，在全球范围内营造一片经济飞速发展的繁荣局面的同时，也增加了外债负担。自20世纪80年代以来，外债危机问题愈演愈烈，引发了全球性的债务危机。我们以发展中国家为例，分析外债引发金融安全的传导机制。

（一）短期国际债务影响金融安全的传导机制

首先，国际资本流动引发短期外债增加。在发展中国家，由于短期外债与中长期外债的管理方式不同，短期外债和中长期外债都采取数量控制的管理方式，但具体操

作存在明显差异，中长期外债的额度只能使用一次，而短期外债可循环使用，造成外资企业和外资银行更倾向于借用短期外债，结果使得大量的国际短期资本流入到这些国家。与此同时，随着发展中国家过早地进行资本账户的放开，相应的监督和监管体系尚未建立起来，银行和其他金融机构自身也缺乏足够的监测客户的方法，而发展中国家对银行债务明确地或隐含地担保也导致了银行的道德风险问题。这些因素都加剧了发展中国家金融体系的脆弱性，表现为银行和其他非银行金融机构迅速扩张信贷，以外币计量的短期外债以及不良贷款越来越多。

其次，短期外债引发外汇风险。国际资本流动引入的短期外债将大大增加发展中国家的金融风险，即使发展中国家外债总额不高，但短期外债绝大多数是用外币计价的，短期债务的增长远远超过外汇储备的增长，这将使得这些国家的外汇市场变得极为脆弱，许多企业和金融部门都面临着外汇风险。

再次，产生经济泡沫。由于负债和流动性的快速上升领先于经济规模增长，特定的经济发展阶段和有限的经济增长速度无法为新增巨额贷款提供足够的投资机会，可供投资并提供高额回报的行业有限，这时银行的新增贷款往往集中于房地产行业和股市等高风险融资项目，由此导致国际资本的大量流入和本地金融机构大量借贷，进而推动这些国家房地产价格和股票价格的迅速攀升，造成经济泡沫。

最后，加剧金融危机爆发。一旦经济泡沫破灭，就会使得金融机构积累大量不良资产，基本面的变差使得一些获得信息的国际贷款机构和投资者将资金从这些国家撤走，从而引发了外国投资者对这些国家国内银行的挤兑；为了援助这些银行，中央银行势必耗尽外汇储备，产生了外汇需求的突然增加，最终导致金融危机的爆发。

（二）中长期国际债务影响金融安全的传导机制

中长期资本流动对一国宏观经济的影响实际上是利用了资本的使用和偿还之间的时间差异。资本的使用和偿还之间存在时间不一致性，资金的这种流动就蕴含了资金偿还的困难，进而出现了发生债务危机的可能性。如果在这个时间段内债务国出现经济困难或外汇资金短缺，就不能按期如数地偿还债务，致使债权国与债务国之间的债权债务关系不能如期了结，即存在爆发债务危机的可能性。一旦许多国家同时出现这种情况时，就会引发全球性的国际债务危机。接下来，我们通过国际债务危机来进一步理解中长期国际债务引发金融安全的传导机制。

【知识链接】

国际经济传递机制

国际经济传递机制，在一般意义上是指一国的经济变动和经济政策会对其他国家经济乃至整个世界经济产生影响（积极影响或消极影响）；在具体意义上，是指各国间通过贸易、货币、投资、生产、技术、劳动力和信息等渠道相互传递和扩散失业、通货膨胀、经济衰退、经济周期运动、汇率波动和国际收支失衡等宏观经济现象。国际经济传递主要有以下渠道：

一、国际贸易渠道

一个国家在封闭经济条件下，某个地区的供求失调会引起与它有联系的地区的物价上涨或下跌，这种地区间的传递主要通过国内贸易渠道进行。通过国际贸易渠道传递的过程是：第一，国际市场价格变动引起国内开放部门价格变动，国内开放部门价格变动引起国内非开放部门价格变动。第二，国内价格变动引起整个国家产量与就业变动。

二、国际资本流动渠道

国际资本流动的传递发生在金融领域中，主要有以下几种方式：一是通过信贷与债务传递；二是通过国内与国际金融市场的利差及调整进行传递；三是通过国际收支差额的调整进行传递；四是通过汇率调整进行传递，这时分两种情况：一种是通过自由市场汇率的变动进行传递，另一种是通过一国货币的正式贬值进行传递。

三、国际劳动力流动渠道

通过国际劳动力流动进行传递的方式主要是：如果甲国发生物价上涨，每年有大批工人到乙国去工作，在此情况下，甲国工人的工资要求可能比以前就会高一些。如果乙国找不到可以替代的工人，而来自甲国的工人又在乙国工人总数中占有一定的比例，这样，甲国工人的较高工资要求可能导致乙国的平均工资水平的上升，从而推动乙国物价上涨。相对于国际商品流动和国际资本流动而言，国际劳动力流动传递的影响要小一些。

资料来源：世界经济传导机制与协调机制［EB/OL］.（2019－01－14）. https://wiki.mbalib.com/wiki/国际经济传递.

二、国际债务的衡量指标

一国借用外债的规模，受国际资本的可供量、国内资金缺口和经济承受能力所制约。承受能力包括当前的吸收消化能力和未来的偿还能力，其中吸收消化能力主要指国内资金配套、基础设施完善程度、原材料和能源供应、适用技术的吸收能力等；偿还能力取决于投资效益、出口增长和国内储蓄水平等因素。因此，借用外债关键在于对引进外国技术有效地吸收消化，增加国民收入，提高出口创汇能力。

可见，外债偿还能力反映一国的经济实力和应变能力，利用外债衡量指标对一国外债负担进行分析，可以看出其是否具备还本付息的能力，如果超过警戒线或安全线，就表明该国发生了债务危机。国际上对于一国外债承受和偿还能力的指标包括以下几方面。

（一）偿债率

偿债率是衡量外债偿还能力的主要参考指标，是指一国当年应偿还的外债本息额占当年商品与劳务出口收入额的比率。公式为：

偿债率 =（本年度外债还本付息额 / 本年度商品与劳务出口收汇额）× 100%

国际上一般认为偿债率在 20% 以下是安全的，该比率称为国际债务警戒线。值得注意的是，一国的偿债能力既取决于所借外债的种类、数量、期限，还取决于一国的经济增长速度和出口增长速度等因素，因此，20% 的限度只能作为参考，并非超过 20% 就一定会发生债务危机。

（二）债务率

债务率是衡量一国负债能力和风险的主要参考指标，又称债务出口比率，它是一国当年外债余额占当年商品与劳务出口收入的比率。公式为：

债务率 =（一国年末外债余额 / 当年商品和劳务出口收汇额）× 100%

国际上公认的债务出口比率为 100%，超过 100% 为外债负担过重，但这不能绝对化，因为一国即使外债余额很大，如果长期债务和短期债务期限分布合理，当年还本付息额也可保持在适度水平，还债负担不会太重。

（三）负债率

负债率是衡量一国对外资的依赖度或一国总体债务风险的主要参考指标，是外债余额与国内生产总值的比率。公式为：

负债率 =（一国外债余额 / 国民生产总值）× 100%

有时也用外债余额与国民生产总值的比率衡量。外债余额占 GDP 的比率，一般参考安全值为 10% 以下；外债余额占 CNP 的比率，一般参考安全值为 20% 以下。超过这一比例就有可能对外债过分依赖，当金融市场或国内经济发生动荡时，容易发生偿债困难。

（四）短期债务比率

短期债务比率是衡量一国外债期限结构是否安全合理的指标，通常是指在当年外债余额中，一年和一年以下期限的短期债务所占的比率，国际上公认的短期债务比率为 25% 以下。若超过这一指标，则短期债务比重就较高，偿债期过于集中，会增加偿付压力。

（五）其他衡量指标

除了上述几种常用的衡量一国偿债能力和承受能力的指标以外，还有一些其他指标可供参考。例如，一国当年外债还本付息额占 GNP 的比率，根据经验数据，在 5% 以下是安全的；外债总额与本国黄金外汇储备额的比率，一般应控制在 3 倍以内等。

上述几个指标中，偿债率是用于衡量外债偿还能力和用来显示未来债务偿还是否会出现问题的一个“晴雨表”，其余指标是辅助或补充性的指标。一般偿债率控制在 20% 以下为宜，如超过 20%，说明债务偿还会出现问题。世界银行曾经分析了 45 个债务国的情况，偿债率超过 20% 的 17 个国家中，15 个国家出现了严重的债务问题，以至不得不重新安排债务。当然上述指标在运用当中应结合一国具体实际，将各项指标加以综合考察比较，才能得出正确结论，而不能孤立地采用一个指标作结论，以免以偏概全。

由此可见，利用国际债务衡量指标进行监测一国的外债偿还能力有重要的参考作用，对于防范外债风险起到了积极作用，但它们不是决定性的指标，因为它们存在一些局限性：一是上述指标所显示的是过去的情况，并不包括将来形势的发展；二是以出口收入为基础的偿债率只显示了国际收支的一个方面，并没有考虑到国家进口商品和劳务的因素，也没有包含国际储备状况，而这些都是影响一国国际支付能力的重要因素；三是能否持续地、有保证地借入外债，也是外债偿还稳健性的因素之一，不能只局限于以外汇收入来衡量一国外债偿还能力。总之，由于外债问题牵涉面广，可变因素多，一国的外债水平或外债的偿还能力需要从更多方面、更多角度去衡量。

第三节　国际债务危机

一、国际债务危机及其性质

国际债务危机（Debt Crisis）是指一国不能按时偿付其国外债务（包括主权债务和私人债务）所导致的主权信用水平下降的危机，表现为大量的公共或私人部门无法清偿到期外债，该国被迫请求债务重组和国际援助。西方有“流动理论”与“清偿理论”两种关于国际债务危机性质的理论。

流动理论认为多数发展中国家的债务是个暂时性的问题，从长期看它们有能力偿还其债务，只是现在需要些资金解决世界经济衰退所造成的困难，国际债务最终会随着时间的推移与发展中国家经济的改善而解决。

清偿理论认为许多欠发达国家深陷债务之中而没有偿还债务的希望，原因在于当前居高不下的实际利率，使这些国家债务负担越来越重并呈日益恶化的趋势。该理论还认为，美国银行家有两个传统观点：一是国家不会像一个公司那样因破产而倒掉或消失；二是美国的力量不会坐视不救而会去保护它。因此它们对主权国家冒险贷款。但是历史表明，主权国家违约的现象不断发生，表明主权国家迫于无奈可以无视其债务。

从短期分析来看，债务危机是个资金流动性问题，当债务国无力偿还债务时，国际金融机构和国际商业银行通过双边安排一揽子解决办法融通资金，缓解债务危机，使其不发生大规模违约事件。从长期发展趋势来看，国际债务危机反映了清偿能力问题，许多发展中国家借新债还旧债，深陷债务之中，累积的外债大于国内用来偿债的生产性资产，导致了债务国无法用自身力量摆脱债务的恶性循环。由此可见，国际债务危机表面上反映的是资金周转和清偿能力问题，而实质上是一国经济增长如何进入良性循环和持续发展的问题。

二、发展中国家债务危机

（一）债务危机的形成与发展

20 世纪 70 年代初期，由于国际市场可供应资金迅速增长，拉美和非洲一些发展中国家大举借债。1973—1979 年，发展中国家的实际债务和偿债额分别年平均增长了

4.7%和8.7%。在国际资金供求增加的前提下，伴随着国际金融中心的兴起，欧洲货币市场的发展，以及国际私人银行的扩展，一个全球性资金融通机制初步形成，为调节世界资金的供求创造了良好的条件。在1971—1980年的10年间，全世界国际贷款额增长约为11倍，而同期世界各国国内生产总值增长总额约为3倍，贸易额增长约为5倍。其中，最大的借款人是发展中国家，发展中国家的对外债务急剧增长。1973—1982年，非产油发展中国家的对外债务总额每年递增18.8%，1972年外债仅907亿美元，1982年猛增至8310亿美元，增长近10倍。

在国际债务迅速增长的同时，国际债务结构发生了三方面的重大变化：第一是债务私人化，即债务总额中私人银行所占比重大幅度增加，而政府贷款相对减少。20世纪60年代，政府贷款占发展中国家外债总额的约2/3，而在20世纪70年代末80年代初，私人信贷则占全部发展中国家外债总额的2/3到3/4。从1973年到1982年，政府贷款年增长率只有14.5%，而私人贷款却按年率19%的速度增长。第二是浮动利率债务增加。国际金融市场上采用浮动利率的外债所占比重急剧增加，1970年浮动利率债务占债务总额的比重在10%以下，1980年增长到40%以上；发展中国家各类借款的平均利率由1972—1973年的6%增长至1982年的10.2%，利率上升加重了债务国的负担，债务偿还额日益扩大。第三是贷款期限缩短。短期信贷每年递增22.2%，中长期信贷只增长18.2%。由于短期债务净额的增加，债务国更容易受到利率上升和商业银行突然撤销支持行动的影响。

国际债务的迅速增长和国际债务结构的变化，使国际债务问题显得严峻，债务国债务负担日益加重，债务偿还日益艰难。1981年3月波兰政府宣布无力偿付到期外债本息后，1982年8月12日世界第二大债务国墨西哥正式向国际货币基金组织、美国财政部和联邦储备银行通告已无力偿还其到期的债务本息195亿美元，同年9月第三世界最大债务国巴西、12月阿根廷也宣布不能按期偿还外债，要求重新安排债务。此后一年多的时间里，拉丁美洲、非洲、东欧、亚洲地区的近40个国家先后出现偿债困难，要求延期偿还债务，出现了所谓的“多米诺骨牌效应”，从而引发了第二次世界大战后最严重的国际债务危机。据世界银行统计，2010年至2011年期间，发展中国家外债增长了12%左右，总额达4.5万亿美元。债务问题已成为当今世界发展的重大障碍。总结几次典型的主权债务危机，其特点如下：

1. 拉美主权债务危机。1970年以后，欧美国家先后进入“滞胀”阶段。欧美地区一直采取低利率政策，这样就导致一些追求高利润的国际投资资本开始流向其他国家和地区，这一时期流入的大量国际资本一定程度上为拉美的发展提供了必要的资本。1979年以后，欧美国家的货币政策发生了变化，采取了紧缩的政策，国际资本从拉美国家开始回流至欧美地区，从而使得拉美地区的借贷成本不断提高，债务负担加剧，债务危机爆发。原因在于欧元区统一的货币体制、大量举借外债导致支付困难、外债政策与管理失误、进口替代战略致使国际收支问题严重以及国际经济形势恶化导致出口下降。

2. 阿根廷主权债务危机。2001年阿根廷陷入了严重的经济危机，政府宣布暂停支付1320亿美元外债，成为世界上有史以来最大的倒账国。阿根廷债务危机的原因主要包括政府大举借债弥补财政赤字、外债结构和用途不合理、经济结构脆弱难以抵御外部冲击以及缺乏弹性的汇率制度。

3. 迪拜债务危机。迪拜以建设中东地区物流休闲旅游和金融枢纽为目标，先后建成了世界唯一的七星级酒店、世界最高大楼等身价上百亿美元的大型建设项目。然而在2009年11月，迪拜政府宣布将重组旗下最大的主权投资公司迪拜世界，延迟6个月偿还其即将到期的约600亿美元债务，迪拜经济繁荣的泡沫随之破灭。迪拜债务危机原因是大举借入外债、经济没有实体工业支撑、全球金融危机导致房地产泡沫破裂以及金融市场过度开放。

如表3－1所示，比较以上三个发展中国家，发现在大量举借外债、财政支出居高不下、税收锐减、经济结构脆弱、采取固定汇率制度及外部经济环境恶化等方面比较相似。

表3－1　　典型发展中国家债务危机特点

债务危机	特点类型				
	举债目的	支柱产业	财政赤字	汇率制度	国际环境
拉美主权债务危机	发展进口替代产业	农业	高	中间汇率制	第二次石油危机
阿根廷主权债务危机	弥补财政赤字	农牧业	高	货币局汇率制	东亚金融危机
迪拜债务危机	大型建设项目	金融、房地产、旅游	高	固定汇率制	全球金融危机

（二）债务危机的原因

国际债务危机的爆发是国内、国际因素共同作用的结果，但外因往往具有不可控性质，并且通过内因而起作用，从根本上说债务危机的产生是对于国际资本的盲目借入、使用不当与管理不善而导致的结果。

1. 内在原因

（1）不切实际地追求高速经济增长目标。盲目借取大量外债、追求不切实际的经济发展速度是拉美主权债务危机的基础性原因。在第二次世界大战后，许多拉美国家急于实现国民经济的现代化，制订了远超本国财力限制的经济发展规划，同时实行高目标、高投资、高速度的方针。按1980年的美元计算，1960—1980年拉美地区国内生产总值和国民储蓄仅增加了2倍，而总投资却提高了2.9倍。这种不切实际、急于求成的增长目标，最终使拉美国家陷入了债务泥潭而不能自拔。

（2）国内经济政策失误导致不合理的经济发展结构。国内经济政策失误导致不合理的经济发展结构，从而引起外汇收入不稳定，造成偿还外债困难。例如，拉美国家长期经受殖民统治，因而经济畸形，多数国家的经济结构是以出口少数几种农产品和矿产品为主的经济结构，对外部经济依赖性很强。拉美各国都必须靠进口来弥补国内生产与消费的缺口，而其本身的出口收入又不足以填补进口支出所需要的外汇，不得不依赖外国资金，这也是导致拉美主权债务危机的一个重要原因。

类似的现象也出现在欧洲主权债务危机中。遭受主权债务危机的欧元区国家普遍存在经济结构不合理的现象，包括国内产业结构单一、工业基础薄弱、收入过于依赖外向型产业以及经济金融化等，其中以希腊、爱尔兰和冰岛最为显著。希腊采用典型的外向型经济发展模式，国内收入主要依赖农业，而国际收入以海运、旅游和侨汇三大外需型产业作为主要来源，其中又以旅游业对 GDP 的贡献最大。金融危机的爆发直接导致了其赖以生存的旅游业和海运业受到重创，两个支柱产业的萎缩大幅减少了其财政收入。爱尔兰和冰岛也是因为过度依赖房地产开发以及经济金融化，经济结构失衡。

（3）财政赤字庞大，债务负担沉重。巨额财政赤字迫使政府和国有企业大举借用外债，最终导致偿债困难。例如，2008 年美国次贷危机爆发后，为避免陷入与美国类似的经济深渊，欧元区国家开始实施财政刺激政策，如对金融体系进行担保、启动财政政策的自动稳定器机制等，这一系列政策直接导致了欧元区国家财政状况的恶化以及债务规模的攀升。根据欧洲中央银行的统计，2008—2010 年欧洲总体债务水平从 2008 年的 69.4%增长至 2010 年的 84.7%，其中因金融危机而出台的刺激政策和金融支持政策使债务水平提高了 25% ~30%。居高不下的财政赤字和债务水平加大了相关国家经济的脆弱性，在市场疲弱时期很容易演变成危机。

（4）债务国缺乏有效的外债宏观调控。外债国的外债管理混乱，主要表现在：一是外债规模膨胀。外债资金需要有一个适度的规模，前面讲到，现在国际上一般把偿债率作为控制债务的标准来衡量一国的举债规模，偿债率在 20% 以下为安全警戒线。但 1983 年墨西哥、巴西、阿根廷和委内瑞拉的偿债率分别高达 126%、117%、153% 和 101%。它们的外债规模远超警戒线，最终导致了债务危机。一国的资金积累主要靠本国的储蓄来实现，外资只能起辅助作用，过多地借债如果缺乏相应的国内资金及其他条件的配合，宏观经济效益就得不到应有的提高，进而可能因沉重的债务负担而导致债务危机。而外债的偿还归根到底取决于一国的出口创汇能力，如果债务增长率持续高于出口增长率，就说明国际资本运动在使用及偿还环节上存在严重问题。20 世纪 70 年代石油价格的上涨，使大量石油、美元进入欧洲货币市场，发展中国家能够以非常低的利率借入，盲目大量举债。据统计，巴西在 1981—1985 年的发展计划中，开列的投资总额为 3720 亿美元，计划筹借外债占比 57.5%。

二是外债结构不合理。在其他条件相同的情况下，外债结构对债务的变化起着重要作用。外债结构不合理主要表现有：①商业贷款比重过大。商业贷款的期限一般较短，在经济较好或各方一致看好经济发展时，国际银行就愿意不断地贷款，因此这些国家就可以不断地通过借新债还旧债来进行循环。但一旦出现某些不稳定因素，如政府的财政赤字、巨额贸易逆差或政局不稳等使市场参与者失去信心，外汇储备不足以偿付到期外债时，汇率就必然大幅度下跌。汇率下降致使银行到期再不愿新增贷款，为偿还到期外债，本来短缺的外汇资金反而大规模流出，加剧危机爆发。②外债币种过于集中。如果一国外债集中于一两种币种，汇率风险就会变大，一旦该外币升值，则外债就会增加，增加偿还困难。③期限结构不合理。如果短期外债比重过大，超过国际警戒线，或未合理安排偿债期限，就会造成偿债时间集中，若流动性不足以支付到期外债，就会爆发危机。

三是外债投向不当。借债规模与结构确定后，将其投入适当的部门并最大地发挥其使用效益，是偿还债务的最终保证。从长期看，偿债能力取决于一国的经济增长率，短期内则取决于它的出口率。发展中国家外资使用不当的表现有：①外债使用项目资金效率低。许多债务国在大量举债后，没有根据投资额、偿债期限、项目创汇率以及宏观经济发展速度和目标等因素综合考虑，制定出外债使用走向和偿债战略，不顾国家的财力、物力和人力等因素的限制，盲目从事大工程建设。由于这类项目耗资金、工期长，短期内很难形成生产能力，创造出足够的外汇，造成债务积累加速。②大量外债被用于非生产性开支。有相当一部分外债根本没有流入到生产领域或用在资本货物的进口方面，有些用来弥补国际收支赤字和财政赤字以及军事开支；有些用于盲目过量地进口耐用消费品和奢侈品，这必然导致投资率的降低和偿债能力的减弱，而不合理的消费需求又是储蓄率降低的原因，使得内部积累能力跟不上资金的增长，进而促使外债的进一步增加；还有些国家则是大量借入短期贷款在国内作长期投资，而投资的方向主要又都是房地产和股票市场，从而形成泡沫经济，极易引发金融危机。

四是外贸形势恶化导致出口收入锐减。由于出口创汇能力决定了一国的偿债能力，一旦一国未适应国际市场的变化及时调整出口产品结构，其出口收入就会大幅减少，经常项目逆差就会扩大，从而严重影响其还本付息能力。同时巨额的经常项目逆差进一步造成了对外资的依赖，一旦国际投资者对债务国经济前景的信心大减，对其停止贷款或拒绝延期，债务危机就会爆发。

2. 外在原因。需要指出的是，除了发展中国家自身的内因之外，外部国际经济环境的变化也会对债务危机的形成和恶化起到推波助澜的作用。外因主要包括以下几个方面：

（1）世界经济衰退或金融危机是债务危机的主要诱因。进入 20 世纪 70 年代后，国际社会经历了两次石油危机。1973 年 10 月 6 日，第四次中东战争爆发后，阿拉伯石油输出国组织部长会议于 17 日发表公告宣布，该组织成员国决定立即将对美国等支持以色列侵略行为的国家的石油供应逐月递减 5%。接着，阿拉伯联合酋长国、利比亚、阿尔及利亚、沙特阿拉伯和科威特等国决定完全停止向美国输出石油。石油禁运导致原油供应不足，油价从每桶 3 美元猛涨至每桶 12 美元，使西方发达国家的经济受到重创。1978 年秋，石油出口量占当时世界第二位的伊朗国内政局动荡，国际市场石油供应再度出现紧张。1979 年初，伊朗采取抑制原油生产的政策，其他阿拉伯产油国也相继采取行动，与此同时，他们均大幅提高油价。1980 年秋，世界市场原油价格从每桶 13 美元猛涨到每桶 34 美元。这就是人们所说的第二次石油危机。

两次石油危机导致了 20 世纪 80 年代初以发达国家为主导的世界经济衰退，西方经济陷入了停滞与通货膨胀并存的局面。为了自身的利益，发达国家在采取紧缩性政策的同时，加强了贸易保护主义，向发展中国家转嫁危机。除提高进口关税外，西方发达国家还设置了各种非关税壁垒，包括进口限额、进口最低限价以及严格的海关手续、质量检查等。贸易保护主义对以出口为外汇收入主要来源的拉美国家造成了沉重打击。

与此类似，欧洲主权债务危机是2008年美国次贷危机及其后续金融危机的延续。在金融危机后，全球经济低迷对开放的欧洲经济体造成巨大冲击。欧元区16国2009年的GDP增长率为-4%，是欧元区成立以来的首次年度负增长，而失业率由2008年底的8.2%上升到2009年的9.9%。更为严重的是，以冰岛、希腊和西班牙为代表的高债务国家在2009年和2010年进入了集中还款期，再加上欧元区有关国家为应对金融危机冲击，纷纷实行扩张性财政政策，使得本已状况不佳的财政和公共债务问题雪上加霜。

（2）国际金融市场上利率和汇率的上浮增加了债务成本。国际金融市场上借贷利率的急剧上升，增加了债务国的偿债负担。20世纪70年代美国的实际利率都在2%以下。进入20世纪80年代后，美国的利率持续攀升，在1988年达到自20世纪30年代大萧条以后的最高水平。债务成本的提高，使拉美国家的债务负担大大增加。1972年，拉美国家外债的利息为69亿美元，1982年上升到390亿美元，1987年更是高达610亿美元。1977—1987年这10年间，拉美国家的债务额增加了3倍，而利息支出额却增加了9倍。

（3）统一的货币制度使得宏观经济调控缺乏灵活性。这是欧洲主权债务危机的主要外因之一。欧元区的建立是最优货币理论的大胆实践，也是国际经济学领域中政策实践的伟大创举，带来了诸多福利。但是，由于实行统一的货币政策，欧盟在进行新的货币政策抉择时，需要更大的协调成本。因此，在遇到经济波动时，欧盟各成员国只能依靠单一的财政政策进行调控，其结果导致欧盟的财政纪律缺乏约束力。

1997年欧盟推出了《稳定与增长公约》，规定了一系列的财政纪律，目的在于确保欧元启动及欧元流通后的稳定，限制欧元区各国的政府支出，包括规定欧元区成员国的赤字率不超过GDP的3%、债务率不超过GDP的60%；如果某国的财政赤字超过这一比例，欧委会将启动“过度赤字程序……要求违规成员国缴纳占其GDP 0.5%的不付利息的存款”。但在2002年，法国、德国的财政赤字率先超标；2005年，《稳定与增长公约》被修改，同意成员国的财政赤字比例在特殊情况下可以超标。欧元区财政约束机制的软化为欧洲主权债务危机埋下了祸根。

（4）国际评级机构下调主权信用评级加速了债务危机的爆发。国际资本对信用评级机构的依赖程度较高，当一国的主权信用评级被下调后，相关国家的资金往往出现外逃。另外，评级标准往往存在顺周期性，不利于揭示经济的潜在威胁，即在经济上升周期，评级机构往往给予积极、乐观的评价。例如，在2007年美国次贷危机发生前，评级机构给予高负债率的发达国家较高的信用等级，使其可以利用高信用评级，低成本地占有全球90%以上的信用资源，却掩盖了债务风险。然而，当经济处于下行周期时，评级机构对相关国家的负面展望评级又加剧了市场的悲观预期，不利于陷入债务危机泥潭的国家在国际金融市场上举借新的债务来缓和债务危机。

【知识链接】

全球化下的债务扩张和腾挪

伴随互联网的迅速崛起，全球化依赖高科技同时发力成为真正颠覆全球格局的力量。随着资金和人、物的流转越来越快速而成本陡降，世界格局逐步演变成三种类型的国家，一是生产国，二是消费国，三是原材料提供国。全球化下的产业分工和高科技给摆脱贵金属物理属性而自由流动的资本创造了最高的回报，但是就业和收入却失去了平衡。资本为了促进低收入增长下的消费以维持高科技下的高生产产出，创造了越来越多的债务并鼓励负债消费，最终2008年债务危机爆发了。在2008年之前，主要依靠生产国中国为全世界制造商品，而在2008年之后，世界经济的增长依靠的是中国的消费和负债。

从2008年世界各国的债务情况可以看出，中国承接了负债，但是其他国家的总债务与10年前相比也并未减少，全球总负债从150万亿美元增加了100万亿美元到250万亿美元，从金融系统或者从居民负债转向了政府公共负债。

中国有强大的国有银行、企业和地方政府融资平台，债务向公共部门的转移非常迅速，政策性银行（由政府创立，以贯彻政府的经济政策为目标，在特定领域开展金融业务的不以盈利为目的的专业性金融机构）起到了重要作用。2017年中国发行的各类债券已经达到20万亿元人民币，地方政府债券发行6万亿元，政策性银行发行债券已经接近17万亿元。2018年中国发行的各类债券也接近20万亿元，地方政府债券发行超过5万亿元，政策性银行发行债券接近13万亿元。

2019年，中国总债务从2007年的5万亿美元膨胀8倍到40万亿美元。其中非金融企业负债规模上升最快，政府负债规模也增长较大，同时居民负债占GDP比率从2008年的18.8%上升到现在的51%，而政府负债许多投向基建，居民负债则多数在房地产，因此可以说2008年金融危机后至今，中国的举债拉动的基建投资和地产撑起了全球经济。10年来中国从制造大国，迅速转型成为消费大国，在很大程度上依赖的是债务。

资料来源：宋卫国．荷马国际：全球化下的债务扩张和腾挪！[EB/OL]．(2019-04-04)．http：//www.sohu.com/a/305908248_785946.

（三）债务危机解决措施

1. 债务重新安排

（1）回购债务。回购债务是允许一些国家按一定折扣以现金购回其债务。在直接同债务国进行谈判时，回购活动一般需要协定免去贷款的某些条款，或重新安排债务协议。债务国可以利用从官方或私人来源的捐赠或借入的外汇回购其债务。

（2）债务—股权转换。是指投资商购入债权银行对发展中国家的债权，将债权通过债务国的中央银行调换成当地货币进行投资。这种转换的前提是债权银行同意将自己的账面债权以债券形式折价出售。债务转换股权是1983年以后出现的解决债务国部分债务的方法。具体做法为：债权方、债务方和政府三方经谈判同意后，委托某中介机构将贷给公共部门或私人部门的贷款向二级市场打折出售，有时外国债权银行也把债权直接打折售给债务国中央银行。投资人向债务国金融当局提出申请，在取得同意后，即以这一折扣价买下这笔债务，然后到债务国中央银行按官方汇率贴现，兑换成该国货币。投资人再使用这笔货币在该债务国购入股权进行投资。因此，这笔债务便从债务国的外国贷款登记机构中注销而转为股票投资登记机构记录的股权了。①优点包括：无须动用外汇就可减少债务；可在一定程度上缓解债务国缺乏资金的矛盾；可吸引外逃资金回国参加建设。②不利影响包括：债务转换股权如采用过多，引进过量外资，将导致一些部门的控制权逐渐落入外国公司之手，出现经济被外资控制的局面；如果政府通过全国的银行系统筹措债务转移所需的资金，势必造成债务国货币供应量大增，刺激通货膨胀，使货币贬值，对汇率也会产生不利影响；单纯通过国内资本市场进行融资以满足债权对股权转换的资金需求，会导致国内流通资金的紧张，产生利率上升的压力；债务额过于庞大的国家没有这么多投资机会。

（3）债务调换。债务转换为资源保护，是指通过债务转换取得资金用于保护自然资源。这一措施是由世界野生生物基金会（现世界自然基金会）于1984年提出的。具体做法为：世界野生生物基金会与债务国金融机构、中央银行、政府资源管理机构或私人自然资源保护组织达成原则协议，确定换成当地货币的汇率及管理和使用这笔资金的代理机构；然后，以其收到的捐赠资金从私人银行或二级市场以折扣价购进债务，转售给债务国资源管理机构或私人自然资源保护机构，并向该国中央银行兑换成该国货币，而后再交给资源保护机构用于环保项目投资。

债务调换还指发行新债券以偿付旧债券。具体做法是：一国以债券形式举借新债，出售债券取得现款，以便在二级市场上回购债务，或直接交换旧债。这种方案的设想是，如果新债券能比现存债务以较小的折现率发行，那么其效应将是减少债务而不必使债务国动用大量外汇储备，但这种方法受限于一国的信用水平及资本市场的发达程度。

2. 解决新兴市场债务危机的自愿性原则。总结20世纪债务危机后的经验，2004年11月，在柏林召开的20国集团会议上提出将《在新兴市场实现稳定资本流动与公平债务重组的原则》作为解决新兴市场债务危机的一种自愿性行为准则，这套国家债务重组方案得到了与会各国财长与中央银行行长的支持。

新原则旨在预防违约事件，以及建立稳定的债务重组环境，使得违约国家能够尽快重新获得国际资本。其强调的重点包括：一是提高透明度，债务国和债权方之间及时交流信息；二是债务国和债权方进行密切的对话与合作，以求避免债务重组；三是各方应遵守诚信原则；四是公平对待与债务重组有关的各方。

这套原则旨在尽早限制债务危机，主要设想是在问题失去控制之前，通过信息披露、债权方与债务国的磋商以及“方向修正”机制来消除不利因素。该方案还支持债务国采取减少市场传染的行动。根据这套原则，如果债务国丧失了履约支付的能力，那么债务与债权双方将遵照诚信原则进行谈判，在此基础上进行市场化的债务重组，力图达成对各方都公平的解决方案。通过这个程序，违约的债务国就可以在保持宏观经济稳定的情况下，尽快恢复借款资格，重新得到市场的接纳。

三、欧洲债务危机

（一）欧洲债务危机的形成与发展

欧洲债务危机源于2009年10月希腊政府公布政府财政赤字，远远高于《马斯特里赫特条约》和欧盟《稳定与增长公约》规定的3%上限。而后全球三大信用评级机构相继调低希腊主权信用评级从而揭开希腊债务危机的序幕。2010年4月，希腊政府宣布将无法为即将到期的200亿欧元国债再融资，主权债务危机很快传染至欧洲其他国家，西班牙、爱尔兰、葡萄牙以及意大利很快遭到信用评级下调以及信用危机的挑战，一时间欧洲货币资金市场利率急剧攀升，欧元迅速贬值。危机开始从欧元区外围小国向核心国家蔓延。西班牙、意大利乃至法国均出现一定程度的主权债务危机。截至2011年底，各方在解决欧洲债务问题上始终没有有效措施，导致欧债危机升级。

（二）欧洲债务危机的原因

1. 内在原因

（1）欧元区国家内部失衡。欧元区一直受到经济发展失衡问题的困扰。在欧洲内部，一些国家存在很高的逆差，另外一些国家则有同样高的顺差。因此欧元区国家的整体数据掩盖了内部巨大失衡。核心国家和边缘国家的经济结构和经济增长差异很大。欧洲实行的是按照经济发展水平采取“多速欧洲”战略，即允许成员国按经济发展水平高低实施核心国家和外围国家分步走。因此欧洲内部的发展差异扩大，欧盟分为边缘国家和核心国家，边缘国家的竞争力日益下降。

通过两个指标可以观察欧洲内部国家的经济发展水平和竞争力的差异，即单位劳动力成本和劳动生产率。单位劳动力成本（ULC）是衡量欧元区内部竞争力的一个指标，反映了欧元区内部竞争力变化趋势。较高的单位劳动力成本对应了较差的竞争力。劳动生产率是衡量竞争力的另一个较为直观的指标，1990年以后，欧元区国家的劳动生产率开始出现严重分化。

综合考虑两个指标，爱尔兰和葡萄牙的劳动生产率增速很快，但由于爱尔兰和葡萄牙存在较高的劳动力成本，并未凸显其高劳动生产率带来的竞争优势。相反，德国和法国等国家由于相对较高的劳动生产率和较低的劳动力成本，其产品竞争力一直处于欧元区较高水平。

此外，欧元区内部各国产业结构差异较大。部分国家缺乏支柱产业，财政收入增长缓慢。以希腊和爱尔兰为例，希腊经济结构单一，国内收入依赖农业，涉及部门收入高度依赖旅游业和航运业；爱尔兰主要靠房地产业，房地产泡沫的破灭使其经济连续两年陷入衰退，严重影响了财政收入。

（2）内外部失衡调节机制的缺失。经常项目差额是国际收支中贸易收支、劳务收支和转移收支三个收支的总计差额。如果收入大于支出，就是经常项目顺差；如果支出大于收入，就是经常项目逆差。经常项目差额常常被视为衡量一国国际收支长期状况的重要指标。根据国际收支理论，一个国家不管是出现了经常项目的顺差还是逆差，都必须进行调节。由于欧洲缺乏统一的财政政策，也不能通过财政政策来修正外部失衡，因此很难只针对某个国家的情况制定货币政策，所以也不能通过财政政策和货币政策的相互搭配来使内部和外部共同平衡。

以内部贬值，即削减国内工资和成本来提高价格竞争力，可能会加大财政紧缩的通货紧缩压力。对于有着大量未偿还债务的国家，由于可能引发恶性债务紧缩，这一风险被放大了。例如，希腊由于存在经常项目逆差，此时欧元对希腊来讲是高估的。但对于那些存在经常项目顺差的国家，如德国，欧元则是被低估的。由于不能通过调节汇率来调节自身的外部失衡，希腊需要通过向外借款为其经常项目的逆差融资。边缘国家要调整其经常项目逆差，只能依靠劳动生产率的提高以及非价格竞争力的改善，但边缘国家进行这种调整十分困难。

（3）统一货币政策的弊端。欧元区统一的货币政策固然存在着若干优势，有利于提高共同抵御风险的能力，有助于改善全球经济失衡等。但由于欧元区财政、货币政策的二元性，以及欧盟缺乏一个强有力的财政部，导致在统一货币政策下不同国家具有明显的区域效应。主要体现在：第一，经济周期差异导致货币政策性效应非均衡，欧盟国家存在周期性差异，货币政策在成员国内存在非对称性冲击。第二，经济结构差异导致货币政策效应非对称。第三，金融体系差异导致货币政策效应非对称。第四，企业融资能力差异导致货币政策效应非均衡。第五，通货膨胀差异导致政策效应非均衡。第六，经济开发度差异导致货币政策效应非对称。

2. 外在原因

（1）美国债券与欧洲债券的资源竞争。欧元自诞生起就不可避免成为美元强有力的竞争对手，欧元不仅削弱了美元在国际贸易中的结算货币地位，冲击了美元的储备货币地位，更令美国担忧的是欧洲债券与美国债券的资源争夺。美国与欧洲国家长期存在债务相互依赖，金融危机期间美联储资产负债表规模不断上升，美国在货币和财政政策双重压力下，必须“制造”一个较美国国债更具风险的债券，以转嫁自身危机和压力。在美国不断调低希腊、爱尔兰、比利时等欧洲国家主权信用等级后，更加冲击了欧元在金融市场的影响力，加速了欧洲债危机的扩散。

（2）金融危机救助政策——凯恩斯主义破产。2007 年美国次贷危机爆发以后，由此导致的金融危机迅速波及欧洲，欧元区经济的运行遭受打击。为了应对金融危机对实体经济的冲击，欧洲中央银行和财政部采取了一系列措施来对应，其中除了中央银行降息和向市场注入流动性之外，最主要的还有财政刺激计划、对金融机构直接注资、对金融机构提供担保等措施。这些措施虽然在一定程度上缓解了金融危机对欧洲实体经济的冲击，但是其大手笔的政府支出也造成了政府负债累累。

财政刺激计划总体分为两种，一种是增加政府支出，另一种是减税。欧洲各国按照凯恩斯主义的宏观经济理论，在衰退时实行积极的财政政策。这些财政政策直接导致了政府支出的增加和税收的减少，是其导致政府财政赤字的主要、最直接的来源。

欧洲国家为了避免金融市场发生系统性风险，纷纷向金融机构注资，或者将银行进行国有化，或者购买问题金融机构的优先股和债券来挽救金融机构。在直接对金融机构注入资金的同时，欧洲国家也对金融机构提供了大规模债务担保，这一方面增加了政府支出，另一方面也增加了政府所持有债务的风险。

【知识链接】

IMF 警告债务上升会使经济更加脆弱

国际货币基金组织（IMF）警告说，企业和政府债务水平的上升以及风险较高的贷款的急剧增加可能使全球经济容易受到另一次严重衰退的影响。国际货币基金组织总裁拉加德："虽然这些担忧并非全都引发警钟，但在全球经济放缓的时候，各国政府将在平衡收紧金融部门监管的需求方面面临挑战。"托比亚斯阿德里安："国际货币基金组织的半年度全球金融稳定报告发现，先进和新兴市场经济体的脆弱性正在上升，如果经济放缓或利率大幅上升，这可能会恶化。"阿德里安敦促各国政府立即采取保护措施并"抵制推翻改革的呼吁"。"没有自满的余地，"他对记者说，"贸易紧张局势的加剧和英国脱欧的混乱威胁削弱了投资者的信心。"报告指出，发达国家和发展中国家的政府和企业债务累积显而易见。"在美国企业债务与 GDP 之比处于历史最高水平。在一些欧洲国家，银行的政府债券超负荷。"根据国际货币基金组织的报告，低评级债券的股票排名 BBB 在过去十年中翻了两番，而风险较高的债券（称为"投机级别"）的数量翻了一番。信贷质量恶化，如果经济放缓幅度大于预期，如果像美联储这样的中央银行决定再次加息，或者如果贸易紧张局势再次爆发，那么投资者可能会迅速受到影响，进一步推动英国经济陷入衰退，并减缓欧洲经济增长。阿德里安的代理人法比奥·纳塔卢奇表示，"信贷质量恶化，承保标准恶化"。因此虽然债务人可能能够承受经济温和放缓"没有实质性问题"，但由于债务水平较高，利率更加剧烈的放缓或更加剧烈上升会造成更多压力。阿德里安表示，虽然各国政府一直致力于加强对银行的监督，以阻止风险行为，但很少关注企业部门。报告称，政府当局"应对不利的外部冲击以及通过监管收紧来控制杠杆之间面临着艰难的平衡。"国际货币基金组织敦促各国采取积极主动的措施，包括限制风险信贷的数量，提高银行储备和降低欧元区的政府债务，继续打击非银行贷款机构的"影子银行"。

资料来源：平安财经网. IMF 警告债务上升会使经济更加脆弱 [EB/OL].（2019－04－12）. http://www.chinapeace.org.cn/jinrong/201904/129470.html.

（三）欧洲债务危机的解决措施

面对欧债危机，发达国家政府、国际金融组织以及某些国际经济会议基于两方面原则提出了若干举措。主要包括：针对官方债务或官方担保的债务，在十国集团安排组织下，由债权国政府和债务国根据多边协议原则，签订双边协定；债务重新安排的金额、还款期的延长是统一的，而利率通过双边谈判加以确定。针对债务国欠私人银行的债务通过由国际货币基金组织牵头成立的银行咨询委员会，组织债权国银行和债务国达成重新安排债务协议，但债务国必须先签署和实施IMF要求的稳定经济的紧缩计划，同时债务国必须如期支付所有应付的利息。发达国家所制定的主要解决措施包括：

1. 欧元区内部协调援助解决。欧元区国家之间经济联系异常紧密，如希腊危机继续蔓延，将对欧元区其他经济体造成不利影响，甚至导致欧元区的解体。所以欧元区各国从维护本国经济安全的角度出发，有可能通过协调共同出资援助的方式避免希腊债务危机进一步恶化。2010年4月12日，欧元区各国达成援助协议援助希腊610亿美元，4月29日提高到1590亿美元，5月10日欧盟联合IMF推出7500亿美元援助方案。

2. 欧元贬值。欧元贬值可直接缓解希腊主权债务危机。通过对危机国货币的贬值可以刺激出口、减少进口，吸引外资，从而增加国际收支盈余。货币贬值一方面可以扭转经济下滑态势、增加国家财政收入，另一方面可以增强政府偿还外债的能力。希腊作为欧元区成员国没有自己的货币，因此欧元汇率随之大幅贬值。当欧元在一段时间内持续大幅贬值时，可能促进欧元区出口，从而推动欧元区经济复苏。另外欧元汇率跌至极低时，会刺激投资者大规模买入欧元，大量资金的流入也会推动欧元区经济复苏。

3. 紧缩财政，削减开支。按照《马斯特里赫条约》的规定，欧元区国家三点基本条件，即：财政赤字不超过3%，公债水平不超过GDP的60%，长期利率不超过3%，其中财政赤字是必须遵守的规定。而欧债危机中大部分国家都不符合以上规定，因此欧盟2011年7月21日在援助希腊计划声明中指出，除了处在援助计划之内的国家，其他国家的公共财政赤字最迟于2013年前降至GDP的3%以下。希腊国会随即通过为期5年的财政紧缩方案，以削减赤字、换取应对债务危机所需贷款的到位。

以上计划、方案和措施的实施，对缓解欧元区债务国的困境起到了一定的作用。

【知识链接】

国际机构警示全球主权债务风险

新华社2019年2月25日电，《经济参考报》2月25日刊发题为《国际机构警示全球主权债务风险》的报道称，近来国际机构相继发表全球主权债务报告，警告主权国家债务额急剧上升将成为沉重负担，未来10年主权信用风险值得警惕。

一、主权债务猛增

标准普尔公司日前预计，随着主权国家借款额的上升，2019年全球主权债总量将增长至50万亿美元，比上年增长幅度将达到6%。在新增借款中，大部分将是长期债。此前经济合作与发展组织（OECD）在最新发布的2019年主权债务展望报告中也预测，今年末各成员国的新增债务规模将达到11万亿美元，超越金融危机期间的纪录10.8万亿美元，创下历史新高。2008年至2018年，经济合作与发展组织未偿还政府债务总额翻了一番，由于超过了实际经济增速，债务占GDP的比率从49.5%上升到72.6%。虽然新的债务发行计划将进一步提高未偿还政府债务的数量，但考虑到各国经济将持续增长，预计2019年的债务与GDP比率将保持在72.6%。报告显示，2008年国际金融危机爆发时，为了保证市场足够的流动性缓冲，政府短期国债发行比率一度超过55%，相比之下，长期融资工具的占比则在40%左右。危机结束后的10年里，在宽松的货币环境和扩张财政政策的支持下，经济合作与发展组织各成员国倾向于使用中长期融资工具。由于利率逐渐上行，债券收益率上升压力增大，政府在对现有债务进行再融资或者发行新债券时必须面对更高的成本，经济合作与发展组织曾预计，10年期国债收益率每上升1%，将对GDP未来3年产生0.3%的拖累。

二、美国成重灾区

经济合作与发展组织的报告指出，金融危机以来的低利率以及市场环境稳定等有利的融资条件是导致发达国家公共债务激增的主要原因，在利率上行的背景下，发达国家政府债务高企或将对其财政构成"重大挑战"。虽然经济合作与发展组织36个成员国债务均有不同程度扩张，但增量主要集中在美国。经济合作与发展组织称，2018年美国新增债务规模居首，美国财政部国债净发行额提升至1.34万亿美元，是2017年的两倍以上。最新数据显示，美国国家债务首次突破22万亿美元大关；家庭债务也升至历史新高，比2008年金融危机时期的峰值高出7%。如今美国正面临财政赤字和债务问题的双重压力。

资料来源：新华社新媒体，https：//baijiahao. baidu. com/s？ id = 1626402536501261235&wfr = spider&for = pc，2019 – 02 – 05.

第四节　我国外债管理

我国于1987年8月正式公布了《外债统计监测暂行规定》，明确了我国外债内容和类型包括：国际金融组织贷款、外国政府贷款、外国银行和金融机构贷款、买方信贷、外国企业贷款、发行外币债券、国际金融租赁、延期付款、补偿贸易中直接以现汇偿还的债务、其他形式的对外债务。同时明确了借款单位向中国境内注册的外资银行和中外合资银行借入的外汇资金视同外债。

一、我国外债概况

20世纪80年代以来，我国外债规模不断扩大，80年代初外债尚不足100亿美元，80年代后期，外债规模逐年递增，1990年底我国外债余额为525.45亿美元，到1995年底外债规模翻了一番，达到了1065.9亿美元，成为继巴西、墨西哥之后的世界第三大债务国（美国除外）。到2001年底，我国外债余额为1701.1亿美元（不包括香港、澳门和台湾地区的对外负债），比1979年增长了77倍，增长速度远远快于国民生产总值的增速。截至2015年底，我国外债余额为14162亿美元。从债务期限结构看，中长期外债余额为4956亿美元，占35%；短期外债余额为9206亿美元，占65%。短期外债余额中，与贸易有关的信贷占48%。

二、我国的外债管理机制

（一）外债管理机构

我国对外债实行计划管理，负责机构为国家发展与改革委员会和国家外汇管理局。国家发展与改革委员会的主要职责是拟定外债总体规划并确定其资金投向，审查并提出国家统借外资的备选项目，研究并确定利用外资的战略方针与政策，编制利用各种贷款形式的计划。国家外汇管理局的职责是拟定借用外债的政策法规，编制国际收支与利用外资计划，负责外债的登记、统计分析与监督检查并进行收支管理，分析和预测对外负债形势。

（二）外债管理机制

我国对外债管理的总体要求是：统一领导、分工负责、加强管理、严格控制。

统一领导指所有对外借款均须纳入国家计划，由国家发展改革委统筹安排、综合平衡，根据国民经济发展战略及目标、对外方针政策等制定年度和中长期对外借款计划。

分工负责有两部分主要内容：一是借用国际货币基金组织、世界银行、农业发展基金、日本输出入银行和各国政府贷款，分别由中国人民银行、财政部、对外贸易经济合作部、农业部及中国银行归口管理，经营衔接，1998年后上述贷款划归财政部统一管理。二是借用国际商业贷款曾由指定的有关银行和各地的国际信托投资公司10个单位即10个窗口对外办理外币债券的发行，对外借用商业贷款均须经中国人民银行授权国家外汇管理局审批。

加强管理与严格控制主要指加强对外债投资方向的管理与控制，以保证有足够的外汇来源偿还贷款本息，落实“谁借款，谁偿还”的原则，另外还指对外债规模的严格控制，合理安排外债的币种、期限、形式与利率的结构，并应与我国进出口和国际收支的状况相符合，以保证按期还本付息，履行贷款协议。

我国的外债登记制度是实行外债管理的主要政策之一，有利于加强对利用国外贷款项目借、用、还全过程的信息监测，为有效的债务管理奠定基础。借款单位在该笔借款正式签约后的规定期限内，到当地外汇管理部门办理登记手续，领《外债登记证》，外债一经登记，便列入国家外债监测系统之内进行全程跟踪；经处理后的信息数据，成为国家宏观债务经营和管理的依据。

三、我国外债管理措施

（一）严格控制外债规模

一个国家的外债总政策必须与本国的国民经济发展相适应，与本国的发展战略相适应，同时也要考虑外部资金供应状况和本国的债务偿还能力。对外债应统一管理和严格审查、控制举债增长速度，合理安排借债年期、货币种类和利率结构，避免偿债期过于集中和重复引进等现象。一个成功的外债策略体现在：外债的规模和形式符合本国经济发展的需求，外债能在本国经济中发挥最大经济效益，本国的外债偿还能力是有保证的，外债流入是会延续不断的。

历次主权债务危机爆发的最直接原因就是政府大量借债导致外债规模失控。因此，政府借债规模必须适度，不能超过负债能力和偿还能力。目前国际上控制外债规模的警戒线是20%的负债率、100%的债务率和25%的偿债率。在国际主权债务危机频发的新时期，各国应继续严格控制外债规模，不断改善外债结构。我国在严格控制外债规模方面一直以来高度重视，保证外债规模控制在安全警戒线以内。

（二）坚持筹措资金以国内积累为主，外部资金为辅的原则

从长远的角度来看，外国贷款只能起到辅助推动作用，过分依赖外国资本，忽视本国经济发展的基础条件、人口资源和财政资源等因素，即使把外国贷款用于生产性投资，也难以产生足够偿还外债的经济效益，因而最终可能不可避免地陷入债务泥潭。我国一直以来均坚持筹措资金以国内积累、带动内需为主，外部资金为辅的良性发展原则。

（三）合理规划外债用途

外债使用不当是债务危机的重要原因，我国由于贸易顺差不缺乏国内储蓄，举借外债应主要用于购买国外先进技术和设备提高国际竞争力。在外债的使用上，我国注意外债的合理投向，将其着重投向出口创汇的产业或进口替代产业，通过企业的出口创汇或节约外汇支出来减轻还债压力，形成引进外资、提高国内生产水平、加速经济发展、改善国际收支的良性循环。

（四）合理控制财政支出

财政支出规模庞大是导致债务危机发生的最主要原因，因此，我国要避免不合理的财政支出带来的高额财政赤字，防范债务危机。以中国为例，我国行政管理支出逐年上升，政府参与竞争性、经营性项目过多，用于生产性的支出偏多，而用于基础设施、公用事业等方面的支出不足，导致支出结构不尽合理，因此，我国应特别关注地方政府财政支出规模与结构，防范债务危机。

（五）多元化借债，并提高其使用效益

举债多渠道，多争取国际金融组织的贷款，官方贷款和商业贷款应该有合理的比例。商业贷款必须慎重，确保商业贷款的投资方向和使用效益，确保偿债能力。能否如期偿还外债，关键是它的使用效益，特别是出口创汇效益。一般来说，能源、交通、港口等基础设施建设周期长，投资效益实现较慢，这些项目宜借用官方贷款，尤其是无息或低息和期限长的软贷款。而商业银行贷款应投向较快形成出口创汇能力的行业，如制造业等。

（六）优化产业结构

经济和贸易结构不合理，在外部冲击下容易发生债务危机，尽管我国产业竞争力

有所提高，贸易结构得到改善，但产业结构不合理，还存在产能过剩和重复建设问题；另外一些具有竞争力的高新技术产业虽有较快发展，但对产业结构的拉动效应还有限。因此，我国应继续大力发展现代服务业和现代制造业这两大车轮，带动产业结构的优化升级。主要举措有：第一，加快经济发展方式向全面协调可持续的经济发展模式转变；第二，积极推进传统服务业向现代服务业的转型发展；第三，注重发挥市场机制作用。

（七）完善人民币汇率机制

采取盯住美元的固定汇率制是阿根廷债务危机的主要原因之一，固定汇率制下，政府往往需要投入大量外汇储备维持固定汇率。我国可以适当放宽汇率浮动区间，实现双向浮动，合理确定一篮子货币及其比率，提高宏观调控的主动性和有效性，以应对不同情景下的外部冲击。

（八）防止房地产市场泡沫

房地产业具有开发周期长、资金需求量大、应变能力弱的特点。迪拜债务危机表明以房地产市场泡沫来促进经济增长有着极高风险，埋下债务危机的隐患。目前我国房地产市场过度膨胀，一旦市场出现大幅波动，后果难以想象。

【本章小结】

1. 外债是指对非居民用外国货币或本国货币承担的具有契约性偿还义务的全部债务。国际债务的衡量指标包括偿债率（衡量外债偿还能力）、债务率（衡量负债风险）、负债率（衡量对外资依赖度）与短期债务比率（衡量外债期限结构）。

2. 债务危机是指一国不能按时偿付其国外债务，包括主权债和私人债务，表现为大量的公共或私人部门无法清偿到期外债，一国被迫要求债务重新安排和国际援助。从根本上说债务危机产生的直接原因在于对国际资本的盲目借入、使用不当与管理不善而导致的结果。

3. 发展中国家债务危机主要与不切实际的经济增长目标、经济发展结构不合理、财政赤字与负担、缺乏宏观调控等内在因素，以及和世界经济衰退、金融市场波动导致的债务成本上升、货币制度缺乏灵活性、主权信用评级下调等外部因素有关。

4. 债务重新安排，是指借贷双方通过协商将原贷款协议进行修改，或将贷款时间延长，使债务国在规定时间内不能偿还的本金和利息能够在较长时间内偿还，或以新债还旧债的形式，使债务国在有新贷款协议的情况下能履行偿还本息的义务。

5. 欧债危机主要与欧元区国家内部失衡、调节机制缺失、统一货币政策的弊端等内部因素，以及欧债与美国国债资源的竞争、金融救助政策的局限性等外部因素有关。

6. 中国的外债管理和风险防范应该严格控制外债规模、坚持筹措资金以国内积累为主的原则、合理规划外债用途并控制财政支出、多元化借债并提高其使用效益、优化产业结构、完善人民币汇率机制以及防止房地产泡沫。

【复习思考题】

1. 简述国际债务的含义。
2. 简述国际债务的衡量指标。
3. 简述发展中国家债务危机形成的原因。
4. 简述发展中国家对债务危机的解决措施。
5. 简述欧债危机的形成原因。
6. 简述我国外债管理的措施。

【拓展阅读】

我国外债规模增速总体趋缓

经济日报北京3月29日讯 国家外汇管理局29日公布的数据显示，2018年我国外债规模继续保持增长，增速总体趋缓。截至2018年12月末，我国全口径（含本外币）外债余额为19652亿美元，较2017年末增长2073亿美元，增幅12%。2018年第一至第四季度，我国外债规模季度环比变化分别为7.5%、1.5%、2.7%和-0.2%。其中，第一季度增长最快，第二、第三季度增速明显趋缓。“外债结构继续优化。”国家外汇管理局新闻发言人、总经济师王春英表示，从币种结构看，本币外债同比增幅为16%，高于外币外债10%的增幅；从期限结构看，中长期外债同比增速为13%，略快于短期外债11%的增速；从债务工具看，主要源于债务证券、货币与存款、贸易信贷与预付款增加，分别占外债规模增长的44%、23%和20%。2018年我国国民经济运行总体平稳，外汇管理改革不断深化，金融市场开放稳步推进，境外投资者配置境内人民币债券需求持续增加，债务工具结构更趋稳定。2018年末，债务证券余额占全口径外债余额的比重为22%，较2017年末上升2.6个百分点。“我国外债风险总体可控。”王春英表示，2018年末，我国外债负债率为14.4%，债务率为74.1%，偿债率为5.5%，短期外债与外汇储备的比例为41.4%，上述指标均在国际公认的安全线以内。

资料来源：中国经济网，https://baijiahao.baidu.com/s?id=1629381216530904410&wfr=spider&for=pc，2019-03-30.

第四章

国际储备安全

【教学目的和要求】

通过本章学习，掌握国际储备的概念及构成；了解国际储备风险的含义及种类，能够正确认识国际储备对金融安全的重要作用；了解国际储备管理的含义及常用的方法；了解我国国际储备体系存在的风险和维护我国国际储备安全应采取的措施。

第一节　国际储备概述

一、国际储备的概念及特点

（一）国际储备的概念

国际储备（International Reserve）也称官方储备，是一国货币当局持有的，用于国际支付、平衡国际收支和维持其货币汇率的国际间可以接受的一切资产。国际储备与国际收支关系密切，国际收支既是国际储备存量的“源”，也是国际储备支出的“流”。

国际储备是第二次世界大战后国际货币制度改革的重要问题之一，它不仅关系到各国调节国际收支和稳定汇率的能力，而且会影响世界物价水平和国际贸易的发展。

（二）国际储备的特点

1. 官方持有性。作为国际储备的资产必须是中央货币当局能够直接掌握并予以使用的，这种直接“掌握”与“使用”可以看成是一国中央货币当局的一种“特权”。非官方金融机构、企业和私人持有的黄金、外汇等资产，不能算作国际储备。该特点使国际储备被称为官方储备，也将国际储备与国际清偿力区分开来。

2. 自由兑换性。作为国际储备的资产必须可以自由地与其他金融资产相交换，这充分体现了储备资产的国际性。缺乏自由兑换性，储备资产的价值就无法实现，这种储备资产在国际间就不能被普遍接受，也就无法用于弥补国际收支逆差及发挥其他作用。

3. 充分流动性。作为国际储备的资产必须是随时都能够动用的资产，如存放在银行里的活期外汇存款、有价证券等。当一国国际收支失衡或汇率波动过大时，就可以动用这些资产来平衡国际收支或干预外汇市场来维持本国货币汇率的稳定。

4. 普遍接受性。作为国际储备的资产，必须能够为世界各国普遍认同与接受、使用。如果一种金融资产仅在小范围或区域内被接受、使用，尽管它也具备可兑换性和充分流动性，仍不能称为国际储备资产。

（三）国际储备与国际清偿力

与国际储备相联系的另一概念是国际清偿力。国际清偿力（International Liquidity）也称国际流动性，是指一国政府为本国国际收支赤字融通资金的能力。它既包括一国为本国国际收支赤字融资的现实能力即国际储备，又包括融资的潜在能力即一国向外借款的最大可能的能力。前者称为无条件的国际清偿力、自有储备、第一线储备，后者称为有条件的国际清偿力、借入储备、第二线储备。通常，国际清偿力又称作广义国际储备，无条件的国际清偿力称作狭义国际储备，这也就是通常所指的国际储备。

自有储备和借入储备所构成的国际清偿力，则反映了一国货币当局干预外汇市场的总体能力。虽然借入储备多半是短期的，但引起汇率波动的因素有许多是短期因素，因此，包含自有储备和借入储备的国际清偿力，常常被经济研究人员和外汇市场交易者视作一国货币金融当局维持其汇率水平能力的重要依据，这也正是IMF积极倡导以国际清偿力取代国际储备的重要原因。

二、国际储备的构成

（一）自有储备

1. 黄金储备。黄金储备（Gold Reserves）是指一国中央银行和政府机构所持有的货币性黄金（Monetary Gold）。非货币用途的黄金，即便是由货币当局持有的，也不包括在内。

在国际金本位制度下，黄金是最重要的国际储备资产。在第二次世界大战后的布雷顿森林体系下，黄金仍是很重要的国际储备资产，但其重要性已开始下降，在国际储备资产中所占的比例也逐步降低。20世纪70年代中期布雷顿森林体系解体，美元与黄金脱钩，国际货币基金组织实行黄金非货币化政策，黄金在各国国际储备中的地位显著下降。各国货币当局在动用国际储备时，并不能直接以黄金实物对外支付，而只能在黄金市场上出售黄金，换成可兑换的货币。然而，由于黄金具有其他储备资产所不及的安全保值的特征，因此，世界上没有一个国家完全放弃和废除其黄金储备。在2008年国际金融危机之前，大部分中央银行是黄金净卖家，这一状况持续了差不多20年，2010年之后中央银行对黄金态度发生了180度大转变，截至目前，中央银行已连续第六年成为黄金的净买家。国际金融危机后中央银行成为购买实物黄金的主力军，主要是由于危机提醒了全球投资者美元并非坚不可摧。因此，从战略价值的角度出发，在国际货币体系多元化以及区域货币崛起的背景下，增加黄金储备成为各国中央银行的现实选择。

【知识链接】

布雷顿森林体系的创立

在第二次世界大战后期，英美两国政府出于本国利益的考虑，构思和设计了战后的国际货币体系，分别提出了“怀特计划”和“凯恩斯计划”。“怀特计划”全称为“联合国外汇稳定方案”，其主要内容是：建立一个国际货币稳定的基金机构，各国必须缴纳份额来建立外汇稳定基金；各国的发言权和投票权取决于其向基金组织交纳份额的多少；基金组织拟订一种国际货币单位“尤尼他”，其含金量相当于10美元；采用固定汇率，各国货币汇率非经基金组织机构同意，不能随意变动；基金的主要任务是稳定汇率，提供短期信贷，平衡国际收支；基金办事处设在拥有份额最多的国家。“怀特计划”反映了美国试图操纵和控制基金，获得国际金融领域统治地位的野心。“凯恩斯计划”是一个“国际清算联盟”方案，其主要内容是：建立世界性的中央银行——国际清算联盟，各国在其中所占的份额以第二次世界大战前三年进出口贸易的平均数计算。这一计划的内容明显对英国有利。1944年7月，在美国新罕布什尔州（New Hampshire）的布雷顿森林（Bretton Woods）召开了有44个国家参加的国际金融会议。会议通过了以怀特计划为基础的《国际货币基金协定》和《国际复兴开发银行协定》，总称为布雷顿森林协定，确立了以美元为中心的固定汇率制度，即布雷顿森林体系（Bretton Woods System）。

布雷顿森林体系的主要内容包括：（1）建立一个永久性的国际金融机构，即国际货币基金组织（IMF）；（2）实行美元—黄金本位制下的固定汇率；（3）规定国际收支失衡的调节机制；（4）取消外汇管制；（5）设立稀缺货币条款。

资料来源：百度百科。

2. 外汇储备。外汇储备（Foreign Exchange Reserves）是一国货币当局持有的可兑换货币和用它们表示的支付手段和流动性资产。它是一国最主要和最重要的储备资产，目前占国际储备的绝大部分比例。20世纪70年代之前，黄金储备在国际储备中居主导地位；70年代以后，外汇储备取代了黄金储备的主导地位，并且外汇储备占国际储备的比重在不断上升。

外汇储备的主要形式为国外银行的活期存款和外国政府债券。外汇储备是存放在国外的，因此，在国际收支平衡表中，外汇储备的增加记录在平衡表的借方，反映外汇的流出。外汇储备之所以存放在国外，一是由于储备货币的发行国是该货币的国际清算中心，一国将外汇储备存放在发行国便于清算，可保持外汇储备较强的流动性；二是储备货币发行国拥有发达的国际金融市场，使得一国能对外汇储备进行有效的资产组合。

一国货币欲成为储备货币，必须具备以下条件：（1）能自由兑换，即必须是可兑换货币；（2）在国际贸易与国际支付中占较大比重；（3）币值稳定，包括对内币值和对外币值两个方面都比较稳定。在第一次世界大战之前，英镑是最主要的国际储备货币。20 世纪 30 年代美元崛起，与英镑一起成为最主要的国际储备货币。到 20 世纪 70 年代初期，美元成为该时期最主要的储备货币。20 世纪 70 年代布雷顿森林体系崩溃后，在国际经济、政治多元化的背景下，国际储备货币出现了多元化的局面。

形成储备货币多元化的原因主要有以下几个方面：首先，西方国家政治、经济力量的对比出现了变化，美国经济地位的相对下降严重影响了美元内在价值的稳定性，削弱了美元作为国际支付货币、计价货币和借贷货币的地位，这势必影响到美元的国际储备货币的地位；其次，在浮动汇率制度的大背景下，各主要货币的汇率波动频繁，这就需要通过资产组合的方式来分散储备资产的风险；再次，国际外汇市场和资本市场的迅速发展，使得各主要货币之间的兑换及在国际间的流动更加迅速和便利，降低了储备单一化时货币兑换与国际间流动的成本；最后，新兴市场经济体在全球经济发展中的地位日益重要，客观上要求改革国际货币体系，实现储备货币多元化。

应特别提出的是，虽然美元在国际储备中所占的份额有所减少，但美国的经济实力、政治影响仍是别的国家或货币集团所不能相比的，加之历史原因，美元在国际储备货币体系中仍处于中心货币的地位。即便是在欧元诞生之后，这一局面仍没有根本性的改变。

3. 在国际货币基金组织的储备头寸。在国际货币基金组织（以下简称 IMF）的储备头寸亦称“在 IMF 的储备部分”、普通提款权，是指会员国在 IMF 的普通账户中可自由提用的资产。普通提款权在 IMF 会员国的国际储备资产中所占的比重较小，主要包括三个部分：一是会员国向 IMF 所缴纳份额中的 25% 的外汇部分；二是 IMF 用去的会员国或本地区货币持有量部分；三是会员国对 IMF 的贷款。

当一个国家加入 IMF 时，必须按一定的标准向该组织缴纳会费，这笔会费通常被称为份额。按 IMF 的现行规定，会员国认缴份额的 25% 须以外汇或特别提款权缴纳，其余的 75% 可用本国货币缴纳。当会员国发生国际收支困难时，按照 IMF 的规定，有权以本国货币进行抵押的方式向 IMF 申请使用外汇。会员国可使用的份额分为五档，每一档占其认缴份额的 25% 。IMF 在审核会员国对份额的提取使用时，条件会按照档次逐渐严格。由于第一档的提款额就等于会员认缴的外汇或特别提款权的数额，提取条件最为宽松。在实际操作中，只要会员提出申请，就可以使用这一档。储备头寸的另外部分（其余的四档）是 IMF 为满足其他会员的资金要求而使用的本国或本地区的货币，具体又可以分为两部分：一是 IMF 为满足其他会员借款需要而使用的本国或本地区的货币，这部分是 IMF 的债权，成员可无条件地提取并用于支付国际收支逆差；二是 IMF 向会员国借款的净额，这也构成了该成员对 IMF 的债权。

【知识链接】

国际货币基金组织

第二次世界大战后，英、美等国为了稳定战后的国际货币金融，决定成立一个国际性的常设金融机构——国际货币基金组织。1947 年 11 月 15 日国际货币基金组织成为联合国的专门机构之一。

国际货币基金组织的所在地是美国的华盛顿，现在该组织已有一百多个成员国。它的主要任务是：促进国际货币合作，便利国际贸易的扩大与平衡发展；促进汇兑稳定，维持有程序的汇兑安排，并避免竞争性的外汇贬值；协助建立关于会员国之间货币交易的多边支付制度和消除阻碍世界贸易的外汇限制。它的最高权力机构是理事会，由各会员国委派理事和副理事各一人组成。该组织的主要活动是组织成员国按议定的份额筹集资金，通过贷款调整其成员国国际收支的暂时失调。该组织的资金主要来自会员国缴纳的基金份额和在国际资金市场上的借款。

国际货币基金组织的贷款仅限于向会员国政府发放，其主要用途是解决会员国出现的国际收支不平衡问题。通常情况下，贷款的额度与会员国缴纳的份额成正比。贷款的发放主要采取由会员国用本国货币向基金组织申请换购外汇的方式，这一过程也称购买或提取；还款时，会员国以黄金或外汇买回本国货币，这一过程也称为购回。

资料来源：百度百科。

4. 特别提款权

（1）特别提款权的内涵。特别提款权（SDR）是指 IMF 分配给会员的、在原有的普通提款权之外的一种使用资金的权利，它是相对于普通提款权而言的。从性质上来说，特别提款权是 IMF 为缓解国际储备资产不足的困难，在 1969 年 9 月第 24 届年会上创设的，用以补充原有储备资产不足的一种国际流通手段和新型国际储备资产。这种新型资产与其他储备资产的形式相比，有着明显的区别，具体表现在以下几方面：

第一，特别提款权不具有内在价值。特别提款权是 IMF 人为创造的、纯粹账面上的资产，因此它也被称作“纸黄金”。

第二，特别提款权具有严格限定的用途。特别提款权只能在 IMF 和会员国政府之间使用，可同黄金、外汇一起作为储备资产，并可用于会员向其他会员换取可兑换货币外汇，支付国际收支差额，偿还 IMF 的贷款，但任何私人企业不得持有和运用，不能直接用于贸易与非贸易支付。

第三，特别提款权由 IMF 根据所缴份额的大小向会员国政府无偿分配。特别提款权的分配以份额为基础，故各会员国的分配数量与其缴纳的份额成正比，份额越大，分配的越多。发达国家分得的特别提款权远远高于发展中国家，而特别提款权的主要需求方却是发展中国家，这是一种很不合理的格局，因此如何合理地确定特别提款权的分配基础，已成为当下国际货币制度改革需要研究的重要课题。

（2）特别提款权的定值。在特别提款权创立时，以黄金表示其代表的价值量，1特别提款权的金平价等同于当时美元的金平价即0.888671克纯金，但它不能兑换为黄金。从1974年7月1日起，IMF决定将特别提款权的定值与黄金脱钩，而改为以一篮子16种货币定值。1980年9月18日起又改为以美元、原西德马克、日元、法国法郎和英镑定值。这五种货币在特别提款权中的比重每5年调整一次。2001年，欧元兼并马克和法郎，特别提款权改为由美元、欧元、日元、英镑定值。2015年11月30日国际货币基金组织执董会决定将人民币纳入特别提款权货币篮子。特别提款权货币篮子相应扩大至美元、欧元、人民币、日元、英镑5种货币，人民币在特别提款权货币篮子中的权重为10.92%，美元、欧元、日元和英镑的权重分别为41.73%、30.93%、8.3%和8.09%。新的货币篮子从2016年10月1日正式生效。

（3）特别提款权的计息。按照IMF的规定，凡特别提款权的会员国持有的特别提款权超过其累计分配数时，其超过部分由IMF付给该会员利息；反之，若低于其累计分配数，其不足部分由该会员支付利息给IMF，此项利息须用特别提款权来支付。这表示以特别提款权换取外汇的借款国要支付利息，接受特别提款权而出借外汇的贷款国可得到利息收入。目前，特别提款权的利率水平按周调整，在数值上，它是一篮子货币在各自国内货币市场上特定的几种短期金融工具的年收益率的加权平均数。

【知识链接】

特别提款权的创立

20世纪60年代初爆发的美元危机暴露出了以美元为中心的布雷顿森林体系的重大缺陷。该体系下，只有黄金和美元是储备资产。黄金的供给很少，美国只能通过持续的国际收支逆差向世界提供更多美元作为国际基础货币。然而，全球国际收支调整机制的缺位，使得美国贸易逆差持续，人们对美元和黄金依旧保持固定比价的信心一点点被侵蚀。比利时裔美籍经济学家特里芬（Robert Triffin）在当时提出了这一问题并被称作是“特里芬难题”，即世界必须在全球货币流动性匮乏与对美元的信心丧失之间做出选择。

为了让布雷顿森林体系继续运转，国际货币基金组织提出创设一种补充性的国际储备资产，作为对美国以外美元供给的补充。1968年3月，由“十国集团”提出了特别提款权的正式方案。但由于法国拒绝签字而被搁置起来。美元危机迫使美国政府宣布美元停止兑换黄金后，美元再也不能独立作为国际储备货币，而此时其他国家的货币又都不具备作为国际储备货币的条件。1969年，国际货币基金组织创设特别提款权，初始价值被设为1单位特别提款权等值于1美元，相当于0.888671克黄金。

资料来源：百度百科。

（二）借入储备

1. 备用信贷。备用信贷，是一成员国在国际收支发生困难或预计要发生困难时，与国际货币基金组织签订的一种备用借款协议，包括可借用款项的额度、使用期限、利率、分阶段使用的规定、币种等。备用信贷协议中规定的借款额度，有时并不被完全使用，有些成员国甚至根本不使用它。凡按规定可随时使用但未使用的部分，计入借入储备。对于未使用部分的款项，只需缴纳约 1% 的年管理费。备用信贷协议的签订，对外汇市场上的交易者和投机者，具有一种心理上的作用，它表明政府干预外汇市场的能力和决心。协议签订的本身，有时就能起到调节国际收支的作用。

2. 互惠信贷协议。互惠信贷协议也称货币互换安排，它是两国中央银行之间进行的一种双边货币合作。货币互换最初是两个签约国本币间的互换，目前，它多为本币与外汇间的互换。在这种协议下，当其中一国发生国际收支困难时，便可按协议规定的条件自动地使用对方的货币，然后在规定的期限内偿还。这种协议同备用信贷协议的区别在于互惠信贷协议不是多边的，而是双边的，它只能用来解决协议国之间的收支差额，而不能用作清算同第三国的收支差额。美国在 20 世纪 60 年代分别同 60 多个国家签订过双边互惠信贷协议，以期减缓当时外汇市场对美元的压力。

3. 借款总安排。借款总安排（General Arrangements to Borrow，GAB）最早产生于 1962 年，当时 IMF 同 10 个工业发达国家（“十国集团”）签订了一笔总额为 60 亿美元的借款协议。由于成员国大量借款有可能耗尽 IMF 的资金，借款国可向 IMF 和“十国集团”同时申请，经 IMF 和“十国集团”的 2/3 以上国家同意，便可由 IMF 向有关国家借入，再转贷给借款国，借款期限为 3 年至 5 年。1983 年 2 月之前，IMF 从“十国集团”的借款只能用于参加借款总安排的国家。1983 年 2 月，“十国集团”决定将该项借款总安排协定的资金增加到 170 亿特别提款权（约 190 亿美元），并于 1984 年吸收瑞士作为集团的正式会员，同意沙特阿拉伯作为联席国，联席的信贷为 15 亿特别提款权，同时将资金使用范围扩大到未参加总安排的 IMF 其他成员。

1997 年 1 月，IMF 决定建立新借款安排（New Arrangements to Borrow，NAB）方式。作为另一种短中期信贷资金来源，新借款安排由 25 个参加国家、地区和机构向 IMF 提供 340 亿特别提款权构成，用以辅助正规的份额资金，稳定国际货币体系。NAB 的借款程序与 GAB 相似，该两项借款安排的最高贷款额不能超过 340 亿特别提款权。会员申请借款如 NAB 不能接受，则可转向 GAB。凡参加国同意缴纳的资金额占资金总额的 85%，NAB 即开始启动生效。

4. 本国商业银行对外短期可兑换货币资产。本国商业银行的对外短期可兑换货币资产，尤其是在离岸金融市场或欧洲货币市场上的资产，虽其所有权不属于政府，也未被政府所借入，但因为这些资金流动性强、对政策的反应十分灵敏，故政府可以通过政策的、新闻的、道义的手段来诱导其流动方向，从而间接达到调节国际收支的目的。故这些资产又被称为诱导性储备资产。

三、现行国际储备的特点

（一）国际储备增长迅速，储备资产总额不断增加

近年来，世界各国的国际储备总量增长速度很快。与 20 世纪 50 年代初期相比，目前国际储备总量已经增长了数十倍，并且这一增长趋势仍在继续。世界储备资产总量的快速增长，与世界经济和国际贸易总量大幅度增长以及世界各国普遍实行浮动汇率制有密切关系。

（二）增长速度呈现周期性变化，但仍保持较高的增长率

从总体上看，国际储备一直保持增长的态势。20 世纪 70 年代以前国际储备的增长速度较慢。70 年代增长速度明显加快，并且增长速度很高，达到 10% 以上。近年来，国际储备的增长速度仍较高，但是已经明显地低于 70 年代，并且增长速度呈现略有减缓的趋势。国际储备增长速度出现周期性变化，与国际经济和国际金融局势的稳定性程度有关。

（三）国际储备的构成日益趋多样化和分散化

在国际储备的构成方面，形成了以外汇储备为主，以黄金储备、在 IMF 的储备头寸和特别提款权为补充的多元化国际储备体系。在储备货币结构方面，形成了以美元为主，以日元、英镑和欧元等多种储备货币为补充的多元化货币储备体系。

1. 黄金储备结构的变化。黄金作为一种价值实体，它是一种重要的国际储备资产，每个国家都持有一定数量的黄金储备。自 1976 年起，根据国际货币基金组织在《牙买加协议》中的有关规定，黄金同国际货币制度和各国的货币脱钩，黄金不再是货币制度的基础，也不准用于政府间国际收支差额的清算，至此黄金实现了非货币化，世界各国黄金储备量开始普遍下降。但是国际货币基金组织在统计和公布各成员国的国际储备时，依然把黄金储备列入其中，主要原因是黄金长期以来一直被人们认为是一种最后的支付手段，它的贵金属特性使它易于被人们接受。加之，世界上现有发达的黄金市场，各国货币当局可以很方便地通过向市场出售黄金来获得所需的外汇，平衡国际收支差额。

【知识链接】

全球囤金行动：5 个月增加储备 226.6 吨

世界黄金协会发布了最新的全球官方黄金储备数据。数据显示，截至 2017 年 12 月，全球官方黄金储备比上期公布的数据增加 226.6 吨，达到 3.37 万吨，增幅近 0.7%。与 2017 年 12 月 7 日发布的数据相比，新数据中前 10 名的中央银行黄金储备的排行与储备量没有改变，不过黄金占外汇储备有一些细微的变化。美国、德国、意大利、中国、俄罗斯、瑞士与荷兰的黄金占外汇储备比重都有所升高；日本的黄金占外汇比重保持不变；法国的黄金占外汇比重则略有下降。

2017年7月至11月的5个月中，俄罗斯连续增持黄金共112.8吨，使其总黄金储备上升到1828.6吨，占其外汇储备的17.5%，位居全球官方黄金储备量排名的第七名。而位居第六名的中国，公开的官方黄金储备在这5个月并未有任何变化，黄金储备为1842.6吨，占其外汇储备的2.4%。

这5个月中，哈萨克斯坦官方黄金储备连续增加，共增加了16.6吨。土耳其也大幅增加黄金储备，由于官方接受了商业银行储备金的要求，黄金已被添加到土耳其的资产负债表。除了11月，土耳其中央银行共增加黄金储备98.9吨。截至2017年11月，哈萨克斯坦中央银行黄金储备300.98吨，占外汇储备的38.7%；土耳其中央银行黄金储备525.8吨，占外汇储备的18.4%，排名全球官方黄金储备量的第12位。

资料来源：搜狐财经，2018－01－09.

2. 外汇储备结构的变化。在金本位制下，外汇储备处于极其次要的地位。布雷顿森林体系解体后，外汇储备占国际储备份额的比重迅速上升，现已成为各国最主要的国际储备资产。外汇储备中的国别结构和币种结构变化主要表现在以下几个方面：第一，发展中国家经济体的外汇储备规模和增长速度超过发达国家，从1990年开始，发展中国家的外汇储备增长速度明显快于发达国家；1995年，发展中国家持有的外汇储备规模占全球储备总额的比重开始超过发达国家，2018年全球十大外汇储备经济体中，发展中经济体占了多数席位。第二，发展中国家的外汇储备增长主要集中于亚洲国家或地区，除中国内地和日本外，中国台湾、印度、中国香港、韩国也位列世界十大外汇储备持有者之中。第三，美元的霸权地位依旧没有改变。在储备货币中，美元份额虽有所下降，但仍是最主要的储备货币。

第二节　国际储备风险及储备安全管理

一、国际储备风险概述

（一）国际储备风险的概念

国际储备风险是指国际储备所有者或投资人在持有、经营储备资产过程中，因偶发性、不确定性以及其他各种因素所引起的收益不确定性和储备资产损失的可能性。

作为一个国家持有的特殊金融资产，国际储备既面临金融资产普遍存在的一般金融风险，又由于其来源和用途的特殊性，存在一些特殊风险，其特点包括：除了面临金融风险，还面临一定的非金融风险；首要风险由国家承担，一旦风险暴露会呈梯次推进，进而影响到整个经济体系的发展；风险高度集中，一旦风险变成现实，造成的经济损失巨大，甚至会扰乱金融秩序，带来社会动荡；风险程度受多种因素影响，且容易因外部冲击而加剧；受损国家和地区会采取紧急补救措施，但这些措施可能会影响到其他国家和地区金融乃至经济局势的稳定。

（二）国际储备风险的种类

基于风险来源的角度，国际储备的风险可划分为外部风险（External Risk）和内部风险（Internal Risk）。

外部风险包括市场风险和环境风险。其中，市场风险又包括利率、汇率、流动性等市场参数的波动，环境风险可细分为信用、政治、法律等情形的变化。内部风险包括操作不当、技术缺陷、机会损失等内控系统、信息系统的失误或失效。

由于不同经济体对国际储备管理的政策侧重不同，管理机构效率、管理技能、资产偏好、币种偏好等各有差异，具体到各国，国际储备面临的风险表现不尽相同，风险强度和对储备资产造成的影响也不相同。有效的风险管理，应针对本国实际情况对风险进行分析、测度和控制，以化解和降低可能导致的损失。

1. 外部风险

（1）市场风险。市场风险是金融市场上最常见的风险之一，也是国际储备资产面临的最主要的风险之一。市场风险是指因基础变量价格的波动而导致的未预料到的资产组合价值与预期价值的偏离。市场风险通常表现为在交易平仓变现所需的时间内，资产组合的价值发生潜在损失的风险。国际储备资产所面临的市场风险主要包括汇率风险、利率风险和流动性风险。

第一，汇率风险。汇率风险是国际储备面临的基础风险。汇率风险，又称外汇风险，是指国际储备持有主体在管理国际储备资产的过程中，所面临的因汇率变动而引起的外汇资产实际收益与预期收益相背离的可能性。一国的国际储备中包含着多种外汇资产形式，任意一种资产相关币种汇率的波动都可能引起国际储备资产价值的损失。

第二，利率风险。利率风险是国际储备面临的主要风险。货币当局不可能只持有外币现钞，而任凭其承受汇率风险，常见的做法是将一部分储备资产投资于发达国家的国债或信誉良好的机构债，并由此面临利率波动的风险。因此，利率风险，即是指因利率变动而引起的债券价格变动的风险。期限越长的债券，利率的波动程度越大，因此，长期债券投资的利率风险相对较大。

第三，流动性风险。国际储备的流动性风险是指货币当局无法迅速并且低成本地将其所持有的国际储备资产转变为现金以满足流动性需要的可能性。需要指出，国际储备的流动性风险与宏观经济中资源的流动性风险的含义不尽相同。宏观经济中资源的流动性风险强调完成变现交易所花费的成本（包括时间），而国际储备的流动性风险则更加强调利用国际储备资产获取现金的能力和调节国际收支的支付能力。流动性风险主要受资产交易的难易程度影响，如果所持债券的二级市场不发达、交易量很小，则国际储备持有者在卖出其所持有的债券时就会遇到困难。

（2）环境风险。环境风险是国际储备管理中外部风险的重要组成部分。所谓国际储备的环境风险是指货币当局在持有或经营国际储备的过程中，受外部环境变化的影响而使国际储备资产蒙受损失的可能性。环境风险与市场风险不同，它更强调风险结果的损失，而对可能的收益不甚在意。国际储备的环境风险主要包括信用风险、政治风险和法律风险。

第一，信用风险。信用风险又称违约风险，是指交易对手未能履行约定契约中的义务而造成经济损失的风险，与其他经济风险不同，信用风险归类于纯风险，即风险结果只有损失的可能而不存在获利的机会。与市场风险相比，信用风险还存在如下特征：首先，信用风险事件中存在着明显的信息不对称现象，交易双方的信息是不完全且不对等的，因而信用风险受道德风险的影响更加突出；其次，信用风险相对而言是小概率事件，其概率分布是不对称的，投资收益相对固定而有上限约束，投资损失则视交易对手行为而定，通常没有下限制衡。

【知识链接】

“无风险债券”真的安全吗？

一般而言，国际储备出于安全性的考虑，多投资于所谓的“无风险债券”，即发达国家政府债券。但是，随着欧洲主权债务危机的爆发与美国信用评级的下调，“无风险债券”不再如预想般的安全。据美国国会预算办公室预测，2014—2024年美国公共债务占GDP的比重均在70%以上，2021年后，还会进一步上升至75%以上，超过2008—2012年度年均预算的一倍多。根据标准普尔对AAA级国家的规定，新增公共债务占GDP比重的平均水平不得超过3%，受美国连续四轮量化宽松政策的影响，美国新增公共债务占GDP比重远高于3%的临界水平。国内外学者普遍认为，美国主权债务违约风险正在上升，如果其债务负担仍继续扩大，并不排除美国未来实际违约的可能。

资料来源：美国国会预算办公室（CBO）．预算及经济展望：2014—2024（*The Budget and Economic Outlook* 2014 *to* 2024）.

第二，政治风险。政治风险是国际储备面临的众多风险中最难预料的。政治风险是指因投资者所在国与东道国政治环境发生变化而给投资者带来经济损失的可能性，具有突发性、破坏性和全局性的特点。从广义上讲，国际储备的政治风险包括任何政治性变化对储备资产价值及投资所造成的影响，主要包括政局不稳和政策不稳两个层面，其中以政局不稳对相关项目投资的影响最为严重。政局不稳主要体现在东道国政府换届乃至政权更迭的风险、东道国国内民族或宗教冲突乃至武装冲突导致爆发内战的风险、东道国国内民众情绪不满导致集体罢工等抗议性事件甚至暴力事件的风险。政策不稳主要体现在东道国政府对外资企业实行征用甚至收归国有的风险、东道国政府对外汇实行管制甚至禁止合法资本撤回投资国的风险、东道国政府延期支付甚至债务违约的风险，等等。政治风险对国际储备造成的损失往往难以估计。政治风险对储备资产的影响首先表现在经济损失上，大部分政治风险所涉及的事件不那么极端，通常表现为政府换届所带来的经济政策及相关法律法规的变化所引起的储备资产价值的缩水。在极端情况下，政治风险可能意味着资金的被冻结，资产的被征收，并且这类损失不仅局限在经济领域，还会蔓延到外交层面，从而带来负向的经济外溢性。

第三，法律风险。法律风险是环境风险中的一个重要风险。国际储备的法律风险是指在国际储备的经营管理过程中，由相关法律制度的缺位、法律制度的变迁、法律规定的意义不明甚至立法冲突等因素引起的，导致国际储备的持有者承担法律责任或不利后果的可能性。处于不同经济发展阶段、不同政治制度下的国家，其采取的经济发展战略、国内外政策都不尽相同，在立法上也同样存在差异，国际储备对外投资过程中必然需要面对多样的法律环境，从而面临着法律环境差异所带来的风险。

2. 内部风险。内部风险是操作控制不当或信息系统等方面的缺陷而导致的可测算或无法测算的损失，包括机会风险、操作风险和技术风险。

（1）机会风险。持有国际储备的同时意味着失去了获得其他投资收益的机会，当其他投资机会的收益率大于国际储备资产的收益率时，国际储备就会产生机会成本的损失，即机会风险。所谓国际储备的机会成本，是指把一定的资产用作储备而放弃将这些资产投资他途的最大的收益。考虑到国际储备中国外生息资产的投资收益，持有国际储备的净机会成本应等于用作他途的最大投资收益率与储备收益率之间的差额。国际储备的净机会成本会随着投资收益率与储备收益率的变化而变化，从而使得国际储备资产面临机会风险。

（2）操作风险。国际储备资产的操作风险是指存放储备的金融机构信息系统或内部控制缺陷导致的储备价值意外损失的风险。根据《巴塞尔新资本协议》，操作风险可以分为由人员、系统、流程和外部事件所引发的四类风险，具体而言，操作风险涉及如下四个方面的内容：第一，欺诈，包括内部人员欺诈和第三方欺诈；第二，雇用合同以及工作状况带来的风险事件；第三，客户、产品以及商业行为引起的风险事件；第四，工作人员的疏忽、失误、操作不当等行为引发的风险事件。与市场风险和信用风险不同，操作风险主要是人为风险，涉及的内容与金融机构的日常管理息息相关。在现阶段，很多国家的国际储备管理体系还没有建立起一个系统的防范、控制操作风险的框架和机制，国际储备风险管理缺乏明确的考核指标和问责制度，工作人员的风险管理理念、技能和手段的改进还没有跟上储备高速增长、风险不断加剧的速度，因此，国际储备面临的操作风险不可小视。

（3）技术风险。所谓国际储备资产的技术风险，是指对储备资产收益目标和风险意识的重视程度不够，以及在风险监控和测度技术上的缺乏，使储备资产动态收益和风险结构处于非理想化的状态而产生的风险。现阶段各国金融机构在进行国际储备资产的风险管理时，普遍重视风险价值（Value at Risk，VaR）的测算与盯市分析（Marking to Market），在汇率和利率变化幅度与预测难度都在加大的情况下，注重利用金融衍生工具进行风险对冲。此外，大量的数学、统计学及系统工程的方法也被应用于储备风险管理中，风险管理方法和技术越来越具有量化、模型化的特征。

二、国际储备对金融安全的影响

（一）维护国际收支平衡

国际收支无论发生顺差或逆差，都需要进行调节使其趋于平衡，国际储备在这个调节过程中起着缓冲作用。当一国国际收支出现逆差时，政府运用国际储备来弥补逆差能够有效避免运用政策性调节对经济运行所带来的诸多不利影响，从而有助于国内经济目标的实现。对于短期性国际收支逆差，动用国际储备来弥补可以产生很好的效果。对于长期性国际收支逆差，一定规模的政策性调整是必不可少的，但为了避免调整过快带来的国内经济震荡，仍需要动用国际储备为政策性调整提供支持并保证合理的经济增长速度。

（二）维持国家汇率稳定

汇率的失衡以及频繁波动对金融安全的负面影响是显而易见的，一国货币当局可以运用国际储备来干预和缓和市场汇率波动。中央银行出售国际储备并购入本币，可以使本币汇率上升；反之，中央银行购入国际储备并抛出本币，会增加市场上本币的供应，从而使本币汇率下降。如果中央银行希望银行体系的流动性不发生变化，则有必要采取冲销操作，要么卖出本国国债，要么发行中央银行票据来进行冲销。

（三）提升国家金融资信

国际储备是衡量一国对外资信状况的重要指标，同时也是国际金融机构评估国际资本对该国投资风险的指标之一。充足的国际储备可以维持国内外公众对本国货币政策、汇率管理政策和货币的信心，从而维持本国货币的稳定，使该国的金融实力和国际地位得到提高。例如，在1997—1998年的亚洲金融危机中，香港特别行政区政府成功地击退了国际投机资本对港元的狙击，特区政府外汇储备充足，因此市场对港元颇具信心。此外，充足的国际储备还有助于增强该国的国际清偿力，降低对外融资的成本，从而为该国对外举债创造有利条件。

（四）防范突发事件

突发事件（如自然灾害、经济金融危机等）的发生会对一国国民经济造成冲击，导致国际收支出现失衡，从而影响到国家的经济安全和金融安全。充足的国际储备资产可以视为保护国家经济安全和金融安全的第一道防线，它能减轻突发事件对国内经济和金融造成的负面影响，降低调整成本，从而有助于一国内外均衡目标的实现。

三、国际储备安全管理

国际储备安全管理是指一国货币当局根据一定时期内本国经济发展的要求和国际收支状况，对国际储备的规模、结构等进行确定和调整，以保证国际储备规模适度、结构优化的重要手段。具体来说，国际储备安全管理包括总量管理和结构管理两个方面。总量管理是指对国际储备规模的确定和调整，以实现资产规模适度化，即通常所说的国际储备的水平管理或数量管理。结构管理是指对国际储备结构的确定和调整，以实现资产结构最优化。

（一）国际储备总量管理

1. 国际储备适度规模的含义。国际储备适度规模是指按照某种社会标准确定的最低限度储备量与最高限度储备量之间的国际储备数量区间。

与国际储备适度规模相近的概念是最优国际储备规模，通常界定为能给社会带来最大净收益的国际储备数量。人们更多地使用适度国际储备规模的概念，是由于国际储备的成本和收益难以量化，而且影响国际储备需求和供给的因素处于不断变化过程之中，这使得最优国际储备规模难以确定，或者说后者缺乏可操作性。与适度国际储备规模有关的另一概念是国际清偿力。与发展中国家相比，发达国家有较强的国际清偿力，这就决定了其适度国际储备规模要显著低于发展中国家。

2. 测度国际储备适度规模的方法

（1）比例分析法。常用的比例分析法主要包括非黄金储备/进口比例法、外汇储备/外债比例法、外汇储备/货币供应量。

① 非黄金储备/进口比例法。非黄金储备/进口比例法是由美国耶鲁大学教授罗伯特·特里芬提出的，他认为一国的国际储备应与它的进口额保持一定的比例关系，这一比例以 40% 为标准，以 20% 为最低限。如果该比例低于 30%，就必须对国际收支进行调整。一般认为，全年国际储备与进口额的比例应在 25% 左右，即国际储备应该能满足 3 个月的进口需要。如果就一国非黄金储备与周平均进口额的比例来看，该指标的经验数据为 9～13 周。但是需要注意的是，特里芬研究的是 20 世纪 60 年代以前的情况，当时的国际储备主要用于弥补贸易逆差，其研究已经落后于资本全球化的时代。另外，国际储备量应该依照各国具体情况来确定，9～13 周这一经验数据主要是根据发达国家特别是美国的情况得出，所以不具有普遍性。

② 外汇储备/外债比例法。外汇储备/外债比例法又分为外汇储备/全部外债比例法和外汇储备/短期外债比例法两种。外汇储备/全部外债比例体现的是一国外汇储备对总体外债的清偿能力。正常情况下应在 30%～50%，但不能低于 30%，否则就会存在引发债务危机的可能。外汇储备/短期外债比例反映了一国对短期债务的清偿能力，不能低于 100%。如果这一比例过低，就会影响包括外资在内的投资者对该国的信心，可能引起资本外逃甚至引发金融危机。外汇储备/短期外债比例法源自阿根廷前任财政部副部长圭多惕的思想，这一思想中与储备相关的观点是：在最低限度内，在不对外举债的前提下，一国可用的外汇储备应该大于一年内到期的外债本息；也就是说，在长至一年的期限内，一国要能在没有对外举债情况下正常运转。这就是著名的圭多惕规则。1999 年，美国联邦储备委员会主席格林斯潘改进了圭多惕规则。一是增加了一个附加规则，即一国外债的平均到期日应超过某一基准，如 3 年。它强调了一国在管理其全部对外资产负债时应合理确定负债的到期期限，做好资产与负债到期日的匹配。二是引入一个“处于风险之中的流动性”标准，提出了一国准确计算实际外债头寸的新方法。

③ 外汇储备/货币供应量比例法。外汇储备/货币供应量比例法是由以约翰逊为代

表的货币主义学派提出。该学派认为，国际收支失衡在本质上是一种货币现象，当国内货币供应量超过国内需求时，多余的货币就会流向国外，从而引起储备的减少；反之，当国内货币供应量低于国内需求量时，货币就会从国外流向国内，从而引起储备的增加。所以，外汇储备需求主要由国内货币供应量的增减来决定。此外，该指标还较好地测度了一国居民的资本外逃。

（2）成本—收益分析法。成本—收益分析法又称机会成本分析法，是 20 世纪 60 年代以来，以海勒、阿加沃尔为首的经济学家，将微观经济学的厂商理论“边际成本等于边际收益”运用于外汇储备总量管理而得出的，即当持有储备的边际成本等于边际收益时，所持有的储备量是适度的。一般情况下，国际储备的需求量与持有储备的机会成本成反比，与持有储备的边际收益成正比。持有储备的机会成本是运用外汇进口资源要素以促进国内经济增长的边际产出（可采用国内投资收益率来计算）。持有储备的边际收益则是运用储备弥补国际收支逆差，避免或推迟采用政策性调节措施，减少和缓解对经济造成不利影响的好处，以及运用外汇购买国外有息资产的收益。只有当持有储备的边际收益等于持有储备的机会成本，从而带来社会福利最大化时，才是最适度的储备规模。

成本—收益分析法具有测算的准确性高于比例分析法的优点，这种方法采用多元回归分析的技术建立储备需求函数，克服了比例分析法采取单一变量的片面性。但宏观经济中有些变量并不像微观经济变量一样有界限分明的成本和收益，只能测算综合成本和综合收益，这使成本收益法存在着不足之处：其计算方法比较复杂，涉及的经济变量较多，有的数据难以获得，只能凭经验主观选择或采用其他近似指标替代，影响了计算结果的准确性，因而很难在实际中采用。

（3）因素分析法。因素分析法是指在确定国际储备需求量时，对多种因素进行综合考虑并将其引入储备需求模型的分析方法。在具体分析过程中，通常对影响一国储备需求的多种因素进行回归分析，以构成储备需求函数，因此，因素分析法又可称作储备需求函数。西方学者研究发展中国家国际储备的储备需求函数模型包括弗兰德斯模型、弗伦克尔模型和埃尤哈模型。

（4）多用途比例分析。该方法考虑到国际储备的基本用途，为各项用途规定一个合理的系数，从中求出适度储备量。例如：

国际储备下限 =25% 进口额 +10% 的外债额 +10% 的外汇交易额

国际储备上限 =25% 进口额 +20% 的外债额 +20% 的外汇交易额

在计算过程中，也可以根据实际情况纳入其他用途。该方法的主要缺陷是比例的设定主要取决于政府的偏好，但未必反映实际需要。

（5）国际货币基金组织的储备不足标准。国际货币基金组织在评估会员国的国际储备需要时，通常采用下列若干客观指标来判别储备不足：国内利率太高；强化国际交易的限制；把积累储备作为经济政策的首要目标；持续的汇率不稳定；新增储备主要源自信用安排或增加的储备主要是借入储备。但是当这些指标被满足时，该经济体已经出现储备不足的问题了，因此它对决定适度储备决策的参考价值较小。

3. 国际储备的来源。国际储备的来源即国际储备的供给，其影响因素主要包括以下几个方面。

（1）国际收支顺差。国际收支顺差主要包括贸易顺差、经常项目顺差和资本项目顺差等，这其中，经常项目顺差是一国增加其外汇储备最稳定和最可靠的来源渠道。当然，资本项目顺差也是一国增加外汇储备的一个来源，甚至在某一时间还可能是最主要的来源，但资本特别是短期资本的流动性使资本项目顺差具有相当的不稳定性。

（2）中央银行在进行外汇干预时购进的外汇。当一国的本币在外汇市场上升值时，为稳定本币汇率，该国的货币当局在外汇市场上会抛售本国货币，购入外国货币，这部分新增加的外汇就被列入外汇储备。通过外汇干预增加外汇储备具有相当的不稳定性，因为当本币贬值时，外汇储备就会减少。

（3）一国政府对外借款的净额。当需要补充外汇储备时，一国货币当局可以直接从国内金融市场或国际金融机构借款来补充外汇储备。储备货币的发行国还可以通过货币互换协议（Swap Arrangement）相互提供外汇储备。

（4）中央银行购买的黄金。一国黄金储备的增加是通过黄金的国内外交易实现的。从黄金的国际交易来说，储备货币发行国用本币在国际市场购买黄金，该国的国际储备增加；非储备货币发行国运用其外汇储备购买黄金，只能改变该国国际储备的构成，并不能扩大其国际储备的总量。从黄金的国内交易来说，不论是储备货币发行国，还是非储备货币发行国，中央银行以本币在国内收购黄金，即所谓的“黄金货币化”（Monetization of Gold），可以增大它们的黄金储备量。由于目前黄金在各国经济交易中使用价值不大，黄金产量也有限，因此黄金在国际储备中的比重一般不会大幅度增加。

（5）接受他国支付的特别提款权和在 IMF 的储备头寸。接受他国支付的特别提款权和在 IMF 的储备头寸可以导致一国的国际储备被动增加。需要注意的是，在 IMF 的储备头寸和特别提款权是一国不能主动增减的。

（6）其他来源。国际储备的其他来源主要包括由国际储备的投资收益或国际借贷等因素所带来的国际储备净流入。

4. 影响国际储备需求的因素。国际储备需求是指为了获取所需的国际储备而付出一定代价的愿意程度，它是持有储备的边际成本与边际收益之间的均衡。影响国际储备需求的因素包括：

（1）持有储备的成本。一般来说，储备资产都能取得一定的收益，通常以储备资产在国外金融市场的收益率来衡量储备的收益水平。但持有储备也是存在机会成本的，如果一国不持有国际储备，那么节约下来的资金就可以进口其经济发展所需的资本品，该资本品进行投资可获得一定的收益率。因此，持有储备的成本就是这种投资的收益率减去持有储备的收益率之差。此外，持有储备的成本还可用一国从国际金融市场借款的利率减去持有储备的收益率之差来衡量。持有储备的成本与国际储备的需求成反比。

（2）对外贸易状况。对外贸易状况是决定一国国际储备需求量多寡的重要因素，原因在于贸易收支往往是决定其国际收支状况的重要因素，而国际储备的最基本作用也是弥补国际收支逆差。一个在贸易条件上处于不利地位、其出口商品又缺乏竞争力的国家，需要较多的国际储备；反之，则需要较少的国际储备。

（3）对外融资能力。一国借用国外资金的能力较强，其国际储备水平就可以稍低些，因为该国的国际清偿能力不会因其储备水平较低而降低；反之，一国借用国外资金的能力较弱，则需要维持较高水平的国际储备。

（4）外汇管制的程度。当一国发生国际收支逆差时，如果不采取其他措施而是通过直接管制来增加外汇收入和限制外汇支出，从而实现国际收支的平衡，这些管制越严格，需要的储备就越少；管制越松，需要的储备就越多。

（5）货币地位。储备货币发行国可以用本币弥补国际收支逆差，所以国际储备需求量较低。相反，非储备货币发行国在国际经济交往中，主要使用储备货币进行计价、结算和支付，所以国际储备需求量较高。

（6）汇率制度。国际储备的主要作用之一是用于调节本国货币的汇率。采用固定汇率制度的国家面临汇率波动时，货币当局就需要动用国际储备进行反向操作，相应地就需要较多的国际储备。相反，如果实行的是浮动汇率制度，其所需要的国际储备就可以相对较低。

（7）国际合作环境。如果一国政府同外国货币当局和国际货币金融机构有着良好的合作关系，签订有较多的互惠信贷、备用信贷协议，或当国际收支发生逆差时，其他货币当局能协同干预外汇市场，则该国政府对国际储备的需求就较少。反之，该国政府对国际储备的需求就较多。

（二）国际储备结构管理

国际储备的结构管理确定的是国际储备的“质”的规定性，它是指一国如何最佳地配置国际储备资产，从而使黄金储备、外汇储备、在 IMF 的储备头寸和特别提款权四个部分的国际储备资产持有量之间，以及各部分的构成要素之间保持合适的数量比例。由此，国际储备的结构管理可划分为两个层次：一是国际储备资产四个组成部分的比例确定；二是各部分储备资产内部构成要素之间的比例确定。目前各国正逐步减少黄金储备的持有，而对于在 IMF 的储备头寸和特别提款权两部分，会员国不能主动增减，并且以上三部分储备资产的内部构成比较单一，所以国际储备结构管理的重点可归结为对外汇储备进行结构管理，它包括外汇储备的币种结构管理和外汇储备的资产结构管理两个方面。

1. 国际储备结构管理的原则。国际储备结构管理的基本原则是统筹兼顾各种储备资产的安全性、流动性与盈利性。

（1）安全性原则。安全性原则是指储备资产有效、可靠和价值稳定。货币当局在选择外汇储备的币种和存放的信用工具等时，要考虑到通货膨胀、汇率变动以及各货币发行国的外汇政策等因素，尽可能降低储备资产贬值的风险。

（2）流动性原则。流动性原则是指储备资产应具有较高的变现能力，一旦有对外支付和干预市场需要时，能随时转化为直接用于国际支付的支付手段。

（3）盈利性原则。盈利性原则是指在具备安全性和流动性的基础上，应尽可能地使储备资产增值、创利。

综上，储备资产的安全性与流动性越高，其盈利性往往越低，而盈利性较高的资产往往风险较大，流动性较差。考虑到国际储备的特殊作用，一国货币当局持有国际储备资产，应始终把安全性和流动性放在第一位，把盈利性放在第二位，也就是说要在安全性与流动性得到充分保证的前提下，求得足够高的盈利性。

2. 国际储备结构安全管理的内容

（1）外汇储备的币种结构管理。外汇储备的币种结构管理是指确定各种储备货币在一国外汇储备额中所占的比重。币种管理的必要性是由国际货币制度的演变所决定的，其重点是要研究不同储备货币国家汇率、利率、通货膨胀率及经济发展等的现状及将来可能的变化和趋势，并在此基础上恰当地调整和搭配储备资产货币种类的构成，以增加收益，减少风险。

币种结构管理的原则主要有以下四个方面：①储备币种结构应尽可能地与一国国际贸易结构和国际债务结构相匹配，这可以使该国在一定程度上避免兑换风险，节约交易成本，保证储备使用的效率。②储备币种应与干预外汇市场所需要的货币保持一致。③应考虑各种不同货币的盈利性。由于各种货币的汇率、利率和通货膨胀率等存在差异，导致不同币种的收益率不同，所以外汇币种的选择在充分考虑安全性和流动性的前提下，还应考虑各种货币的盈利性。④应选择多种储备货币。这项策略使一国能根据外汇市场汇率的走势，对储备货币币种结构适时进行调整，增加处于升值趋势的“硬”币的持有量，减少陷入贬值趋势的“软”币的持有量，从而趋利避害。

（2）外汇储备的资产结构管理。由于国际储备的主要作用是弥补国际收支逆差，因而各国货币当局更加注重储备资产的流动性。按照流动性高低，可以将外汇储备分成以下几类：①一级储备资产：富于流动性，但收益性较低的储备资产，如活期存款、短期存款和短期政府债券、外币商业票据等。除此之外需要特别注意的是，普通提款权，由于会员国能随时从 IMF 提取和使用，所以也可以视为一级储备。这些流动性很高的资产其盈利性却很低，鉴于这种情况，货币当局需要根据季节或特定时期短期对外支付的需要安排一定数量的一级储备，但要控制其在外汇储备资产中所占的比重。②二级储备资产：收益性高于一级储备，但流动性低于一级储备的储备资产，如 2 ~ 5 年期的中期政府债券。除此之外需要特别注意的是，特别提款权，由于它只能用于特定方面的支付，且须向 IMF 提出申请，并由 IMF 指定参与特别提款权账户的国家提供申请国所需货币，这个过程需要一定时日才能完成，因此，特别提款权可以视为二级储备资产。③三级储备资产：收益性高于二级储备，但流动性低于二级储备的储备资产，如长期公债券。此类储备资产到期时可转化为一级储备，如提前动用，将会蒙受较大损失。一国货币当局可根据对外债务的结构持有一定数量的三级储备，可提高持有外汇储备资产的盈利性。

综上，一级储备是货币当局能随时、直接用于弥补国际收支逆差和干预外汇市场的储备资产，即作为交易性储备；二级储备用作为补充性的流动资产；三级储备主要用于提高储备资产的收益性。一国应合理安排这三级储备资产的结构，做到安全性、流动性和收益性三者统筹兼顾。

（三）当前国际储备管理的趋势

进入21世纪以来，国际储备规模增长非常迅速，如何管理这些巨额资产就成为当下各国关注的重要问题之一。在过去的10多年间，国际储备的管理有以下四个方面的趋势值得关注。

1. 对储备资产回报率的日益关注。根据国际清算银行的调查，各国货币当局对国际储备回报率的关注程度在不断提高，不少国家将储备资产分级管理，分为流动级和投资级两档，将部分投资级的储备资产投资于新型金融衍生品，如资产支持证券以及抵押资产支持证券等。还有的国家成立了主权财富基金，专门从事外汇资产的投资活动，以提高国际储备的投资回报率。

2. 决策过程强调结构化方法。近年来，很多国家在国际储备管理的决策过程中强调结构化方法：首先，在国际储备管理的战略层面上强调自上而下的决策过程，操作上伴随着明显的垂直分层；其次，决策过程横向分层的趋势也已相当明显，即把不同的职能放置在不同的部门管理。

3. 对风险管理的高度关注。在国际储备管理当中，主要的风险类别包括信用风险、市场风险和操作风险。目前，各国中央银行对储备资产的风险管理高度关注，普遍采取了信用评级、在险价值、久期分析和压力测试等一系列方法来防范风险。

4. 对公众的信息披露增强。近年来，各国中央银行逐渐强化了国际储备管理对公众的信息披露，披露的内容包括相关的制度框架、投资范围、资产分配和投资绩效等。大多数中央银行通过其网站和年报披露相关的基础信息，只有少数中央银行提供具体的币种构成信息，如澳大利亚储备银行、加拿大中央银行、欧洲中央银行和俄罗斯联邦中央银行。

第三节　我国的国际储备安全

一、我国国际储备发展概况

（一）我国国际储备资产的构成

1980年4月17日，我国正式恢复了在IMF和世界银行的合法席位，1987年我国开始对外公布国际储备状况。我国的国际储备资产由四部分构成：黄金储备、外汇储备、在IMF的储备头寸（普通提款权）和特别提款权。我国的黄金储备量自20世纪80年代以来一直是比较稳定的。2000年以来，我国调整过两次黄金储备，即2001年和2003年，分别从394吨调整到500吨和600吨。截至2018年12月末，我国外汇储备余额为30727.12亿美元，2018年全年中国外汇储备累计下降672.37亿美元。此外，黄金储备已达到5956万盎司，约1852.5吨，总价值763.31亿美元，在世界排名第五。由于我国在IMF所占的份额较低，所以特别提款权和普通提款权的数额十分有限，截至 2018 年 12 月末，特别提款权总额上升至 106.90 亿美元，在 IMF 的储备头寸下降至 84.79 亿美元，占我国国际储备总额极小比例。

外汇储备是我国国际储备资产的主体，约占整个国际储备额的 90% 以上。1977—1992 年，我国外汇储备由国家外汇库存和中国银行外汇结存两部分组成。国际上计算外汇储备一般不包括商业银行的外汇结存，因此我国外汇储备的统计口径并不符合国际惯例。为规范国际储备管理，促进国有银行向商业银行转变，实现整个银行业的公平竞争，自 1993 年起，我国确立了以国家外汇库存为内容的新的外汇储备统计口径，新公布的国家外汇储备不再包括中国银行外汇结存，这一制度性变革使外汇储备由国家或货币当局持有的性质得到了体现，也初步理顺了外汇储备管理主体与经营主体之间的关系。

（二）我国外汇储备的规模

外汇储备是我国国际储备资产的主体。我国外汇储备的规模增长可以分成两个阶段，第一阶段从 1978 年到 1993 年，该阶段外汇储备规模偏低，增长较快，但同时年际波动较大。第二个阶段从 1994 年到 2009 年，本阶段外汇储备保持了持续高增长。2009 年我国外汇储备规模超过了 2 万亿美元的大关。截至 2018 年 6 月，我国外汇储备规模已经达到 31121.29 亿美元。表 4 - 1 显示了 1950—2018 年我国外汇储备的规模。

表 4 - 1　　我国外汇储备规模　　单位：亿美元

年份	储备	年份	储备	年份	储备	年份	储备	年份	储备
1950	1.57	1964	1.66	1978	1.67	1992	194.43	2006	10663.44
1951	0.45	1965	1.05	1979	8.40	1993	211.99	2007	15282.49
1952	1.08	1966	2.11	1980	-12.96	1994	516.20	2008	19460.30
1953	0.90	1967	2.15	1981	27.08	1995	735.97	2009	23991.52
1954	0.88	1968	2.46	1982	69.86	1996	1050.29	2010	28473.38
1955	1.80	1969	4.83	1983	89.01	1997	1398.90	2011	31811.48
1956	1.17	1970	0.88	1984	82.20	1998	1449.59	2012	33115.89
1957	1.23	1971	0.37	1985	26.44	1999	1546.75	2013	38213.15
1958	0.70	1972	2.36	1986	20.72	2000	1655.741	2014	38430.18
1959	1.05	1973	-0.81	1987	29.23	2001	2121.65	2015	33303.62
1960	0.46	1974	0.00	1988	33.72	2002	2864.07	2016	30105.17
1961	0.89	1975	1.83	1989	55.50	2003	4032.51	2017	31399.49
1962	0.81	1976	5.81	1990	110.93	2004	6099.32	2018	30727.12
1963	1.19	1977	9.52	1991	217.12	2005	8188.72		

数据来源：中国金融信息网，2018 - 06 - 24.

（三）近年来我国外汇储备持续高增长的原因

近年来我国外汇储备的高速增长，可以从国际收支和政策体制等角度进行分析，

具体来说包括三点原因:

首先，以强制结售汇制和资本与金融项目管制为特征的外汇管理制度，是我国外汇储备不断增加的制度性原因。该制度规定，除了允许部分外商投资企业开设现汇账户之外，其余法人所获得的属于经常项下的外汇收入必须及时足额地出售给外汇指定银行；我国鼓励外商对华直接投资，但是对资本流出进行限制。我国对外汇指定银行实行头寸管理，它们必须把多头部分的外汇在银行间外汇市场上抛出。为了稳定人民币汇率，中央银行外汇操作室需要购入溢出部分的外汇，从而导致官方外汇储备的增加。

【知识链接】

银行结售汇制度

银行结售汇制度始于1994年我国实行的外汇管理体制改革。从1994年1月1日起，我国取消各类外汇留成，对境内机构经常项目下的外汇收支实行银行结汇和售汇制度。在银行结售汇制度下，结汇是指外汇收入所有者将外汇卖给外汇指定银行，外汇指定银行根据交易行为发生之日的人民币汇率付给等值人民币的行为；售汇是指外汇指定银行将外汇卖给外汇使用者，并根据交易行为发生之日的人民币汇率收取等值人民币的行为。

资料来源：百度百科。

其次，双顺差是我国外汇储备迅速增加的直接原因。我国经常项目的顺差主要是对外贸易顺差。近十年来，我国资本和金融项目一直保持着较大的顺差增幅。与经常项目顺差相比，资本和金融项目顺差也占了较大部分比重，已经成为我国外汇储备大幅增长的主要原因。正是由于双顺差给人民币带来了升值压力，才迫使中央银行不断增加外汇储备。

最后，人民币升值预期所导致的大量投机性资本回流，已经成为我国外汇储备迅速增加的重要原因。自从2002年欧盟、美国、日本和韩国等国家提出人民币升值或采取更有弹性的汇率制度的要求之后，国内外就出现了人民币升值预期，这表现在我国国际收支平衡表的净误差与遗漏项目差额由负转正，并由此反映出投机性短期资本的非法流入。

二、我国国际储备存在的风险

（一）国际储备经营管理效益较低，面临贬值风险

从收益方面来看，近年来我国国际储备资产的储备收益率在1%～2%。在过去几年中，我国外汇储备主要用于购买美国债券，其中绝大部分购买的是美国国债、政府下属机构或政府担保的债券，外汇储备自身的收益极低。我国国际储备资产管理的核

心是保值，但绝不能停留在被动、片面的角度去理解和认识保值，应当把国际储备当作金融资产进行管理和运作，在保值的基础上尽量争取适当的增值。而从机会成本来看，我国的国际储备资产机会成本高昂，存在较大的资源浪费。国际储备的机会成本是指将持有的储备资产用于投资所带来的资本边际收益。通常发展中国家的资本边际投资收益介于10%～20%，根据我国的经济测算，资本的边际投资收益在20%左右，即便以10%保守测算，其损失也是巨大的。持有大量的国际储备资产，在一定程度上限制了技术进步和经济增长的速度，从而也就提高了经济结构调整的机会成本。

（二）管理体系不完善

从各经济体的实践来看，主要存在两种储备管理体系：一是由财政部决策、中央银行执行的双层储备管理体系；二是由财政部主导或财政部和中央银行共同主导，并且建立政府所属的投资管理公司对储备资产进行管理的这种多层次的储备管理体系。我国的外汇储备管理体系是由中国人民银行依据《中国人民银行法》，通过国家外汇管理局进行储备管理，实际上是由人民银行独立进行战略和操作层面的决策，在储备管理体系中财政部没有发挥主导作用，也没有成立专门的政府投资公司进行储备资产的积极管理，因此属于单一层次的储备管理体系。

由人民银行独立进行的储备管理决策具有较高的灵活性，但也会带来弊端：一是使得汇率政策和货币政策之间的冲突无法避免，人民银行的货币政策受到汇率政策的牵制日益严重，二者往往难以取舍；二是巨大的储备规模决定了其运用必须实现国家的战略目标，而单纯从人民银行的角度进行决策，缺乏达到上述目标的基础。

（三）资产结构与币种结构未达到优化

从我国目前的情况来看，我国储备资产中90%以上是外汇储备，外汇储备中60%以上是美元储备，存在着严重的储备资产结构单一的问题。改革开放以前，我国的储备货币以美元这一单一的货币形式为主。改革开放以后，随着我国对外贸易的国别、贸易外汇和外债还本付息币种的多样化，我国对外汇储备货币的构成也作了相应调整，增加了日元、德国马克、港元、法郎、英镑等币种的持有量。应该说，这一时期对外汇储备结构的管理主要侧重于保证对外支付的需要，这是由我国当时外汇短缺和外汇储备规模有限的现实情况所决定的。1994年外汇体制改革以后，我国在外汇的供求上出现了供大于求的格局，外汇储备不断增加，同时，国际金融市场风云跌宕，持有外汇储备的风险有所提高。从目前我国的储备资产构成来看，依旧存在着储备资产结构和币种过于单一的问题。据统计，我国的外汇储备构成中，美元约占62%，欧洲国家货币占19%，日元约占1%。因此，在我国国际储备规模不断增加，国际经济日益复杂的形势下，如何合理地安排资产结构与币种结构以保证国际储备的安全性和盈利性，是目前急需解决的一个理论和现实问题。

（四）储备资产投资人才缺乏

目前，储备资产的投资在我国仍旧属于一个新的投资领域，高层次的投资人才极为短缺。目前整个外汇管理局储备司的人数较少，大约在70～80人，平均每个人管理的外汇储备资产达几十亿美元左右，缺乏高素质、高水平的国际储备营运管理人员，现有的国际储备营运管理人员只能从事一些较为简单的国际储备经营和管理操作，不能根据国际外汇市场行情的变化作出及时的调整，实行有效的投资策略。

三、维护我国国际储备安全的对策

（一）渐进式调整国际储备资产结构与币种结构

我国目前的国际储备规模较大，这意味着我国国际储备资产结构和币种结构的调整将会影响市场价格。这一特点决定了我国国际储备结构的调整应当采用渐进式的方式，这不仅有利于全球经济稳定，也有利于我国国际储备价值的稳定。

1. 合理安排国际储备的资产结构。按照需求目的不同，我国的国际储备可分为政策性储备、交易性储备、收益性储备，不同类型储备应当合理分配，做到统筹兼顾。其中政策性储备和交易性储备主要用来满足调节国际收支、保证对外支付、干预外汇市场和稳定本币汇率等需要，其所需规模也由这些需要来决定，这两类储备一般投资在流动性最强、风险最小的投资工具；收益性储备是用来满足维护国际信誉、提高对外融资能力、增强综合国力和抵抗外部风险等需要，在当前使用的可能性不大，其资产组合可侧重于收益性。

2. 合理选择外汇储备的币种结构。我国可参考与各个国家的经济相关度，综合考虑进口支付、市场干预、偿还债务等对外支付的需要来综合安排储备币种的结构。鉴于对现有储备币种的买入或抛出可能会导致国际外汇市场的波动及出现较高的操作成本，故要注意循序渐进地推进储备币种分散化，尽量小幅度分阶段地进行调整，且以在新增的储备资产中进行操作为宜。此外，要考虑各个币种之间的相关性以及各主要货币汇率的变化，及时或不定期地动态调整各种货币所占的比例，从目前来看可采取如下对策：

第一，适当降低美元在我国外汇储备中的比重。布雷顿森林体系崩溃以来，由于美国的经济实力相对下降而欧洲经济实力相对上升，美元的国际货币地位逐步被削弱。目前的国际货币体系中美元虽占主导地位，但已经不具有绝对优势。从第二次世界大战结束至今，美国经济占世界经济的份额由50%多下降至近年来的25%左右，对外贸易份额从60%多下降到近年来的15%左右；美元对马克和日元，自第二次世界大战结束以来均贬值60%以上；另外，美国的外债及国际收支赤字，越来越引起人们对未来美元价值及稳定性的怀疑。因此，从美国经济实力的发展趋势来看，美元的国际货币地位，特别是在国际储备中的比例与其在世界经济、世界贸易中的重要性已很不相称。由于美元仍然是最主要的国际贸易结算和支付手段，也是国际金融工具中的头号主角，因此，中国在外汇储备币种的安排上，仍然要保留相当比例的美元储备，但同时要控制其增量，适当降低美元在中国外汇储备中所占的比重。

第二，适时适量增加欧元在外汇储备中所占比重。欧盟在国际贸易中地位的上升和欧盟长期的贸易顺差将巩固欧元的强势地位。欧盟总的进出口额在20世纪80年代就已经超过了美国，成为国际贸易中所占份额最大的经济集团，且欧盟国际贸易收支状况好于美国。同时，欧元区经济在我国经济中的影响力正在逐渐增强，我国与欧洲的外贸进出口额已经超过北美。随着我国与欧元区各国经贸关系的增强，我国对外贸易中使用欧元的比例将会上升，国内对欧元的需求也将相应增长。因此，我国政府应当适时地对外汇储备中的欧元份额进行调整，以满足我国经济发展的需要。

（二）积极有效地实施国际储备的投资策略

持有国际储备需要付出机会成本，它意味着一国放弃利用国际储备资产进行消费和投资的机会，过大的国际储备规模所要付出的机会成本更大。我国目前的巨额国际储备即意味着承担了高昂的机会成本，因此，可以考虑适度地利用其中的一部分国际储备进行投资，以减少持有储备的机会成本。

对于我国利用国际储备的投资策略，可以考虑以下几个因素：一是可以借鉴发达国家主权财富基金的投资管理经验，实行自营和委托并行的策略。可将部分资产委托给外部投资机构或外汇指定银行进行管理运作，既保证了收益率，又可学习其先进的投资经验，以后再逐步提升自营的比重。也可考虑在海外设立分支机构，以便更好地投资，韩国的 KID 经营策略就是如此。二是要理性选择投资方向和投资领域，注重长期收益。可以考虑购买安全性高、流动性强的外国政府债券或者股票。对于主权财富基金的投资，在投资品种、投资区域、投资期限等方面要体现出多元化的特征。三是要优先考虑国内短缺或落后的技术进口和设备进口，如可以利用储备进口国外先进的技术和设备来投资于国内建设，从而有利于国内经济的发展。四是可以考虑将过度的国际储备转化为能源储备，我国已经成为世界第二大石油进口国，能源短缺将是制约我国经济长期发展的重要因素，因此，利用国际储备建立能源储备也是缓解我国目前储备压力的一项较好的措施。

（三）适度调整外贸、外资政策

我国之所以出现如此高额的国际储备规模，与我国的外贸、外资政策是分不开的。我国经常项目的顺差主要归因于对外贸易的顺差，资本项目的顺差主要来源于外资的流入，而这种情况的出现，在一定程度上是由于我国实行了出口导向型政策和利用外资的政策。随着我国经济的持续稳定发展，一部分政策需要得到调整。

我国国际贸易持续保持顺差已成为外汇储备的重要来源，但是应该注意到我国的出口结构大都以原材料和初级产品等劳动与资本密集型产品为主，其产品附加值普遍较低。另外，我国的对外贸易依存度仍旧处于较高水平，对外贸易的过分依赖既是经济发展的不稳定因素之一，同时也意味着贸易发展空间有限。因此针对当前贸易状况，一方面应该优化出口结构，改善贸易条件，而不是单纯追求贸易量；另一方面，应该根据我国经济发展需求增加进口，平衡贸易收支。除此之外，利用外国直接投资来促进经济增长是我国长期以来的一项政策。在改革开放初期，由于资金短缺，外国直接投资对中国经济发展作出了积极的贡献，但是从近些年的国内情况来看，一方面国内储蓄额持续大于投资额，另一方面外汇储备规模出现了过度的状态，所以当前利用外资不能盲目追求外资的数量，而是要考虑到国内经济发展的实际需求，在引进外资时要积极引导外资流向，提高引资的技术含量和外资流入的质量。

（四）建立动态的储备管理体系

首先，成立专门的机构对储备资产进行运营管理，强化储备管理的主体职能。无论从国际经验还是国内实践需求来看，成立专门性的机构对国际储备进行商业化运营都是必然的也是可行的选择。成立储备管理机构，建立动态的储备管理体系，是化解我国国际储备存量风险的重要途径，但其在运作过程中也会产生新的风险。国家如何授权、投资者如何依法操作、投资运营各部门与风险管理机构之间如何沟通信息并作出及时的处理与反馈，以及如何通过全面的风险管理辅助其运行和发展，这些都是值得深入探讨的重要问题。

其次，采用多样化的风险控制策略。应根据我国现阶段国际储备的风险性质、风险程度、风险承受能力等因素，选择恰当的风险管理工具和策略，对储备资产面临的风险进行处理，可采取的策略包括风险回避、风险转移、风险保留、风险缓释、风险防范与控制等。

最后，完善风险激励和考核机制。储备管理部门要定期对储备资产进行风险绩效考评，在风险调整的绩效测量基础上，要充分考虑风险因素和风险管理战略的执行效果，将激励机制的目标与风险调整回报、绩效的绝对指标以及变化情况相结合，在保证激励机制合理性、科学性、动态性的同时，促进储备资产风险管理政策的调整和改进。

（五）完善储备运行环境

首先，出台中国国际储备资产管理法，使储备资产的管理有法可依。

其次，增强我国储备资产管理信息的透明度。信息透明度的提高有助于经济运行主体根据储备管理政策调整自身市场经济活动，减少不必要的猜测与错误的预期，并通过社会公众的监督来进一步提高我国国际储备管理的效率。为此，我国可以考虑建立适应国情的国际储备管理信息披露制度。储备管理当局应定期公布国际储备的规模、投资工具的选择及其流向以及交易关联方的基本情况。关于这些信息的公布方式，可以参照 IMF 的数据公布的特殊标准（SDDS）、国际储备和外汇流动性的数据模板等。在条件逐步允许的情况下，按照市场运作标准对储备管理机构的年度财务报表进行外部审计，可采取国际公认的标准就财务报表的真实性和公正性提供独立意见，并将审计结果适当予以公布。

最后，促进亚洲国家和地区间合作建立亚洲储备体系。目前，世界上国际储备量以亚洲国家和地区最多，主要集中于中国、日本、韩国、印度、俄罗斯等国家。长期来看，这种储备分配格局给亚洲经济带来益处的同时，也带来了巨大的风险，并使得全球经济蕴藏着潜在的危机。基于亚洲国家和地区积聚的大量美元储备和各国之间的地缘关系，加强亚洲国家和地区间国际储备管理方面的合作势所必然，可以通过建立亚洲货币合作基金、亚洲储备管理体系以及储备体系风险规避机制等途径，加强亚洲国家和地区间国际储备管理的协调与合作，共同规避储备风险。

【本章小结】

1. 国际储备（International Reserve）也称官方储备，是一国货币当局持有的，用于国际支付、平衡国际收支和维持其货币汇率的国际间可以接受的一切资产。作为国际储备的资产必须具备以下特征：官方持有性、自由兑换性、充分流动性、普遍接受性。

2. 国际储备风险是指国际储备所有者或投资人在持有、经营储备资产过程中，因偶发性、不完全确定性以及其他各种因素所引起的收益的不确定性和储备资产损失的可能性。国际储备风险主要包括外部风险和内部风险。外部风险包括市场风险、环境风险；内部风险包括机会风险、操作风险和技术风险。

3. 国际储备安全管理包括总量安全管理与结构安全管理，管理的过程中应该遵循安全性、流动性和收益性三项基本原则。

【复习思考题】

1. 简述国际储备的概念及特点。
2. 简述国际储备资产的构成。
3. 简述国际储备风险的含义及种类。
4. 简述国际储备管理的内容及原则。

【拓展阅读】

我国外汇储备年均收益率3.68%，强调安全性和流动性

2019年7月28日，国家外汇管理局公布了《国家外汇管理局年报（2018）》（以下简称《年报》），其中首次披露了我国外汇储备的经营业绩、货币结构等数据，并介绍了外汇储备投资理念、风险管理、全球化经营平台等情况。数据显示，近十年间，我国外汇储备取得了3.68%的年均收益率。

“外汇储备需要兼顾安全性、流动性，在这个基础上实现了3.68%的年均收益率，已经相当不错。”招商证券首席宏观分析师谢亚轩表示，3.68%看起来不高，但评价投资业绩要考虑约束条件，外汇储备不以收益为主，更强调安全性和流动性。这样来看，这个收益还是不错的。2008年后，国际金融危机、欧债危机接连爆发，主要发达国家资产收益率下滑，面对全球持续低利率甚至负利率环境的极大挑战，我国外汇储备实现了投资经营目标，收益率在全球外汇储备管理机构中处于较好水平。从《年报》披露的情况看，在我国外汇储备货币结构中，美元占比显著下降，非美元货币同期占比显著上升，外汇储备货币结构日益分散，比全球平均水平更为多元化，这有助于降低汇率风险，保障外汇储备的保值增值。一方面，在过去几十年我国对外贸易快速增长、贸易伙伴更趋多元的背景下，更多元的外汇储备货币结构符合我国国际收支结构和国际支付需要；另一方面，货币结构多元化也是全球外汇储备经营机构的共同选择。

与此同时，《年报》显示，截至2018年末，我国黄金储备规模达到1852吨，位居

全球第六。国家外汇管理局新闻发言人、总经济师王春英表示，黄金储备一直是各国国际储备多元化构成的重要部分。黄金兼具金融和商品的多重属性，有助于调节和优化国际储备组合的整体风险收益特性。目前，中国已成为世界第一大黄金生产国，也是黄金消费大国，需要从长期和战略的角度出发，动态调整国际储备组合配置，保障国际储备的安全、流动和保值增值。

除此之外王春英还表示，我国外汇储备的经营管理始终将风险防范放在首位，不断完善风险管理和内部控制框架，增强风险识别、评估和管理能力，丰富和提高风险管理工具和手段，建立健全风险管理体系。作为全球最大的外汇储备持有国，我国一直致力于提升外汇储备信息透明度。进一步披露外汇储备经营管理情况，符合我国全方位扩大对外开放的需要，也有利于提升国际社会和公众对我国经济金融的信心。

资料来源：中国经济网—《经济日报》，2019 - 07 - 29.

第五章

国家货币主权安全

【教学目的和要求】

通过学习本章内容可以熟悉国家货币主权的概念、主要内容和意义，深入了解国家货币主权行使过程中存在的风险，并且掌握在现行国际金融市场的发展状况下可供参考的防范措施和解决办法。

第一节　国家货币主权概述

一、国家货币主权的概念

（一）货币主权的定义

在国际法上，主权是一个国家的根本属性，是指国家独立自主地处理其对内对外事务的最高权力。随着国际经济贸易的发展，现代国家主权不再仅限于政治方面，已经扩展到经济方面，甚至文化方面、信息方面、环境方面等。国家经济主权原则已被确立为国际经济法中最基本的行为规范和行动准则，而国家经济主权的重要内容之一就是国家货币主权。

国家货币主权是一国在其领土范围内发行和管理本国货币的最高权力，在国际经济交往中独立执行其对外货币政策，平等参与和处理国际货币金融事务的权力，即国家主权在货币领域的体现和运用。其中，货币垄断发行权是其核心和基础，只有在掌握货币发行权的基础上，才具有独立利用货币政策进行金融调控的能力以及取得铸币税的权利。货币主权这一概念的提出是以国家为基础和核心的，是指国家的货币主权。作为国家主权的一部分，它是国家对本国货币行使的最高权力，具有不容许外国干涉的排他性权力。

（二）货币主权和金融安全

货币主权和金融安全可以说是密不可分的两个概念。货币主权是金融主权最早和最基本的体现，是一国金融安全的基础和底线，甚至是决定国家命运的关键，在金融全球化的时代背景下，货币主权更加显得尤为重要。

从中国历史角度来看，在唐宋时期我国经济初步由实物经济向货币经济发展，国家开始用货币来调控经济，利用货币杠杆配置资源，此时的中国逐渐有了现代气息和特征。从表面上看，明朝是亡于西部的李自成起义和北边的边患，实则在于经济的崩溃，而这种经济崩溃的根本原因主要是货币主权的缺失，主权货币太过依赖于海外白银进口。在近代中国陕甘宁边区抗日战争时期，斗争也不仅仅是政治斗争和军事斗争，还有不流血的一条主线——经济斗争，尤其是“货币战争”，给当地人民群众带来了极大的灾难。

从国际历史角度来看，法国曾经是世界上最强大和最富裕的国家之一，但法国随后也背负了沉重的债务负担，其背后的根本原因是金融主权的丧失，法国政府对国家银行失去控制权。在美元霸权的支撑下，处于世界大国行列的美国长期依靠大量的进口商品来进行消费，因此一直处于贸易赤字状态。相对而言，贸易顺差国持有大量的美元，美元外汇持有国在管理外汇时或购买美国的股票和债券等进行资本投资，或利用美元进行直接投资，这样就使得美元重新流回美国市场，使得美元供给量以乘数效应增加，造成通货膨胀等不良影响，对美国的货币发行权造成冲击。

由此可见，货币主权对国家命运和金融安全的重要影响作用。因此，维护一国金融安全首先要守住货币主权这个底线，拥有自己的主权货币和货币发行垄断权，以及独立运用货币政策调控经济的权利。只有拥有货币主权才能进一步加强金融监管，维护金融安全，从而实现掌控金融这一国家命脉的目的。

二、国家货币主权的内容

一国的货币主权简单来说就是本国货币行使的权利。

（一）确定本国货币制度

国家有权确定本国的货币制度。历史上，自从出现现代意义的货币以后，各国采用过的货币制度大致分为两类：一类是金属货币制度，另一类是信用货币制度。

1. 金属货币。金属货币可分为称量货币与铸币两种。称量货币是未铸成单位货币的贵金属块，以衡具衡量出单位货币，如我国清代以前的金锭、银锭和金银散碎，商品以两、钱，分金或银计价，以衡具量出等量的金银散碎支付。铸币是以金、银、铜等金属铸造的单位货币，金属货币制度主要包括金本位制、银本位制、金银复本位制。历史上出现过三种金本位制：一是金币本位制，这是基本的金本位制，它规定国家的本位币是有一定含金量的金铸币或纸币，二者等值互换，并行流通，纸币还可以向发行银行兑换与含金量相等的黄金；二是金块本位制，在此制度下，国家不发行金铸币，而是只发行规定有一定含金量的纸币，纸币可向发行银行兑换金块，但规定兑换的起码数量单位；三是金汇兑本位制，即一国只发行有一定含金量的纸币，并把发行纸币的黄金外汇准备金存入另一个金本位外国国家的银行，纸币持有人不能在本国内兑换黄金，但可将本国纸币兑换成该外国纸币，再用此外国纸币向该外国银行兑换黄金。银本位制就是以有一定含银量的银铸币和纸币为本位币（主币），墨西哥、中国、日本等曾采用银本位制。金银复本位制就是黄金、白银铸币同为本位货币的制度，历史上也出现过三种复本位制：平行本位制，此种币制不规定黄金与白银的固定比价，听任其比价自由升降；双本位制，即规定黄金与白银的固定比价；跛本位制，这是规定金币和银币二者之中，一个可以由人们自由铸造，另一个则不能自由铸造，而是只能由国家铸造。

2. 信用货币制度。这是自 1976 年以后各国开始实行的不兑换黄金、也不以某重量单位的黄金标定币值的纸币制度。历史上，有些国家早已发行过纸币，但那时的纸币都标定有黄金值，能向银行兑换与面额等值的黄金，或同含等值黄金量的金铸币并行流通，或单独流通。而 1976 年后的各国纸币则根本脱离了黄金和一切贵金属，非自由使用货币在国内凭行政命令的强制力而流通，可自由使用货币则全凭它在可兑换黄金时树立的信用（人们相信它具有价值）而在国际上流通。

这些货币制度，都是当下大多数国家采用过的，因而已形成一条原则，就是任何国家都有采用任何一种货币制度的权利。当然，现在国际货币基金协定规定各国只能以黄金以外的某种标准来标定其本国货币的币值，这似乎限制了各国的货币主权，不过基金协定并未明确禁止使用黄金标价，更未禁止使用别的贵金属标价。所以，事实上已不能排除储备着大量黄金的欧美国家在它们不断贬值的货币信用丧失殆尽之时，重新决定使用金本位货币制度的可能性。

（二）本国货币决定权

1. 本位货币和法定货币的决定权。本位货币决定权是指国家有决定本国本位货币的权利。其中本位货币是指本币，是一国法定作为价格标准的基本通货，是一国商品交易计价、结算的唯一合法货币，具有无限法偿能力，公众以其支付时任何本国公民不得拒绝接受。其他的称为辅币，做公众小额零星交易及大额找零使用。国家有权决定什么是本国法定货币，具体包含其面值和材质的确定等内容，并且一旦宣布就具有了法律效力，任何公民都必须严格遵循。如我国《人民币管理条例》第三条规定："中华人民共和国的法定货币是人民币。以人民币支付中华人民共和国境内的一切公共的和私人的债务，任何单位和个人不得拒收。"

2. 货币创造权。国家对货币发行前的货币设计和生产享有权力，具体包含货币的种类，也就是新币种或新币式的产生，以及货币数量的增加。货币设计一方面意味着国家有权选择货币价值或符号的载体，如选用金、银等贵金属，还是选用铜、铁等贱金属或金属合金，还是选用石材、海贝、纸张等材质作为货币，可称为币种创造；另一方面，国家还有权决定货币载体上图像、文字、货币单位、面值与名称等内容，有权决定防伪标识，这一创造称为币式创造。这样，不仅有利于体现创造货币是最高权力的特征，实现货币重量和衡量尺度的统一，同时也为电子国家货币的设计与生产提供权利基础，为金融全球化下的国际货币组织行使让渡的货币创造权提供国际货币权利来源，如欧元就是欧洲货币联盟（European Monetary Union，EMU）行使让渡货币创造权的创造物。

3. 货币发行权。货币以国家为基础和中心，是国家的货币，拥有货币主权就意味着拥有货币垄断发行权。因此，货币发行权是货币主权最基本、最重要的一项内容。

货币发行是货币由发行银行发行库支付给商业银行业务库，从而投放到市场进入流通领域的过程。货币发行权是国家垄断的权力，不容许外国干涉和参与。国家享有发行本币和辅币的权利，同时也有权决定投放货币的数量和时间，可以根据国家经济状况和经济发展需要向流通领域投放货币。国家在控制发行量时应该遵循相关规定来完成，如我国规定了人民币发行的三个原则：集中统一发行原则、计划发行原则、经济发行原则。

货币发行权是国家最重要和最宝贵的主要权力之一，是国家独立的象征。在铸币时代，由于货币以其实有的价值保证其购买力，国家可以不控制投入流通的数量，超过流通需要的铸币可以自发地退出流通领域从而发挥贮藏的作用，不会发生通货膨胀，以至于国家几乎不对流通中的货币数量予以控制。但在纸币时代，国家必须控制投入流通领域的货币，流通中的货币量过多或不足会引发通货膨胀或通货紧缩，扰乱经济秩序，不利于经济的发展。为了控制纸币可能造成的通货膨胀，国家必须在货币流量不足时及时投入货币，在货币流量过多时及时回收货币。

（三）调控货币币值

各国之间的货币比率，一般根据各国货币的含金量或购买力来规定，尤其是法定汇率也属国家主权范围。国家有权自由决定使它的货币升值或贬值，也有权决定使用什么调控方法使它升值或贬值，最简单最直接的方法是以法令明令宣布货币升值或贬值百分之多少。但是，《国际货币基金协定》第1条第3款规定会员国应“避免竞争性汇兑贬值”，用法律法令来规定货币升值或贬值，便有违反此规定之嫌，所以在现代国际货币斗争中，各国最常用的方法是使用调控货币的法律工具，以保证市场经济规律（这里主要是指货币垄断规律与货币供求规律）发挥作用，实现货币升值或贬值。

（四）实行外汇管制

国家有权决定是否实行外汇管制和在多大程度上实行外汇管制，可以根据实际情况对外汇的买卖、储存、使用和出入境实行管理和限制，同时也有权决定是否采取其他足以影响国际经济交往关系的措施。国家的外汇管制不是一成不变的，其会随着国际经济关系的发展和自身竞争力的调整而改变。

（五）选择汇率制度

汇率制度是一国货币当局对本国汇率变动的基本方式所作的安排和规定。汇率制度选择权是一国有权根据国际情势和国内经济发展状况需要选择适合本国汇率制度的权利。汇率的变动调整权属国家货币主权范围，国家有权决定实行固定汇率制还是浮动汇率制。如果实行浮动汇率制，国家还有权通过各种方式干预外汇行市。

（六）建立货币储备

货币储备是指一个国家为了支持本国货币自由兑换而储备的外国货币或其他价值。各国货币储备的结构不同，但主要是储备黄金、可自由兑换或可自由发挥作用的外国货币。国际货币基金组织设立特别提款权以后，《国际货币基金协定》规定特别提款权可以作为各国的储备货币。但是，建立货币储备是各国的货币主权行为，具体包括以下四个方面的内容：

第一，储备黄金之权。在黄金铸币和金本位币时期，国家必须储备黄金供铸造金币和支持金本位纸币之用。虽然目前《国际货币基金协定》已经使黄金非货币化，但黄金一直都被人们当作财富的象征，作为一个硬通货，在全球的官方储备中仍然占据着重要的地位。

第二，确定是否储备外国的国际通用货币之权。一个国家在它储备的黄金不多、《国际货币基金协定》又禁止各国采用金本位货币制度的情况下，要想使本国货币也成为国际通用货币，就必须大量储存外国的至少一种或两种国际通用货币，方能实行本国货币同外国货币的自由兑换。

第三，国家有权确定储备什么，有权选择储备哪些国家的可自由兑换货币，也有权决定是否把特别提款权作为储备货币。

第四，国家有权决定如何使用自己的储备，包括有权决定是否用一部分储备建立外汇平准基金以干预外汇市场。

三、国家货币主权的意义

（一）国家主权的重要标志

古往今来，人们似乎将价值稳定的货币视为人类社会的最高需要。早在古希腊和古罗马时期，法学家们就认为铸币权是国家权力的象征。作为国家主权的组成部分，国家货币主权成为一国主权的重要标志。

西方国家有一句谚语："不能控制货币的政府是一个有限的政府，没有一个政府愿意做一个有限的政府。"由此可见，政府对货币的权力被视为政治权力的重要标志，当政府不能控制本国货币时，就表明政府不再是一个有效的政府，因此真正的权力是货币代表的特权。国家的货币政策独立性越强，在制定和执行政策时，就越能使本国免受外国的影响或不受外国的限制。

（二）国家经济收入的重要来源

国家可以通过行使货币主权中的货币创造权和货币发行权来获得国家所需的经济收入。在铸币时代，国家获取经济收入的方式主要有两种：一是减少铸币的金属含量，实行铸币高估发行来获取利益；二是明确规定征收铸币税。在纸币时代，国家主要通过在发行货币时征收发行税来获得收入，即一些国家对银行发行货币所征收的税款。如日本第一次世界大战前的货币制度规定，日本银行的信用发行限额为1.2亿日元，如超限额发行需缴纳年率5%的货币发行税。因此，可以说一国货币给予了政府筹资的能力，因为货币创造与发行产生的收入是国家所有经济来源中较重要的一部分构成。

（三）保障和促进国民经济发展

国家货币主权中的货币政策权对一国国民经济的发展具有重要作用。自远古时期以来，政府就在货币体系中扮演着重要角色，力图垄断货币铸造，提供币值稳定的货币。在货币政策方面，国家通过货币政策调控经济。一国货币政策的调整对本国物价水平、货币供应量的总量和结构、就业水平、经济增长以及国际收支状况等都会产生影响，因此，货币政策为一国之重要经济政策。

国家除可以通过行使货币政策权来调控国家宏观经济发展以外，还可以利用汇率权来调整国内外经济市场。汇率的变动可以改变本国和外国商品的流向，增加或减少国家经济的支出。此外，国家还可行使外汇管制权限制外汇的流出，改善国际收支平衡和本国资金的供应，增强本国经济实力，促进经济增长实现充分就业。因此，货币对现实经济运行的潜在影响除了调整价格外还可以调整国民经济增长和就业，货币除了为国家带来财政收入外，还可以用来促进国家的繁荣和增强国家的实力。国家货币主权中的货币政策等权力直接关系着国家经济的运行，对国民经济的发展具有重要作用。

（四）增强民族凝聚力

货币是国家和民族的身份代表。在实行金属货币的国家，富人用金币，是足值货币；穷人和劳工阶级用其他金属货币，是象征货币，其商业价值仅为足值货币的75%～80%。由此可以看出，不同阶级使用不同的货币，潜移默化将社会中的人群进行了分类，加深了国内的阶级对立，不利于民族团结。

统一的货币可以增强民族身份感。一方面，货币由政府或中央银行统一发行，货币就成了国民和国家紧密相关的每日提示者，它提醒国民与国家身份的统一性；另一方面，人们通过每天使用货币，强调了这一事实：每一个人是社会不可分割的一部分，就如同一国语言的作用一样。货币作为民族身份感的潜在政治象征，许多政府为了民族凝聚而统一货币的设计。在象征层面，一国货币尤其为统治者用来警惕国内分裂与反抗。货币具有文化与教化的作用，国家可运用权力创造出可以增强民族凝聚力的货币，加强人民的内部认同感。

第二节　国家货币主权的风险

每个国家都应该平等地享有自己的货币主权，但是在当今的国际货币体系背景下，美元霸权对许多国家的货币主权产生了影响，进而威胁到金融安全和国家安全，尤其是发展中国家。同时，为了避免国家之间恶性货币竞争，国际货币基金协定对国家货币主权进行了一定程度的限制，对一些国家货币主权和金融安全造成了影响。另外，金融全球化也给货币主权带来了货币发行垄断和货币政策独立性等方面的外部冲击，进一步通过本国货币政策和传导机制产生了诸多不良影响。金融全球化客观上对国家货币主权有削弱和抑制作用，带来了一系列不容忽视的风险。

一、法律层面的风险

货币主权是国家主权的重要内容，也是国际经济法和国际法的重要部分。对国家货币主权的保护包括国际法和国内法两个层面。

首先，国际间金融市场法律制度主要是国际间组织的协定和各国经济交往中的惯例和条约等国际原则或规则。随着区域性国际金融组织的发展，外汇储备向多中心储备货币体系过渡，现有的国际间货币法律制度已不足以规范日益繁荣的新金融环境。而国际货币法律体系的不完善不仅仅影响到国际市场之间的正常贸易往来，对于参与者自身利益的维护也造成了极为严重的威胁。

其次，本国货币法律制度不完善也带来了许多风险。货币主权问题本质是国家主权问题，最终是国内法律问题。在金融全球化的今天，我国金融市场处于后发展阶段，很多法律制度还不够健全和完善，现有法律制度对我国货币主权的保护也存在着诸多的不足和缺陷。在货币金融领域，我国的法律体系主要由法律、法规、规章以及政策规定组成，主要法律法规内容包括货币发行和管理，外汇管理和利率管理等。在金融市场尤其是货币市场不断开放的今天，我国货币法规的低位阶、零散性，对我国货币权力的行使、规范、管理和保护是极其不利的。

二、金融创新带来的风险

金融创新（Financial Innovation）是20世纪70年代后被广泛使用的新词汇，它是指金融领域中的种种创造性变革，可以简单地被理解为金融要素的重新组合，金融制度、金融机构、金融市场、金融活动及金融工具在短期内集中出现的新发展，以及相关思想观念和经营方式的转变。但是，新时代下的金融创新也对国家货币主权造成了威胁。

（一）削弱国家货币发行权力的风险

金融创新的不断深化带来了大量新的金融工具，包括极具货币性的新型信用工具和存款类型，诸如货币市场互惠基金（MMMFs）、商业银行票据、流动资金承兑票据、超级可转让支票账户、自动转账服务等。这些创新金融工具空前地加大了金融资产之间的替代性，使作为货币的货币和作为资本的货币越来越难以被清楚地区分。同时，广义和狭义货币、本国和外国货币、交易和投资账户货币之间的界限也逐渐模糊，这又不断增加了定义和计量货币的困难性及复杂程度。发行货币性的金融创新工具的主体并不是各国货币法律规定的中央银行或者国家授权的货币发行机构，它们的发行者多是一般的商业银行或者是非银行金融机构。根据法偿货币的法律规定以及有关货币发行权的法律规定，可以看出金融创新在一定程度上对国家货币发行权造成了侵蚀。

（二）削弱国家货币供给能力的风险

在欧洲的货币投资市场，由于各国货币之间的替代性和资本的逐利性，如果国内货币政策趋向紧缩，那么由于欧洲货币对国内货币的替代性，国内投资资本就会迅速转向欧洲货币市场，以绕开本国中央银行对货币的控制。随着金融业务的区域性融合创新和金融机构职能的日益综合化改革，货币创造主体也倾向于多元化发展路径，除中央银行和商业银行外，还有其他非银行金融机构及一些国家垄断性行业企业如中石油、国家电网、通信行业等，这就会造成货币监管难度的相对提高。

总体上来看，金融体系创新及金融工具不断升级为国际资本投机者提供了更加便捷完善的投机环境。在金融产品不断创新和丰富的今天，全球化更加促进了国际资本的全球扩张，但同时也影响了各国政府对货币市场正常管理功能的发挥，严重威胁了传统的国家货币主权，极大地削弱了国家管理货币供给的能力。

三、货币创新带来的风险

货币创新是指除一国中央银行及国家授权的商业银行发行的法定货币[①]以外的其他可流通的具有类货币功能的新型货币替代品，如电子货币、银行卡或者信用卡、部门卡（券）等，但它们并没有全部纳入国家法律的规范之内。

（一）电子货币带来的风险

电子货币是金融网络化发展的产物，更符合现代高效便捷的金融服务理念。电子货币是指通过债务当事人的虚拟账户之间的债务数据信息更新，来实现债权、清偿债务的一种支付工具。金融产品创新的电子货币作为未来重要的支付工具，在建立统一支付体系的战略中占据非常重要的地位。成熟的电子货币产品几乎可以替代现金的大多数功能，而且可以完成大额转账业务。从性能上分析，因为受到流通中现金货币必需性的影响，金融创新工具始终与中央银行信用关联。但是，电子货币与金融创新工具存在明显差异，电子货币可以脱离现金货币，基本取代现金在市场上流通。因此，电子货币的发行者可以摆脱中央银行的束缚甚至监管，从这一点看电子货币正在一定程度上威胁着国家的货币发行权安全，存在较高的风险。

（二）部门卡（券）带来的风险

部门卡（券）是指非银行部门通过发放有储值、支付、结算功能的储值卡所获得的大量资金。这种储值卡不同于信用卡，首先必须有钱在账户上，比如公交一卡通、美容卡、小区的水卡等。部门卡（券）的发行机构通常集发行、销售、受理于一身并拥有最终解释权。纸币、硬币都是我们的法定货币，而部门卡（券）不是法定货币，或者说它游离于货币法律规范之外。虽然部门卡（券）只是在传统货币支持下流通的二次类货币，本身不具信用创造功能，但是如此庞大的资金在没有任何部门监管的情况下，于银行体制外频繁流通是很容易发生信用风险的。发行主体对其无偿占有和使用不仅关系到微观市场主体的合法权益，更影响到了整个金融市场的正常流通秩序和稳定。发行部门卡（券）给国家货币主权带来的风险和威胁主要如下：

第一，冲击了中央银行货币发行权和货币价值及其所代表的国家信用。部门卡（券）的发行者通过发行储值卡有意或无意地混淆甚至盗用着国家的信用，法定货币的使用空间被挤压，流通货币数量的目标值与实际值无从把握，通货膨胀（紧缩）变得难以预见，中央银行的货币发行权威和货币政策的有效传导和实现都将受到影响。如果任由部门发行，国家法定货币的价值以及所代表的国家信用就会受到冲击。

第二，部门卡（券）模糊了传统货币的货币层次，干扰了中央银行对不同层次货币供应量调控模式的选择。货币政策的制定和实施是当前各国中央银行履行宏观调控职能的重要工具。由于部门卡（券）部分代替了流通中的现金和存款，所以不仅改变了货币供给的结构，而且还使传统货币在不同货币层次之间的相互转化变得更加容易，使各种货币层次之间的界限变得模糊，从而给中央银行根据不同层次货币供应量对经

① 此处的法定货币是指中央银行依法发行的传统纸币和金属币。

济影响的程度来决定监控对象的货币供应量调控模式带来了极大挑战。

第三，部门卡（券）大规模流通，不同程度地削弱了中央银行货币政策工具的有效性。首先，部门卡（券）模糊了传统货币的货币层次，其替代效应使得存款准备金实际缴存率下降和现金比率不稳定，在放大货币乘数效应的同时加大了货币乘数的内生性，这些变化极大地增加了中央银行预测货币乘数变化的难度，进而通过基础货币控制货币供给量的难度也增大；其次，在允许金融机构发行部门卡（券）的情况下，商业银行可以通过发行部门卡（券）来解决暂时性的资金短缺，从而使中央银行再贷款政策影响程度受到一定遏制。总体上来看，部门卡（券）大规模流通使货币供给的内生性增强，中央银行货币政策工具不同程度上受到了削弱，最终影响了货币政策的独立性和有效性，对中央银行的调控能力提出了更高的要求。

第四，部门卡（券）使用限制不当，极易产生信用风险，损害持卡人的利益。部门卡（券）不是由法定发行机关发行的，不具有法定货币的“法偿性”，其发行和使用风险主要由发行主体自身的信誉和资产状况决定。因此，部门卡（券）的不当使用很容易产生商业信用风险，酿成支付危机，从而给持卡人带来经济损失。

四、科技进步带来的风险

每一次技术革命都需要不同层面的多项变革来共同匹配完成。新技术需要建立一整套提供有关服务的网络，比如，特定的基础设施和特定的供应商、物流渠道、维修能力，以及提供范围外部性的其他条件，以促进技术扩散。另外，还需要健全的法律法规来为技术革命的实施保驾护航，使其能够在稳定的市场环境中发展创新。在多种因素综合影响下，科学技术在当下实现了快速的发展和革新，而科技的进步也使得金融业务运行实现了电子化和自动化，进而促进了资金跨区域流通，金融业务超越地域和范围限制。但是，科技进步在为金融发展带来全新环境和利益的同时，又向现有的金融法律制度提出了新的挑战，对国家货币主权造成了一定威胁。

（一）金融电子化对国家货币管理权的风险

网络对全世界的影响是空前的，它改变着人类社会生活的方方面面，包括人类的生活行为习惯和思维方式。它也给全球金融业发展带来了诸多新的机遇和挑战，在给全球金融市场带来一片春意盎然的同时，也让全球金融业面临着新的风险。金融电子化的深化发展导致了市场风险的增加和金融监管的愈加困难。金融市场敏感性的增强不免会导致更加频繁的经济市场震荡，且这种震荡范围会越来越广，影响也会越来越深，市场变化更加难以预测。金融电子化具有矛盾的两面性特征，在带来高效率的同时又显示出了高度的脆弱性。这就导致国家对其国内外市场上的货币宏观调节难度进一步加大，更加难以及时应对外汇市场的变动，也更容易被国际资本投机者袭击，从而影响国际货币市场的稳定。另外，金融电子化以及全球金融网络系统的形成和发展也对现有国家货币监管体制和制度带来了冲击。

（二）国际互联网的发展对货币主权的风险

国家货币主权由其国内法赋予，因此，在规制其货币时享有不受别国干涉的权利，这种权利也受到国际法规则的承认和保护。虽然网络使金融实现了无国界化发展，促进了国际之间的交流和往来，但是国际互联网的发展又在不同程度上影响着国家独立管理本国货币的独立性和有效性。

在国际化互联网发展过程中，网络银行突破了传统银行业的空间限制。传统国际银行业中外国银行必须在东道国许可的条件下才能进入其国内从事金融服务，这种许可表现在市场准入和经营业务范围两方面。而网上银行业务的开展，可以在一定程度上避开东道国直接在本国或东道国以外的其他国家申请并获得从事网上金融服务的许可，以免受相关国家的金融监管的约束，显然潜在风险不断提高。

另外，在市场开放的过程中要加强监管和控制，不能做到完全、绝对的开放，也不能采取完全市场化，放任自由，不管不顾，一方面是因为容易造成外部资本对国内资本市场以及实体经济的冲击，更重要的另一方面原因是容易造成国家货币政策独立性的丧失，进而丧失货币主权，最终危害国家安全和利益。

【知识链接】

“一带一路”沿线人民币国际化的风险和障碍

第一，“一带一路”沿线国家固有的经济金融环境制约了人民币的广泛使用。“一带一路”沿线多数为发展中国家，金融发展水平较低，缺乏完善的金融服务体系，金融市场体量有限，难以为人民币业务的开展提供良好支持。另外，沿线部分国家风险较高，经济环境波动、政治动荡影响币值稳定，增加了货币交易和结算的不确定性，且投融资风险较高，影响了人民币国际化的平稳推进。

第二，人民币相关的金融基础设施在多数“一带一路”沿线国家仍相对匮乏，金融“走出去”尚未满足人民币国际化的需求。一些沿线国家的人民币清算行、金融机构分支的数量还比较少，开设人民币存放、结算等金融服务账户仍存在障碍，人民币的使用意愿较低。另外，目前“一带一路”沿线的金融基础设施建设仍以中国金融机构为主，沿线国家金融机构和国际金融机构的参与程度仍比较低。

第三，中国在岸金融市场的开放程度有待提高，人民币回流缺乏畅通的渠道。近年来，中国开放在岸金融市场的力度不断加大，然而境外投资者在主体资格、投资额度、产品种类等方面还存在一些限制，较高的交易成本制约了人民币的顺畅回流。另外，国内金融市场还有待深化，目前缺乏与美元、欧元等货币计价的金融产品相竞争的人民币金融产品。

第四，货币惯性的存在加强了影响人民币结算计价功能的提升。结算和计价的货币选择具有惯性，过去结算计价货币的选择更倾向于继续延续。美元在国际货币体系中的强势地位在一定程度上阻碍了其他货币的国际化过程。目前“一带一路”沿线国家在跨境贸易和投资的计价中仍对美元有较强的依赖。

资料来源：https：//baijiahao. baidu. com/s? id = 1657708308051170173&wfr = spider&for = pc.

第三节　国家货币主权的风险防范

一、完善宏观法律制度

货币法历来属于国内法，是国家主权的基本要素之一。现代国际金融贸易中因为主权的国际参与性，对一国货币主权的保护必须从国际法和国内法两个层面进行完善，以国内法律制度完善为重点，注重与国际规则和条约相衔接，更好地维护和行使我国货币主权，保证国内金融市场的稳定发展和国家经济安全。

首先，随着国家之间经济往来愈加频繁，传统的国际经济贸易规则体系的不足和疏漏也逐渐显现出来。因此，国际经济贸易规则体系也必须与时俱进，及时更新，为新的国际金融交往提供良好法制环境。具体到国家货币主权，相关的国际法规主要是国际法中的有关规定以及国际货币基金组织协定和世界贸易组织的相关要求。

其次，我国货币主权法律制度完善必须以国内金融法律制度建设为重点和核心。在金融全球化，新的技术——经济范式深化的背景下，我们必须加强与之相适应的社会制度尤其是法律制度变革，建立科学完善的货币法体系。因此，为了能够更好地应对创新金融工具对我国货币主权各方面不同程度的削弱和侵蚀问题，建立科学完善的货币法律体系具有重大深远的意义。具体做法有：建立宏观货币法，整合现有的货币法律制度；将具有货币功能的货币替代品或者创新品进行归类，对于没有得到法律认可的货币创新品禁止其作为货币流通，妥善处理创新金融工具对货币权力的冲击和对金融市场带来的潜在风险；完备货币权力监管的法律责任制度，加强对侵犯国家货币主权的行为的惩罚力度。

【知识链接】

货币法的发展和现状

中华人民共和国的货币立法，确定货币发行权集中于中央，授权中国人民银行为全国发行货币的机关，货币发行量必须报经国务院批准。1948 年 12 月 1 日华北人民政府发出布告：宣布中国人民银行成立，同日发行人民币。该布告规定人民币为本位货币以及与各解放区所发行的货币的兑换比价，照此比价逐步收回各解放区的货币。1950 年政务院公布《关于实行国家机关现金管理的决定》、政务院财政经济委员会公布《货币管理实施办法》，规定使用现金的范围。1951 年 3 月 6 日，中央人民政府政务院公布《中华人民共和国禁止国家货币出入国境办法》，禁止国家货币出入国境，凡携带或私运国家货币出入国境者，一律没收。1955 年 2 月 21 日，国务院发布《关于发行新的人民币和收回现行人民币的命令》，规定新人民币主币为1元、2元、3元、5元、10元五种，辅币为1分、2分、5分、1角、2角、5角六种。

为了保护国家货币，巩固国家金融，中央人民政府政务院于1951年4月19日公布《妨害国家货币治罪暂行条例》，对伪造、变造国家货币或用散布流言等方法破坏国家货币信用者，依照情节轻重，处死刑、无期徒刑、有期徒刑并没收财产之全部或一部分。1979年7月6日公布的《中华人民共和国刑法》，其中第122条对伪造国家货币治罪作了具体规定。1983年6月15日，国务院发布《中华人民共和国金银管理条例》，规定"国家对金银实行统一管理、统购统配的政策""国家管理金银的主管机关为中国人民银行"，同时针对国家实行体制改革后出现的新情况作了规定。《中华人民共和国人民币管理条例》于2000年5月1日起正式施行，对制作、仿制、买卖人民币图样（含放大或缩小），未经中国人民银行批准在宣传品、出版物或者其他商品上使用人民币图样等损害人民币的行为提出了相应处罚措施。

资料来源：百度百科。

二、规范电子货币的使用

尽管货币创新促进了国家的经济繁荣，但不可否认，这些创新货币也造成银行体系外存在大量无监管资金，给我国货币主权的金融监管和调控带来许多新问题。如果不加以及时规范和正确引导，势必会影响我国货币市场的稳健发展，使货币政策在进行宏观调控时效果大大削弱。

（一）借鉴电子货币管理的先进经验

对于电子货币发行主体的监管态度各国都不统一。美国的主流观点出于市场主体的技术开发和创造精神的考虑，对电子货币并没有严格的监管和限制，而欧洲大陆则比较严格。但是无论欧盟还是美国，电子货币的发行主体主要是金融机构。由于金融业的特殊性，各国对金融机构和金融产品都有着严格的监管，即使是作为金融产品创新的电子货币也不例外。目前，我国电子货币迅速发展，因此有必要在货币法子目录中专设电子货币法，对电子货币进行全面的规范指引和监管，这样才能更好地保障我国的货币主权。

（二）加强部门卡（券）的监督和管理

部门卡（券）在我国经济生活中已经广泛存在，这是我国特有的一种经济现象。不可否认它对我国经济发展有着很大的促进作用，但对于部门卡（券）的使用和流通等，现有法律法规却没有进行明确规范和管理。为了维护金融稳定，对于部门卡（券）潜在的金融风险问题，必须引起有关部门足够的重视。

部门卡（券）本质上代表的是商业信用，在我国信用体系尚不健全的条件下，较其他国家相比，面临着较高的信用风险。因此，法律须将部门卡（券）的发行主体区别于一般非金融主体，进行必要的限制和管理，以维护正常的货币秩序和经济秩序。

中国香港和新加坡在此问题上的处理方式很值得我们借鉴，其具体做法有：将部门卡（券）合法化，使其被纳入正常轨道，科学监管和调控，并且设立市场准入标准，并根据部门卡（券）发行主体性质、储值卡使用范围和用途的不同，区别对待和监管。对于发卡范围小、用途单一的储值卡，如停车卡、健身卡等，可以实行市场化管理；而对于具有垄断性质或从事公用事业的发行主体，如中国移动、中国石油等，以及虽然没有市场垄断地位但发行范围比较广的非银行商业机构，如大型商场、超市等设立相应的市场准入门槛，切实维护中央银行货币发行权和人民币价值及其所代表的国家信用。

三、健全货币决策机制

IMF 是代表各成员国行使货币主权的组织，其行使货币权力和作出货币决策应当是各国货币主权形式平等与实质平等的体现，应当是将各国享有的基本投票权与经济实力权重投票权结合的货币决策机制，不得形成货币霸权。IMF 份额和治理改革方案要实施，需要所有成员国中至少 85% 投票权的支持。但是美国作为 IMF 最大股东国，在此问题上依旧保持超过 15% 的重大决策否决权。因此，可以通过增加各国的基本投票份额，或者保持美国在 IMF 中的绝对份额不变的情况下，增加向其他国家发行 IMF 的份额来减少美国的相对份额，改变美元霸权的局面，增加 IMF 的民主性，确保国家货币主权的公平公正。

四、合理管理外汇储备

外汇储备过剩，尤其是美元储备的过剩是国家货币主权安全的一个重要问题，对于这一问题最直接的解决方法就是要降低当前外汇储备的规模，对外汇储备进行合理的管理和投资。

对于外汇储备的管理可以从以下几方面入手：一是合理选择外汇储备的货币结构和资产结构以及合理控制外汇储备的规模；二是合理选择外汇储备的投资方向和渠道，提高外汇储备的使用效率；三是加强对外汇储备风险的管理，维护货币主权和国家利益。

五、加快金融市场化改革

对于汇率和利率的市场化改革，也要循序渐进，保证国家可以独立地运用货币政策进行经济调控。

对任何国家来说，是否开放资本市场都是一项重大的决定，这要结合国内外形势，尤其是本国经济金融的发展状况，权衡利弊。始终以国家安全和国家利益为前提和基础，从经济发展、政治安全、国家利益等方面来决定资本账户开放的速度与程度，把握好资本开放的先后顺序，逐步地、有监管地、循序渐进地推进。

在资本账户完全开放之前，要合理地进行管制、防范外部资本大规模流动对国内资本市场以及实体经济造成冲击和损害。从 2010 年人民币加入 SDR 货币篮子遭拒，到 2015 年底人民币成功加入 SDR 货币篮子，人民币国际化走过了艰难的五年，从未停止，并且脚步越走越快，越走越稳，人民币国际化对于改革现行国际货币体系、摆脱美元霸权的牵制有重要意义。在未来的人民币国际化进程中，要时刻注意人民币运行的风险，保障人民币国家主权货币的地位，在此基础上稳步推进人民币国际地位的提升，由结算到定价到储备，由区域到世界，稳步推进。同时充分发挥亚投行的战略作用，促进人民币国际化，提升国际地位和国际话语权，促进国际货币体系和国际金融秩序的改革和进步。

【知识链接】

货币主权之争

全球化下，各国经济主权尤其是货币主权更加重要与凸显。

20 世纪 90 年代，南非结束种族隔离政策，以曼德拉为代表的非国大实现了执政，但是关键的钱袋、货币却不在自己的手里，因而诸多政治抱负与发展蓝图根本无法实现。同样的问题也发生在中英有关中国香港问题谈判上，由于中国对主权认知局限于传统政治与领土主权，对经济主权和货币主权认知不清，导致回归后中国香港的金融主权多半掌控在美国人手里，而财政主权则多半掌控在英国人手里。第二次世界大战后冷战开启，美苏争霸，也彰显了货币主权的极端重要性。以美苏为核心，全世界形成了两套体系，包括以美元为核心的资本主义经济体系，以及以卢布为核心的社会主义经济体系。两套体系一开始运行都还不错，但是苏联在赫鲁晓夫当政后，彻底否定了斯大林路线，并坚持与美国进行军备竞赛。然而，军备部门的很多东西都需要用美元购买。为了解决这个问题，苏联要解禁经常账户，融入国际货币体系，而此时的国际货币体系是由美国主导的。莫斯科不产美元而华盛顿可以源源不断地供给，苏联只有多挣美元来维持军备竞赛，这是苏联失败的重要经济原因。

苏联解体后，美国一家独大，肆无忌惮地把昔日的“国际分工”扩大深化：美国负责生产美元，其他国家负责生产美元可以购买的产品。美国印刷钞票或发行电子货币购买世界，导致外债不断升高，形成今日的“债务悬河”，威胁整个国际金融稳定。2008 年美国次贷危机引爆国际金融大危机，美国实施“量化宽松”，稀释美元持有国的财富，解决美国债务问题，把自己的债务危机转嫁为他国的债权危机，从而使诸多对货币主权认知不清的债权国落入了“美元陷阱”。

多年来，美国不断用新自由主义思想对拉美国家进行渗透，诸多经济学家、政治家都成了新自由主义的忠实布道者与实践者。不加选择地引进大量外国资本，投入到本国低端制造业和金融投机领域，使得本国资源、产业为国际资本所控制，更为关键的是失去对货币主权的控制，落入了所谓“拉美化陷阱”，也就是世界银行所渲染的“中等收入陷阱”。

因此可见，货币主权被侵蚀是发展中国家面临的最大也是最紧迫的安全威胁。

资料来源：http：//m. kdnet. net/share－11880443. html.

【本章小结】

1. 国家货币主权是一国在其领土范围内发行和管理本国货币的最高权力，在国际经济交往中独立地执行其对外的货币政策，平等参与处理国际货币金融事务的权力，即国家主权在货币领域的体现和运用。其中货币垄断发行权是核心和基础，只有在掌握货币发行权的基础上才具有独立利用货币政策进行金融调控的能力以及取得铸币税的权利。

2. 国家货币主权作为国家主权的组成部分，成为一国主权的重要标志。一国的货币主权简单来说就是本国货币行使的权利，具体有以下内容：确定本国货币制度之权、本国货币决定权、调控货币升值或贬值之权、实行外汇管制之权、选择汇率制度之权、建立货币储备之权等。

3. 金融全球化客观上对国家货币主权有削弱和抑制作用，带来了一系列不容忽视的风险，具体有法律层面的风险、金融创新带来的风险、货币创新带来的国家货币主权风险、科技进步带来的国家货币主权风险等。

4. 国家货币主权风险是一个重要问题，所以各个部门必须采取相应措施进行管理，具体风险管理主要有完善宏观法律制度、规范电子货币的使用、健全货币决策机制、合理管理外汇储备、加快金融市场化改革等。

【复习思考题】

1. 国家货币主权的概念和性质是什么？
2. 国家货币主权包含哪些主要内容？
3. 目前，国际货币主权行使过程中存在的风险有哪些，又应该如何防范风险呢？

【拓展阅读】

缅甸政府将人民币纳入官方结算货币

2019 年 1 月 30 日，缅甸中央银行发布了 2019 年第 4 号指令，宣布批准将人民币和日元纳入获准进行国际贸易结算与直接兑换的货币范围，即缅甸政府正式将人民币和日元设为官方结算货币。

根据指令通告，中央银行准许获得外汇经营许可证（Authorized Dealer - AD）的银行使用人民币和日元进行国际支付和结算，旨在促进缅甸的国际支付结算与边贸交易的发展。与此同时，缅甸中央银行也提醒上述银行，银行之间可开设人民币与日元账户以方便国际支付与结算业务的开展，但不准给个人或机构开设人民币与日元账户。

此前，缅甸政府认可的官方结算货币有美元、欧元、新加坡元等，而每年与缅甸贸易额高达 60 亿美元的中国官方货币人民币始终未被认可为结算货币。在 2018 年底，缅甸商务部透露出消息称，为了缅甸与中国云南省有效顺利地进行贸易往来，人民币可以作为合法结算货币进行使用，商务部与中国工商银行进行了协商。

对于缅甸中央银行开放人民币作为官方结算货币，很多商家十分欢迎，表示人民币成为缅甸官方结算货币，可使两国进出口贸易更加便捷，并且能避免大量非法汇兑行为。有贸易商人表示“我们边贸商再也不用依赖边境地区非法汇兑了，而此前我们只能通过地下钱庄兑换人民币，而且需要兑换成美元结算，一来二去就在兑换中产生了大量损失。如今，通过银行渠道合法兑换人民币将能更好地推动贸易”。

资料来源：http：//m. sohu. com/a/293597293 – 740195.

第六章

外汇交易安全

【教学目的和要求】

通过本章学习，掌握外汇交易的概念及外汇交易的主要参与者；了解外汇交易的主要类型；掌握外汇交易风险的内涵及特征；能够正确认识外汇交易风险对金融安全的影响；熟悉企业和银行进行外汇交易风险管理的常用方法。

第一节　外汇交易概述

一、外汇交易的概念

外汇交易是指交易主体为了满足某种经济活动的需要按照双方约定的汇率，在规定的日期交付，将一种货币换成另一种货币的业务。外汇交易是国际金融业务的重要组成部分，它与国际结算、国际投融资、外汇保值、外汇投机活动密切相关。外汇交易的要素包括交易日、交易对手、货币、汇率、数额、交割日、支付指令等内容。

二、外汇交易的主体

外汇交易的主体即外汇交易的主要参与者，包括大量的进出口商、投机者、保值者、跨国公司、居民户、旅游者等，他们通过经纪人间接或者直接与银行发生外汇买卖关系。

外汇交易的主要参与者包括以下机构或个人。

（一）进出口商和其他外汇供需者

进出口商从事进出口贸易活动，是外汇市场上外汇的主要的和实际的需求者与供给者。出口商出口商品后需要把收入的外汇卖出，而进口商进口商品则需要买进对外支付的外汇，这些都要通过外汇市场的外汇交易来进行。其他外汇供求者系指运输费、旅游费、留学费、汇款、外国有价证券买卖、外债本息收付、政府及民间私人借贷以及其他原因引起的外汇供给者和需求者，包括劳务外汇收入者、国外投资收益者、接受国外援助者、收到侨汇者、接受外国贷款者、对本国进行直接投资的外国企业和在国外发行有价证券者。

（二）外汇银行

外汇银行（Foreign Exchange Banks）也称外汇指定银行，是指经过本国中央银行批准，可以经营外汇业务的商业银行或其他金融机构。外汇银行可分为三种类型：专营或兼营外汇业务的本国商业银行；在本国经营的外国商业银行分行；经营外汇买卖业务的本国其他金融机构，如信托投资公司、财务公司等。外汇银行是外汇市场上最重要的参加者，它的外汇交易构成外汇市场的重要部分。

（三）外汇经纪人

外汇经纪人（Foreign Exchange Broker）是指介于外汇银行之间、外汇银行和外汇其他参加者之间进行联系、接洽外汇买卖的经纪人公司或个人。在整个外汇市场上，经纪人起着沟通、中介的作用。外汇经纪人作为外汇买卖双方的中间联络人，本身并不承担外汇盈亏风险，他们熟悉外汇供求情况和市场行情，有现成的外汇业务网络，而且具有丰富的外汇买卖经验，因此，一般客户愿意委托他们代理外汇买卖业务。在西方国家，外汇经纪人一般需经过所在国家中央银行的批准才能取得私营业务的资格。有的国家还规定外汇买卖必须通过经纪人和外汇银行进行，可见，外汇经纪人在外汇交易中的作用是十分重要的。

（四）外汇交易商

外汇交易商（Exchange Dealer）是指经营票据买卖业务、买卖外国汇票的公司或个人，多数是信托公司、银行的兼营机构或票据贴现公司。他们利用自己的资金，根据外汇市场上的行市，赚取买卖中的差价。外汇交易商可以自己直接买卖外汇，也可以通过经纪人交易。

（五）外汇投机者

外汇投机者（Exchange Speculator）在外汇市场上，预测汇价的涨跌，以买空或卖空的形式，根据汇价的变动低买高卖，赚取差价。这些人往往是活跃外汇交易的重要力量，但过度投机常会带来汇价的大起大落。

（六）中央银行

中央银行（Central Bank）在外汇市场上一般不进行直接的、经常性的买卖，其主要通过经纪人和商业银行进行交易，目的是防止国际上对本国货币的过度需求或过度抛售，以维护本国货币的汇价稳定，并执行本国的货币政策。在实际过程中，外汇市场上的投机者经常希望有汇价波动，或者进行投机以造成汇价波动，而中央银行总是希望保持汇价的相对稳定，因此这两股力量在外汇市场上的此消彼长往往是影响汇价的重要因素。

【知识链接】

银行间外汇市场的参与者

在国际上，银行间外汇市场的参与者大致可分为交易商、其他金融机构以及非金融机构三类，从主体上来看主要包括商业银行、投行、中央银行、基金公司和经纪商。中国的银行间外汇市场参与者以银行为主，做市商银行为市场的主力机构，市场份额约为八成左右。中国人民银行作为我国银行间外汇市场的重要参与者，可以根据货币政策的要求在外汇市场买卖外汇，调节外汇供求，平抑外汇市场价格。2015年9月30日，中国人民银行公告称，境外中央银行类机构可以进入中国银行间外汇市场，开展包括即期、远期、掉期和期权在内的各品种外汇交易，无额度限制。这也是中国外汇管制进一步放松、进一步走向国际化的重要一步。

根据国家外汇管理局信息，截至2016年9月21日，中国银行间外汇市场有做市商34家。截至2016年4月29日，银行间外汇市场有人民币外汇即期会员540家、远期会员136家、掉期会员136家、货币掉期会员111家、期权会员72家、外汇拆借会员320家、外币对会员151家。

而国际外汇市场上，交易商的市场份额持续下降，以自动化交易机构、对冲基金等为主的其他金融机构已占有相对多数市场份额，与交易商一道共同成为国际外汇市场的主要参与者，此类机构在我国现阶段外汇市场仍缺失，目前我国银行间外汇市场交易主体单一，以银行为主体，非银行类机构很少。

资料来源：搜狐财经，2018－01－12.

三、外汇交易的类型

按照外汇交易的性质，外汇交易可以分为外币现钞交易、即期外汇交易、远期外汇交易、套汇交易、套利交易、掉期交易、外汇期货交易和外汇期权交易等。

（一）现钞交易

现钞交易是银行、旅游者以及由于其他各种目的需要外汇现钞者之间进行的买卖，包括现金、外汇旅行支票、汇款单等。

外汇现钞业务分为批发现钞交易和零售现钞交易。零售现钞交易是指银行、个人、公司客户之间外币现钞或旅行支票的买卖。其交易金额较小，但每天交易总额也很大。批发现钞交易是指银行之间外币现钞和旅行支票的买卖。其每天交易额巨大，绝大部分外汇交易发生在银行同业间外汇市场。在外币现钞交易中，零售的买卖价差（4%～5%）一般大于批发的买卖价差（2%）。外币现钞交易相对于其他外汇交易具有金额小、汇率随时波动和买卖差价较大的特点。

（二）即期外汇交易

即期外汇交易（Spot Exchange Transaction），也称现汇交易，是指交易双方在外汇买卖成交后的两个营业日内办理交割的外汇业务。营业日是指两个清算国银行全都开门营业的日期。即期外汇交易的成交日是指双方达成买卖外汇的协议日，而双方进行款项划拨的日期称为交割日或起息日。不同外汇市场规定的即期交易的交割日是不同的。一般而言，零售外汇市场上居民和旅客的外币现钞、旅行支票及其他小额外汇交易，在当日成交和交割。银行同业间的外汇买卖，在两个营业日内收付。由于外汇交易涉及的金额较大，而汇率又在不停地波动，所以，在所有的外汇交易市场上，都有其固定的标准交割日，以免出现分歧和经济纠纷。

即期外汇交易的交割日一般有以下三种情况：

1. 当日交割。当日交割（Value Today）即交割日为成交日的当天。香港外汇市场上，对不同的货币是区别对待的。港元兑美元的交割是在当天交割；港元兑日元、新加坡元、马来西亚林吉特和澳大利亚元是在次日交割；港元兑其他货币的交易则在成交日后第二个营业日交割。

2. 次日交割。次日交割（Value Tomorrow）简称 Value Tom，即交割日为成交日后的第一个工作日，这在东京和新加坡等远东市场上使用。

3. 标准日交割。标准日交割（Value Spot）即交割日为成交日后的第二个营业日。目前，国际外汇市场普遍应用的是标准日交割。

不同外汇市场的交割习惯有所不同，遵循“价值对抵”的原则。如伦敦、纽约、苏黎世等欧美外汇市场的惯例是标准日交割；东京外汇市场是次日交割；香港外汇市场对港元与美元的兑换是当日交割，对日元、新加坡元、马来西亚林吉特和澳大利亚元的兑换是次日交割，对其他币种则是标准日交割。如果交割日恰逢两个结算国中某国银行（美国银行除外）的节假日，则交割日期顺延。当交易涉及美元时，如果两天之中的头一天在美国是银行的假日，但在另一国不是，这一天也算作营业日。这样在对美元进行的即期交易中，交割日的确定可能出现四种情况，例如，某交易者以美元买入即期欧元，星期一成交，可能会出现以下四种情况：

第一种情况，如果星期二、星期三两国银行都营业，交割日为星期三；

第二种情况，如果星期二是德国银行的假日，交割日推迟到星期四；

第三种情况，如果星期二是美国银行的假日，交割日不受影响，仍为星期三；

第四种情况，如果星期二已确定为营业日，星期三在美国或德国任何一国的银行是假日，交割日都要顺延到星期四。

即期外汇交易是外汇市场上最经常、最普遍的交易。一般而言，在国际外汇市场上，银行与银行以及银行与外汇经纪商之间的报价，除非特别指定日期，否则一概以即期交易视之。即期外汇交易采用即期汇率，目前全球两大电子外汇汇率报价系统之一的路透社所显示的外汇汇率报价就是即期汇率。

（三）远期外汇交易

远期外汇交易（Forward Exchange Transaction）又称期汇交易，是预约买卖外汇的交易，即买卖双方先行签订合同，约定买卖外汇的币种、数额、汇率和交割时间，在约定的交割日，双方按照合同规定的条件办理收付交割的外汇交易。外汇市场的远期交易期限，一般按月计算，有1个月、2个月、3个月、6个月或1年，有的长达3年、5年，甚至出现了长达10年的远期外汇交易，最常见的是3个月期限的远期外汇交易。

远期外汇交易具有以下几个特点：

第一，买卖双方签订外汇交易合同时，无须立即支付外汇或本国货币，而是延至将来某个时间；

第二，买卖的规模一般都较大；

第三，买卖的目的主要是保值；

第四，外汇银行与客户签订的合同必须由外汇经纪人担保。

根据远期外汇交易交割日不同，可以分为固定交割日期的远期外汇交易和不固定交割日期的远期外汇交易。固定和选择交割日的远期外汇交易只是具体交割日不同，但它们的交易双方都签订了远期合同，规定到期日即合同终止日，双方都负有履行合同的义务。

固定交割日期的远期外汇交易（Fixed Forward Transaction），又称定期远期外汇交易，是指买卖双方在成交的同时确定了未来交割的日期，就是成交日顺延相应远期的月数。如果交割日为银行休假日，则向后延至下一个营业日，如果交割日是月末最后一天又恰逢休假日，则交割日提前一天。因为它是最典型、最早的远期外汇交易。

不固定交割日期的远期外汇交易（Optional Forward Transaction），又称择期远期外汇交易，是指买卖双方在订约时，事先确定交易规模和汇率，但不固定具体交割日而是规定一个期间，在约定的期限内，银行给予客户交割日选择权的远期外汇交易。确定交割期间有两种方法，一是完全择期，即客户可以选择自成交后的第三个营业日起至到期日止的任何一个营业日作为交割日；二是部分择期，即把交割日期固定在某个月份。由于进出口贸易的双方有时不能确定其具体用汇结算的日期，就需要与银行签订择期交易合同以规避外汇风险。

【知识链接】

无本金交割远期外汇交易

无本金交割远期外汇交易（Non－deliverable Forward，NDF）是一种离岸金融衍生产品，主要用于实行外汇管制国家的货币，人民币无本金交割远期常用于衡量海外市场对人民币升值或贬值的预期。无本金交割远期外汇交易由银行充当中介机构，供求双方基于对汇率看法（或目的）的不同，签订非交割远期交易合约，该合约确定远期汇率，合约到期时只需将该汇率与实际汇率差额进行交割清算，结算的货币是自由兑换货币（一般为美元），无须对NDF的本金（受限制货币）进行交割。NDF 的期限一般在数月至数年之间，主要交易品种是一年期和一年期以下的品种，超过一年的合约一般交易不够活跃。

无本金交割远期合约在离岸场外市场（Offshore OTC Market）交易，所以又常被称为海外无本金交割远期。NDF 市场起源于 20 世纪 90 年代，它为中国、印度、越南等新兴市场国家的货币提供了套期保值功能，几乎所有的 NDF 合约都以美元结算。人民币、越南盾、韩元、印度卢比、菲律宾比索等亚洲新兴市场国家货币都存在 NDF 市场，与这些国家存在贸易往来或设有分支机构的公司可以通过 NDF 交易进行套期保值，以此规避汇率风险。NDF 市场的另一功能是可用于分析这些国家汇率的未来走势的预期。NDF，主要用于实行外汇管制国家的货币，目前亚洲地区的人民币、韩元、新台币等货币的非交割远期交易相当活跃。

资料来源：百度百科。

（四）套汇交易

套汇交易（Arbitrage）是利用同一时刻不同外汇市场上的汇率差异，在汇率低的市场大量买进某种外汇，再在汇率高的市场卖出，以套取投机利润的外汇交易。

当今社会，网络技术高度发达，信息传递迅速，资金调拨通畅，同一种货币在不同外汇交易中心的汇率是非常接近的，可供套汇的时间也是转瞬即逝。当人们在货币价格低的市场买进该种货币时，对该货币的需求上升，因而该货币的价格就会上升，反之亦然。这样，不同外汇市场上的汇率差异很快就会消失，套汇将无利可图。因此，套汇者能否抓住宝贵的时机进行套汇，取决于套汇者的业务水平、工作经验以及反应的灵敏程度。从事套汇业务的大多数是资金雄厚的大银行和设有专门的外汇交易部的大公司。它们往往能够在很短的时间内动用大笔资金，尽管有时汇率在不同的市场上差异很小，但由于买卖的外汇数量很大，也可以获得相当丰厚的利润。

套汇交易按其方式可分为时间套汇、利息套汇和地点套汇。时间套汇是指套汇者利用不同交割时间的汇率差异，在买入或卖出即期外汇的同时，卖出或买入远期外汇；或者在买入或卖出远期外汇的同时卖出或买入即期外汇，获得时间上的汇率收益，其实就是掉期交易。利息套汇又叫套利交易。地点套汇是利用不同外汇市场上的汇率差异从价格低的市场买进，在价格高的市场卖出获取差价的套汇活动，地点套汇按交易方式划分，可分为直接套汇和间接套汇。

1. 直接套汇。直接套汇（Direct Arbitrage）又被称为两角套汇或两地套汇，是指套汇投机者利用两个不同地点的外汇市场上的汇率差异，贱买贵卖，赚取汇率差额的一种外汇交易。也就是在价格低的市场买进，在价格高的市场抛出。根据套汇交易者的目的，又可将直接套汇分为积极的直接套汇和消极的直接套汇。积极的套汇者完全是以赚取利润为目的，消极的直接套汇是指套汇者以资金的国际间转移为主要目的，而恰好两地间的汇率不平衡，顺便赚取利润的直接套汇。例如，母公司向子公司拨款与借款，银行间资金调拨等，若两地间汇率有差异，则可以顺便套汇。

2. 间接套汇。间接套汇（Indirect Arbitrage）包括三角套汇或多角套汇，是指投资者在同一时间利用三个或三个以上不同外汇市场的汇率差异，调拨资金贱买贵卖，赚取差额利润的一种外汇交易。间接套汇的操作原理是：

（1）用汇积价连乘法判断有无套汇机会。

第一步，计算出各地汇率的中间价格；

第二步，将中间价格换算成同一种标价法；

第三步，将计算结果连乘，如果结果 =1，说明三地外汇市场没有汇率差异，不存在套汇机会；如果结果≠1，说明三地外汇市场存在汇率差异，有套汇机会。

（2）贱买贵卖进行套汇交易。需要注意的是从事三角套汇，计算汇率之间的差异很重要，而且计算要十分精确，要及时掌握套汇所涉及的三个市场汇率变动情况，否则会带来投资风险。

（五）套利交易

套利交易（Interest Arbitrage Transaction）又称利息套汇，是指套利者利用不同国家或地区短期利率的差异，将资金从利率较低的国家或地区转移至利率较高的国家或地区，从中获取利差收益的外汇交易。套利是外汇市场上重要的交易活动，由于目前各国外汇市场联系十分密切，一旦有套利机会，大银行或大公司便会迅速投入大量资金，最终促使各国货币利差与货币远期贴水率趋于一致，使套利无利可图。套利活动使各国货币利率和汇率形成了一种有机的联系，两者互相影响和制约，推动国际金融市场的一体化。

由于套利需要进行货币转换，套利者会面临汇率风险。根据套利者是否对外汇风险进行防范，套利交易可分为两种形式：非抵补套利和抵补套利。

1. 非抵补套利。非抵补套利（Uncovered Interest Arbitrage）是指套利者利用两国或两地市场的利率差异，把短期资金从利率低的市场调到利率高的市场进行投资，以谋取利差收益，但不同时进行反向操作轧平头寸的一种套利形式。非抵补套利作为一种纯粹的套利交易，要冒汇率变动的风险，因而具有投机性质。

2. 抵补套利。抵补套利（Covered Interest Arbitrage）是指套利者把资金从低利率市场调往高利率市场的同时，在外汇市场上卖出高利率货币的远期，以避免汇率风险的一种套利形式。这实际上是将套利交易和远期交易结合起来，通过在套利活动的开始时就锁定了套利存款期届满时的汇率水平，实现不承担汇率风险的套利外汇交易。从外汇买卖的形式看，抵补套利交易是一种掉期交易。抵补套利是常见的套利行为。

根据利率平价理论，高利率货币远期贴水，低利率货币远期升水。如果不进行抵补套利，投资者可能要承受高利率货币远期贴水带来的损失，因此，套利投资者对抵补套利进行可行性分析时，所采纳的一般原则是：第一，如果利率差大于较高利率货币的贴水年率，则应将资金从利率低的国家调往利率高的国家。其利差所得会大于高利率货币贴水带来的损失。第二，如果利率差小于较高利率货币的贴水年率，则不应将资金从利率低的国家调往利率高的国家，因为利差所得不足以弥补高利率货币贴水带来的损失。第三，如果利率差等于较高利率货币的贴水年率，则不存在套利机会。

抵补套利还应注意以下问题，一是套利交易需要两国或两地对资金的自由兑换和转移没有限制。二是抵补套利的机会是短暂的，投资期限一般不超过1年。因为如果市场出现不均衡，存在套利机会，就会导致大量投资者和大规模的资金进入市场，市场就会恢复均衡状态。三是理论上利差与升（贴）水年率一致时，套利交易才会停止，但事实上套利交易受手续费、佣金、通信费等交易成本的影响，会使得利差与升（贴）水年率不完全一致时，套利交易也会停止。

【知识链接】

余永定："人民币国际化"助长了套利套汇

CNH（香港离岸人民币）汇率是由套利和套汇两种方向相反的作用力的合力所决定的。假设在初始期，内地利息率高于香港0.5个百分点、香港利息率为0；CNH和CNY的即期汇率都是6.4；CNH和CNY远期市场年升值预期是0。设投资者借入一年期的美元，在CNH市场卖美元、买人民币并将人民币存入内地银行，同时买入一年期的美元远期合同。一年后，投资者手中的1美元就变成了6.432元人民币。根据远期合同按6.4的汇率，可换回1.005美元，偿还银行借款后，投资者得到0.5%的收益。在其他情况给定的条件下，套利活动的发生将导致香港外汇市场上对CNH需求的增加，CNH升值。假设由于中央银行的干预，CNY汇率始终保持在6.4的水平上，这样，CNH汇率就将高于CNY汇率，汇差的出现必然导致套汇活动的出现。套汇者在CNH市场用6.368元人民币购买1美元，再在CNY市场用此1美元购买6.4元人民币，获利0.032元人民币，盈利率0.5%。套汇者在CNH市场卖人民币、买美元将导致CNH的贬值。

可见，CNH汇率同时受到两种压力：套利使CNH对美元升值，套汇使CNH对美元贬值。由于人民币升值预期和内地与香港之间的正利差，以内地为对象的套利活动应该在很早的时候即已发生。只要香港和内地之间存在套利活动，CNH汇率就必然高于CNY。事实上，在正式的CNH市场出现之前，香港人民币汇率就高于CNY汇率。CNY和CNH汇差的存在导致了内地和香港之间的套汇活动，当CNH汇率高于CNY，即香港人民币比内地更贵的时候，人民币从内地流向香港，而美元从香港流向内地。

资料来源：21世纪经济报道，节选自《国际经济评论》。

（六）掉期交易

掉期交易（Swap Transaction）从广义上讲应属于套汇交易，也叫时间套汇。是指将货币相同、金额相同而方向相反、交割期限不同的两笔或两笔以上的外汇交易结合起来，即交易者在买进（或卖出）某种货币的同时，卖出（或买进）数额相同的同种货币，使资金做反方向回流，避免外汇风险。传统掉期交易同现汇交易和远期外汇交易一样，是国际市场上的一种重要交易方式。掉期率等于两笔交易所使用的汇率的差价，即买进和卖出两种不同期限的外汇所使用的汇率的差价。例如，某银行因业务经营的需要，以英镑购买3000万美元存放在美国的纽约银行，存期4个月。为防止4个月后美元汇率下跌，使存放在美国纽约银行的美元不能换回原来数额的英镑而使银行蒙受损失，因此，该银行在买进3000万美元现汇的同时，卖出4个月的美元期汇，从而转移了此间美元汇率下跌而造成的风险。

在掉期交易中，掉期交易改变的不是交易者手中持有的货币数额，而是改变了交易者所持货币的期限。它的基本用途是避免外汇风险，掉期交易强调买入和卖出的同时性，即两笔交易必须同时进行，并且掉期交易绝大部分是针对同一对手进行的。

【知识链接】

中国外汇交易中心正式推出外汇掉期估值服务

为进一步完善银行间市场风险缓释体系，帮助市场成员进行存续合约管理，中国外汇交易中心从2019年4月2日起正式推出人民币对美元外汇掉期估值服务。

一、估值特点

1. 估值合约覆盖全面。市场成员可以每日获取本机构所有人民币对美元外汇掉期存续合约的估值数据，包括即远、远远等各类外汇掉期合约，并可同时获得T+0和T+1估值数据。

2. 估值结果应用广泛。交易中心采用市场普遍认可的现金流贴现模型和基准数据源进行估值计算，并在交易冲销等需要应用外汇掉期估值数据的业务运行中不断完善。自2016年以来，已有30多家市场成员使用外汇掉期估值进行交易冲销。市场成员还可将其应用于交易中心组合对账的估值核对等交易后服务，实现存续合约的风险管理。

二、估值算法

将存续合约中所有远端起息日未到期的美元现金流通过交易中心T日16:30人民币对美元即期收盘价和16:30的交易中心人民币对美元外汇掉期曲线换算成人民币，与该未到期合约中相同起息日未到期的人民币现金流轧差得到净额，再用T日的Shibor3M利率互换收盘曲线进行贴现，最后得到合约净额的贴现值即为合约估值。

三、估值申请

市场成员可直接联系中国外汇交易中心进行外汇掉期估值服务的申请。

资料来源：中国外汇交易中心，2019-04-02.

按照不同的分类标准，掉期交易可以划分成不同的类型：

1. 按交易对象是否相同，可分为纯粹的掉期交易和分散的掉期交易。

纯粹的掉期交易（Pure Swap Transactions）。即同时向同一对象买进或卖出不同交割日的等额外汇的交易。也就是说，交易的买和卖都发生在相同的两个交易员之间。在这一交易中，掉期率是双方直接协商的，一旦双方达成协议后，即按约定的即期汇率和远期汇率成交。

分散的掉期交易（Engineered Swap Transactions）。又称为制造掉期，指包括两个交易行为，而两笔交易对象并不相同的掉期交易。例如，交易员与某一交易对手按远期汇率买入远期外汇之后，再与另一交易对手按即期汇率或按另一期限的远期汇率，卖出同一币种的即期或远期外汇。

纯粹的掉期交易只涉及两方，分散的掉期交易涉及三个参与者，外汇市场上绝大部分的掉期交易属于纯粹的掉期交易。

2. 按交割期限不同，可分为即期对即期掉期交易、即期对远期掉期交易和远期对远期掉期交易。

即期对即期掉期交易，即同时做两笔货币币种相同、金额相等、交易方向相反、交割日不同的即期外汇交易。外汇银行为了避免短期资金拆借的风险而采用这种特殊形式的掉期交易。主要有两种常见的交易安排，今日对明日的掉期和明日对后日的掉期。今日对明日的掉期，是将第一笔即期交易的交割日安排在成交后的当天，而反向交易的交割日安排在成交后的第一个营业日。明日对后日的掉期，是将第一笔即期交易的交割日安排在成交后的第一个营业日，而反向交易的交割日安排在成交后的第二个营业日。

即期对远期掉期交易，这是最常见的也是应用范围较广的一种掉期交易，即买入（或卖出）某种即期外汇的同时，卖出（或买入）远期的等额同种外汇，以覆盖外汇头寸，消除外汇风险。这种交易方式在进出口商远期交易展期、国际投资者投资保值和外汇银行调整外汇头寸中都有广泛的应用。

远期对远期的掉期交易，是指买进或卖出一笔远期外汇的同时，卖出或买进同种货币的另一笔远期外汇，但两笔远期交易的交割期不一致。这种远期对远期又有两种形式：一种是买进较短期的远期外汇（如 1 个月），卖出较长期的远期外汇（如 3 个月）；另一种是买进较长期的远期外汇（如 3 个月），卖出较短期的远期外汇（如 1 个月），这种掉期交易使用得较少。

（七）合约现货外汇交易

合约现货外汇交易又称外汇保证金交易、按金交易或虚盘交易，是指投资者和专业从事外汇买卖的金融公司（银行、交易商或经纪商），签订委托买卖外汇的合同，存入一定比率（一般不超过 10%）的交易保证金，便可按一定融资倍数买卖十万、几十万甚至上百万美元的外汇。因此，这种合约形式的买卖只是对某种外汇的某个价格作出书面或口头的承诺，然后等待价格出现上升或下跌时，再作买卖的结算，从变化的价差中获取利润，当然也承担亏损的风险。由于这种投资所需的资金可多可少，让小额投资者可以利用较少的资金，获得较大的交易额度，所以近年来吸引了众多投资者。外汇保证金交易最初产生于20世纪80年代的伦敦。作为一种投资工具，在欧美、日本、中国香港、中国台湾等地是合法的，交易商和交易行为受到政府的监管。

外汇投资以合约形式出现，主要的优点在于节省投资金额。以合约形式买卖外汇，投资额一般不高于合约金额的5%，而得到的利润或承担的亏损却是按整个合约的金额计算的。外汇合约的金额根据外币种类确定，每一个合约的金额分别是62500英镑、125000欧元、125000瑞士法郎、12500000日元，每张合约的价值约为10万美元。每种货币合约的金额固定，投资者可以根据自己保证金的多少，买卖整数倍的合约。

（八）外汇期货交易

外汇期货（Foreign Currency Futures）也称货币期货，是买卖双方通过期货交易所按约定的价格，在约定的未来时间买卖某种外汇的标准化合约。外汇期货交易是指买卖双方在期货交易所内，通过公开竞价买卖标准化的外汇期货合约的一种交易。外汇期货是产生最早且最重要的一种金融期货，与其他金融期货一样，具有价格发现和规避风险的功能。

外汇期货交易的主要特征包括以下几个方面：

1. 交易合约标准化。外汇期货交易是一种标准化的期货合约，主要表现在交易币种、交易金额、交割日、期限等要素的标准化。外汇交易所都规定特定的外汇期货交易币种，比如，美国芝加哥国际货币市场（IMM）规定有英镑、欧元、加拿大元、日元、瑞士法郎、墨西哥比索、澳大利亚元等交易币种。各交易所对每一份货币期货合约的金额都有具体规定，每笔交易都必须是合约的整数倍，比如，一份期货合同英镑为25000、日元为12500000、瑞士法郎为25000、加拿大元为100000、欧元为125000。交割月份是外汇期货合约规定的合约到期月份，一年中其他月份可以进行买卖，但不能交割。如果合约在到期前没有进行对冲，则必须进行交割。交割日规定为到期月份的某一天，如芝加哥国际货币市场（IMM）规定的交割日期为交割月份的第三个星期的星期三。

2. 交易双方需要缴纳保证金。在期货市场上，买卖双方在开立账户进行交易时，都必须缴纳一定数量的保证金。缴纳保证金的目的是确保买卖双方能履行义务。清算所为保证其会员有能力应付交易需要，要求会员开立保证金账户，储存一定数量的货币，同时会员也向他的客户收取一定数量的保证金。保证金分为初始保证金和维持保证金。初始保证金是订立合同时必须缴存的，一般为合同价值的3%～10%，根据交易币种汇率的易变程度来确定。维持保证金是指开立合同后，如果发生亏损，致使保证金的数额下降，直到客户必须补进保证金时的最低保证金限额。一旦保证金账户余额降到维持水平线以下，客户必须再缴纳保证金，并将保证金恢复到初始水平。

3. 实行逐日盯市制度。外汇期货交易逐日盯市制度，也就是实行每日结算制度。交易所实行“无负债”原则，交易者的头寸每天都要按结算价格轧平。外汇期货市场根据每天的结算价对交易者的账户计算盈亏，并计入保证金账户，获利的部分（超过初始保证金）可提取，亏损时从保证金中扣除，并要及时追加保证金。外汇期货交易只要有结算价格变动，每天都有损益收付，一直到交割为止。

4. 价格波幅限制和交易数量限制。价格波幅限制也称“每日停板额限制”，交易者不得在确定的停板价格之外进行交易。最高限价是一种市场保护措施，是指每日交易价格变化的最高限制，超过此限价，该种货币的期货交易将停止。如芝加哥市场日元期货交易在开市（上午 7：20—7：35）15 分钟内限价为 150 点，7：35 分以后无限价。交易数量限制也称“交易头寸限制”，交易者在某一期货市场上最多可持有的期货合约数量是有限制的。

5. 遵循公开市场原则。凡在交易所内进行的期货交易都必须通过公正、平等、竞争的方式进行，大多数交易都以“公开喊价”制度来实现公开市场原则。远期外汇交易则是交易者通过电报、电传、电话等电信网络进行，以场外交易为主。

6. 市场流动性高。期货合约的市场流动性较高，绝大多数外汇期货交易一般不进行最后交割，而是在到期日之前通过对冲交易的方式平仓，最终履行合约交割的外汇期货交易不到 1%，因为外汇期货交易的最主要目的是保值避险和投机获利，并不是为了满足交易者对不同货币头寸的需求。

（九）外汇期权交易

外汇期权（Foreign Exchange Option）又称货币期权或外币期权（Foreign Currency Option），它是一种选择权契约，期权的买方以支付期权费（保险费）为代价，享有在合同到期日或到期日之前以规定的价格购买或出售一定数额某种外汇的权利。期权的买方有权利在市场价格和协议价格之间做出选择，当市场价格对他有利时，他会放弃执行期权合约，当协议价格对他有利时，他会选择执行期权合约。而期权的卖方则有义务在买方要求履约时卖出或买进该种外汇资产。

外汇期权的产生有两个重要原因：国际金融市场日益剧烈的汇率波动和国际贸易的发展。随着 20 世纪 70 年代初期布雷顿森林货币体系危机的出现到最终崩溃，汇率波动越来越剧烈。同时，国际贸易也迅速增长，面对汇率变动的日益加剧，越来越多的交易商需要更有效的途径避免外汇风险。外汇期权不仅能有效避免汇率风险，而且克服了远期外汇交易和期货交易的局限性，能在市场汇率向有利方向波动时获得无限大的盈利，因而颇得国际金融市场的青睐。与其他外汇交易相比，外汇期权交易具有如下特点：

第一，权责不对等。期权的买方支付期权费购入期权之后，享有是否执行合约的选择权，而期权的卖方则没有选择余地，只有履约的义务。

第二，期权费不能收回。期权费是期权交易时，买方按规定支付给卖方的费用，在期权成交时一次性付清，以弥补卖方在汇率上可能遭受的损失。因此，无论是履行合约或放弃履行合约，期权业务的买方所交付的期权费均不能收回。

第三，期权买方的损失有限。不管汇率如何变动，期权买方的损失不会超过期权费。相对应的是期权卖方在理论上的风险是无限的，收益是有限的，其收益的最大值就是期权费。

第四，外汇期权灵活性强。外汇期权具有执行合约与不执行合约的选择权，灵活性强。因此，相比较而言，采用期权业务来规避风险要比远期、期货交易更彻底。

按照不同的分类标准，外汇期权可以划分成以下几种类型：

1. 按照行使期权的时间，分为美式期权和欧式期权。

美式期权是指期权的买方可在期权到期日之前的任何一天向对方宣布，决定执行或不执行购买（或出卖）的期权合约。欧式期权是指期权的买方只能在期权到期日当天向对方宣布，决定执行或放弃购买（或出卖）的期权合约。美式期权比欧式期权灵活，期权费用也比较高。以中国银行为例，它只提供欧式期权交易，即客户只有在期权到期日才能执行合约，在期权到期日前，客户不得要求提前行使期权。

美式期权和欧式期权这两个术语源于美洲和欧洲的期权交易所不同的交易方式。现在地理位置已经不相关了，但名称却保留下来。虽然欧式期权在到期日前不能行使，但通常可以交易。即使是场外交易期权，通常也可以从初始银行获得成交价，或者找到另一家银行同意以一定价格冲销交易。

2. 按照购买者的买卖方向，分为买入期权和卖出期权。

买入期权（Call Option）又称看涨期权，简称买权，是指合约的购买者有权在合约期满或期满之前以约定汇率购进约定数量的外汇。也有权不买，以避免该种货币汇率大幅度上涨带来的损失。

卖出期权（Put Option）又称看跌期权，简称卖权，是指合约的购买者有权在合约期满或期满之前以约定汇率卖出约定数量的外汇。也有权不卖，以避免该种货币汇率大幅度下跌带来的损失。一般来说，银行会参与在外汇期权交易中，形成外汇期权卖出方。进行外汇期的客户会是买入方，即“买入期权”的买入者或是“卖出期权”的买入者，并由买入者的客户交付期权费用。

3. 按期权合约交易的基础资产，分为现汇期权、外汇期货期权等。

现汇期权是指期权买方有权在期权到期日或之前，以协定汇价购入或出售一定数量的某种外汇现货。国际上经营现汇期权的主要是美国的费城证券交易所、芝加哥国际货币市场和英国的伦敦国际金融期货交易所。

外汇期货期权交易是指期权买方有权在到期日或之前，以协定的汇价买进或出售一定数量的某种外汇期货，即买入看涨期权可使期权买方按协定价格取得外汇期货的多头地位；买入看跌期权可使期权买方按协定价格建立外汇期权的空头地位。国际上经营外汇期货期权交易的主要是芝加哥国际货币市场和英国的伦敦国际金融期货交易所。

4. 按照期权是否存在内在价值可以将期权分为实值期权、平价期权和虚值期权。

期权的价值一般被分为内在价值和时间价值两部分，内在价值体现的是立即执行期权带来的收益。实值期权是指内在价值为正的期权，如标的资产现价高于执行价的看涨期权或者当前标的资产价格低于执行价的看跌期权就是实值期权，而标的资产现价与执行价相等的期权为平价期权，标的资产现价低于执行价的看涨期权或者标的资产现价高于执行价的看跌期权为虚值期权。

时间价值体现的是期权有效期期间标的资产价格变动带来的收益，即期权费减去内在价值后剩余的部分，反映了交易商愿意为标的资产价格波动的不确定性所支付的代价。这部分价值一般为正，但对于接近到期日的期权或者深度实值期权和深度虚值期权其价值可能为0。在相同执行价的情况下，平价期权的时间价值是最大的。

5. 按照交易场所划分，有场外交易期权和交易所场内期权。

场外交易期权（OTC 期权，Over the Counter Option）与远期外汇交易类似，其金额、期限和履约价格均由买卖双方根据需要自行商定。目前，具有代表性的场外交易期权市场是以伦敦和纽约为中心的银行同业外汇期权市场。交易所场内期权（Exchange Traded Option）类似于期货交易，期权规格标准化，在交易所内集中买卖，并可在市场上转让出售。目前具有代表性的交易所场内期权市场主要集中在费城、芝加哥、伦敦等地。

通常情况下，场外交易金额比交易所场内交易金额大得多，也不仅限于几种货币，甚至还包括交叉货币的期权。场外交易在期限、交易时间等各方面都更具有弹性，因而适合于有特殊需要的客户。

【知识链接】

人民币货币期权——对冲汇率风险的未来选择

自从2015年人民币实行汇改之后，人民币汇率正如监管当局预期的那样出现了市场化的波动。几轮的快速贬值虽是市场化的必经之路，但是也让市场各方参与者们意识到，运用衍生产品来对冲汇率风险敞口已经变得尤为重要。2017年5月末，逆周期因子被引入人民币中间价形成机制，形成了“收盘汇率＋一篮子货币汇率变化＋逆周期因子”的人民币兑美元汇率中间价形成机制，其主要作用在于对冲市场情绪的顺周期波动，使汇率中间价更加贴近中国经济基本面和国际汇市的变化。得益于此，人民币汇率短期波动对长期趋势的背离将得到有效限制，从而平滑地衔接汇率运行的长、短期路径，削弱了长期汇率失衡和短期汇率超调的双重风险。随着中国对外交流的快速扩大和深入，政府在不断完善人民币汇率制度，以推动人民币汇率市场化稳定发展。与此同时，企业和个人同样有对冲汇率风险敞口的需求。对外贸易的扩大和深入使得企业越来越重视汇率风险，良好地运用衍生工具不仅能有效降低企业成本，还能给企业带来汇率波动的收益；而个人投资者日益增长的多元化投资配置及境外消费需求也使得汇率风险敞口问题日益加重。同时，监管当局严格控制个人年度购汇额度，也使得个人投资者期待一种更加方便灵活的风险对冲工具。人民币货币期权的推出，正是顺应市场需求，增强人民币汇率体系建设的重要一环。

资料来源：南华期货，2017－11－28.

第二节　外汇交易风险

一、外汇交易风险的概念及特征

当今世界各国间的经济、贸易联系日益密切。一个国家不可能闭关锁国而独立于世界之外，一个企业也无法闭门造车而称雄于国际市场。国际经济和国内经济通过货币这一特殊的纽带紧密地联系起来。一国货币相对于另一国货币的汇率变动，给从事外汇交易的经济实体或个人带来经营结果的不确定性，即产生外汇交易风险。

外汇交易风险（Transaction Risk），又称为外汇结算风险，是指在一定时期的国际经济、贸易、金融交易当中，一个经济实体、组织或个人，以外币计价的资产、负债、盈利因外汇汇率在一定时期内发生不可能预测的变动而引起的价值上升或下跌而带来的不确定性。这种不确定性既可能给交易者带来损失（loss），也可能带来收益（gain）。

我们以一个案例来说明外汇交易风险的含义：某国内厂商出口货物合同约定价格为100万美元，美国进口商于6个月后付款。如果合同签订时，美元兑换人民币的汇率为1:6.3，出口商预期可收入人民币630万元。但是由于汇率变动，美元价格下跌，6个月后美元兑人民币汇率只有1:6.2，那么，进口商还是支付100万美元，而出口商却只能收回620万元人民币，出口商因为美元汇率下跌而少收入10万元人民币。这种由于汇率变动给交易者带来的损失风险就是外汇交易风险。

外汇交易风险概念的表述，强调以下几个观点：风险是资产或负债变化的不确定性；这种不确定性是由于汇率的频繁变化；风险是损失与收益的统一，在一般情况下，人们提到外汇交易风险时，更重视风险的损失；风险的承担者包括直接和间接从事国际经济交易的企业、银行、个人、政府及其他部门，即国际收支当中所说的居民。间接受险部分，是指因汇率变动，通过经济状况变化及经济结构变化的间接影响，使那些不使用外汇的部门及个人也承担风险，承担风险的金额是不确定的。

在一般的外汇交易中，交易双方会预测并防范外汇交易风险，只有预料之外的汇率变动才会产生外汇交易风险。外汇交易风险的特征体现在以下三个方面。

1. 不确定性。外汇交易风险给交易者带来的有可能是风险收益，也有可能是风险损失。是损失还是收益要取决于汇率变化的方向，还取决于交易者在交易中是债权人还是债务人。

2. 偶然性。外汇交易风险的偶然性指的是外汇交易风险有可能发生，也有可能不发生，不具有必然性。

3. 相对性。外汇交易风险的相对性是指在外汇交易中，给一方带来损失的同时必然给交易对手带来收益。大多数外汇汇率具有相对性，但在外汇期权交易中，可能只给交易的一方带来收益或者损失。

二、外汇交易风险的构成要素

一个国际企业在它的对外经济交易中所发生的外币收付，如应收账款、应付账款，货币资本的借出或借入等，均需用本币进行结算，并考核其经营成果。本币是衡量一个企业经济效益的共同指标。从交易达成到应收账款的实际收进，应付账款的实际付出，借贷本息的最后偿付均有一个期限，这个期限就是时间因素。在确定的时间内，外币与本币的折算比率可能发生变化，从而产生交易风险。可见，凡是外汇交易风险一般包括三个因素：本币、外币与时间。这三个因素在外汇风险中同时存在，缺一不可。

1. 本币。从事国际贸易的企业，在它的经营活动中所发生的外币应收账款、外币应付账款、外币资本的借出或借入等，最终均需用本币进行结算，以考核该企业的经济效益。

2. 外币。如果某贸易交易以本币计价结算而不使用外币，则该贸易交易不存在外汇交易风险。

3. 时间。在一笔贸易交易中，有了本币和外币之间的兑换关系还不一定构成外汇交易风险，还必须有时间的差异。也就是说，在贸易交易中，由于实际账款的收进和付出是有时间期限的，在这个期限内，汇率有可能发生变动，才会存在风险。在同一时间，汇率不会变动，风险也就不存在。一般来说，应收或应付外币账款的时间期限与外汇交易风险的大小成正比，即时间越长，在此期间汇率波动的可能性就越大，外汇交易风险相对也就越大；反之，时间越短，在此期间汇率波动的可能性越小，外汇交易风险相对就越小。在浮动汇率制度下，由于汇率的波动更频繁、更剧烈，因此企业所面临的外汇交易风险比在固定汇率制度下更经常、更明显、更难以预料。

【案例分析】

我国某外贸公司从美国进口一批机械设备，双方约定以信用证方式结算，付款日期为出票后 90 天付款，货款为 250 万美元。当时美元兑人民币汇率为：1USD = 6. 2530CNY，但 90 天后，美元汇率上浮，1USD = 6. 2630CNY，此时外贸公司要购买 250 万美元，向美国出口商付款。

试分析：在上述案例中，外汇交易风险是怎样形成的？

三、外汇交易风险的种类

（一）贸易结算风险

以即期或延期付款为支付条件的商品或劳务的进出口，在装运货物或提供劳务后至费用收支的这期间，由于外汇汇率变动使出口商收入减少或进口商支付增加，这种风险构成了对外贸易的结算风险。例如，某省一企业，从日本引进大型项目，总价和费用都按照日方要求以日元结算，共计 320 亿日元。2018 年 6 月签约时，汇率为 1USD＝247JPY，320 亿日元约合 1.3 亿美元。其后日元不断升值，到 2018 年 4 月中旬预付定金时，日元升值为 1USD＝170JPY，折合约为 1.8 亿美元，该企业蒙受汇率损失约 5800 万美元。

（二）国际信贷风险

以外币计价的国际信贷活动，在债权债务产生至清偿债权债务的这一时段，由于外汇汇率变动使债权人收入减少或债务人支付增加，这种风险构成对外债权债务的清偿风险。例如：美国某企业 2017 年借入 100 万欧元两年期的国际商业贷款，当时的市场汇率为 1USD＝1.0255EUR，但是，2019 年还款时的市场汇率变为 1USD＝0.9235EUR，由于国际信贷汇率风险，该美国企业损失了 10.77（100÷0.9235－100÷1.0255）万美元。

（三）外汇买卖风险

待交割的即期或远期外汇合同的一方，在该合同到期时，由于外汇汇率变化，交易的一方可能要拿出更多或较少的货币去换取另一种货币，这种风险构成了外汇的买卖风险。例如，某客户与银行在当天以 1EUR＝1.1500USD 卖出美元，买入 100 万欧元，次日交割；若第二天汇率变为 1EUR＝1.1400USD，则由于外汇买卖风险，该客户将损失 1 万美元。

【知识链接】

银行经营外汇业务的风险

一、外汇买卖风险

外汇买卖是外汇银行的基本业务，包括卖汇和买汇。外汇银行所持有的各种外币账户余额状况，称为外汇头寸。银行买卖外汇经常处于头寸不平衡之中，某种外币头寸卖大于买，称“空头”（Short Position）或超卖（Oversold）；反之，买大于卖，称“多头”（Long Position）或超买（Overbought）。如果头寸额过大，由于汇率变化莫测，银行可能会遭受损失。

值得注意的是“轧平”，并不意味着所有银行在买卖外汇后，都需立即进行平衡，而是根据国际金融的发展情况、银行本身资力的大小以及对汇率变动趋势的预测，来决定是立即轧平，还是推迟。

二、外汇信用风险

外汇信用风险是指在外汇交易中由于当事人违约而给银行带来的风险。主要有：（1）与同业交易中，对方到期资力不足或破产倒闭造成的风险；（2）代客买卖中，客户不能或不愿履行期汇合约的交割而造成的风险；（3）外汇贷款中，客户不能如期还本付息而带来的风险。从某种程度上讲，外汇信用风险比外汇买卖风险还更具“风险”，因此，详细考察对方资信，加强风险防范，十分重要。

三、清算风险

清算风险也称交割风险，指在外汇交易未能按规定时间，履行付款责任的风险。按照惯例，在外汇买卖中，当事人应于到期日或交割日把自己卖出的货币如数付至对方指定的收款银行（代理行）。若其中一方由于各种原因未能履行付款责任，则另一方有可能蒙受损失。

资料来源：百度百科。

四、外汇交易风险与金融安全

（一）外汇交易风险与货币安全

货币安全主要是指一国外汇市场上短期资金流动未引起汇率剧烈动荡，货币对外价值基本保持稳定的状态。影响货币安全的因素主要包括国际资本的流动性、广义货币供给量、外汇储备等。随着国际金融市场的日益活跃和拓展，各种外汇经营活动无时无刻不与外汇交易风险挂钩，汇率的频繁波动对外汇交易风险的发生影响巨大，其结果可能会导致外汇市场上资金流动出现剧烈震荡，同时外汇储备和货币供应量也会受到相应的影响，从而影响到国家的货币安全。

（二）外汇交易风险与银行安全

银行安全，主要是从两方面进行考虑，一个是银行自身的清偿力，另一个是银行自身流动性的大小。银行自身的清偿力是指银行未来能够赚取的收入能否还清银行所欠的债务；银行自身的流动性是在当前时期所赚取的收入能够还清当期的债务，而且在未来时期也可以还清未来的债务的一种能力。银行也会面临着外汇交易风险，主要是由银行所从事的一些外汇业务所产生的，第一类业务是银行自营外汇业务，即银行以自身为主体参与到外汇市场中所从事的一些外汇交易活动，如同业间外汇买卖，外币的投资等；另一类业务是代客业务，即银行为客户所提供的各种外汇业务，包括外币兑换、外汇存贷款、外汇汇款等。面对浮动汇率制度下，市场汇率频繁波动的格局，银行面临的外汇交易风险日益增大，当汇率发生变动时，会导致银行外汇交易中以外币计值的资产和负债的价值发生不可预测的涨跌，从而产生外汇交易风险，而风险损失一旦发生，会给银行的经营成果带来很大的负面影响。

（三）外汇交易风险与国际贸易安全

在世界经济稳步走向全球一体化的进程中，国与国之间的贸易、投资和国际资本流动正在不断加快。特别是浮动汇率制度实施后，汇率波动幅度显著加大，变动频率明显加快，这不仅在一定程度上给企业带来总资产价值缩水、贸易收入下降、经营成本增加、利润率降低、债务负担加重等风险，更重要的是使国际贸易不可避免地面临越来越多的风险。随着国际金融市场的日益活跃和拓展，各种国际经营活动无时无刻不与外汇交易风险挂钩，这给国际贸易造成了严重的影响：不仅体现在国际间贸易订单数量的减少，而且还严重影响到现有订单的后续执行，使得国际贸易呆坏账的发生概率和数额增加，企业外汇的收付时间和周期也产生了很大的不确定性，导致最终的本外币折算时间无法在贸易合同规定的时间或计划周期内进行，从而严重影响了国际贸易的顺利开展。因此，在浮动汇率制度下，外汇交易风险是各国国际贸易健康发展必须直面的问题，它将作为一种常态长期存在于国际贸易中。

第三节　企业外汇交易安全

一、企业外汇交易安全的原则

（一）全面重视原则

这一原则要求发生涉外经济业务的政府部门、企业或个人对自身经济活动中的外汇交易风险高度重视。外汇交易风险有不同的种类，不同的风险对企业的影响有差异，有的是有利的影响，有的是不利的影响。因此，涉外企业和跨国公司需要对外汇买卖、国际贸易结算、国际信贷、企业未来资金运营及跨国投资收益等项目下的外汇交易风险保持清醒的头脑，做到胸有成竹，避免顾此失彼，造成重大的损失。

（二）管理多样化原则

这一原则要求涉外企业或跨国公司灵活多样地进行风险管理。企业的经营范围、经营特点、管理风格各不相同，涉及的外币的波动性、外币净头寸、外币之间的相关性、外汇交易风险的大小都不一样，因此每个企业都应该具体情况具体分析，寻找最适合于自身风险状况和管理需要的风险管理战术及具体的管理方法。随着时间的推移，外部约束因素会不断变化，因此企业的外汇交易风险管理战略也需要相应地更改，企业不能抱残守缺，长期只采用一种风险管理方法，应运用多样化管理方法处理外汇交易风险。

（三）收益最大化原则

这一原则要求涉外企业或跨国公司精确核算外汇交易风险管理的成本和收益。在确保实现风险管理预期目标的前提下，支出最少的成本，追求最大化的收益。这是企业进行外汇交易风险管理的基石和出发点，也是企业确定具体的风险管理战术、选择风险管理方法的准绳。外汇交易风险管理本质上是一种风险的转移或分摊，例如，采用远期外汇交易、期权、互换、期货等金融工具进行套期保值，都要支付一定的成本，以此为代价来固定未来的收益或支出，使企业的现金流量免受汇率波动的侵扰。一般地，风险管理支付的成本越小，进行风险管理后得到的收益越大，企业对其外汇交易风险进行管理的积极性就越高，反之亦然。

二、企业外汇交易面临的风险

外汇交易风险（Transaction Risk）又称外汇结算风险，是指企业以外币计价的未来应收款、应付款在以本币结算时，由于汇率波动而引起的损失或者盈利的可能性。

凡是涉及外币结算或收付的商业活动或投资行为都会产生交易风险，交易风险是一种流量风险，也是国际贸易中遇到的最主要、最常见的风险。这种风险的最大特点是交易者的外汇债权债务从签订交易合同，确定以外币计价的交易金额时即汇率变动前就已经产生，在汇率变动后实际收付。

企业的外汇交易风险可以发生在以下几种情况中：

1. 进出口贸易中的外汇交易风险。合同签订与实际支付货款时，如果本外币的汇率发生变动，会给交易双方带来损失或收益的风险。外汇汇率下降，会给出口方带来损失，反之则会带来收益。外汇汇率上升，会给进口方带来损失，反之则会带来收益。例如，2018 年 3 月 1 日，国内某厂商与德国汽车厂商签订了进口汽车的合同，双方约定以美元结算，价格为 100 万美元，6 个月后交割。汇率在 6 个月中的变化情况及进出口方的损益如表 6－1 所示。

表 6－1　汇率变化带来的进出口贸易损失

日期	USD/EUR	USD/CNY	汇兑损益
2018 年 3 月 1 日	0.86	6.32	进口方损失：（6.35－6.32）×100 万＝3 万 CNY
2018 年 9 月 1 日	0.84	6.35	出口方损失：（0.86－0.84）×100 万＝2 万 EUR

这种风险从签订经济合同并确定以外币结算时开始存在，一直持续到外汇交割完成，合同的价格就是此次交易的受险金额。因此，在对交易风险计量时，要从企业的资产负债表开始，不但要考虑企业的债权债务关系，还要考虑已经商定的会在未来发生的以外币结算的应收账款或者应付账款。

相同金额的不同货币的风险头寸所导致的本币损益是不同的，首先是由于受到汇率变化的相关系数的影响，其次是受某种货币汇率的不稳定性的影响，我们可以用汇率的标准差衡量汇率的稳定性。

【知识链接】

人民币升破 6.4，企业迎汇率风险考验

2018 年 1 月 24 日，中国货币网数据显示，人民币对美元中间价报价 6.3916，这一报价为自 2015 年 12 月 7 日以来人民币对美元汇率首次升破 6.4 关口。同 2018 年初的 6.5079 相比，人民币汇率升值再次受到各方关注。根据中国货币网的数据，2017 年全年，人民币对美元中间价从年初的 6.9498 到年底的 6.5342，升值幅度达到了 5.98%。这意味着，一些出口企业在 2016 年底享受了人民币贬值带来的“红利”后，已逐渐成为了汇率波动的承压方。

随着越来越多的企业开始意识到汇率的风险，在合同上加入汇率限制条款、欧元报价、汇率衍生品都已成为出口企业的避险工具。业内有研究表明，伴随着近几年我国企业“走出去”，对外资产的规模也迎来了持续增长，在这种情况下，提高汇率风险管理能力对企业来说已经变得越来越重要。2017 年 9 月，人民银行发文将外汇风险准备金率从 20% 调整为零。民生银行首席研究员温彬指出，这使得银行的报价成本有所降低，有助于企业更好地运用衍生品工具来对冲汇率风险。

资料来源：新京报，2018－01－25.

2. 外汇买卖业务中的外汇交易风险。企业在进行远期外汇交易、期货、期权交易中，因为约定汇率和到期时的汇率相比会发生变化，因此面临着外汇交易风险。例如，美元兑人民币即期汇率是 1:6.42，某企业预测在未来的一年美元兑人民币的汇率会继续上升，那么该企业按照 1:6.48 的汇率买进 100 万美元的 6 个月的远期合约，6 个月后，美元兑人民币汇率为 1:6.45，该企业因汇率变化损失 3 万美元。

3. 国际借贷中的外汇交易风险。从外币借贷关系发生到债权债务关系清偿的这段时间内，如果外汇汇率发生波动，债权或者债务人就会付出更多的成本。例如，2018 年 1 月 5 日，中国甲公司向荷兰的乙公司借出 10 万欧元，借期为 3 个月，欧元兑人民币的即期汇率是 1∶7.48。甲公司用 74.8 万元人民币兑换成 10 万欧元。2018 年 4 月 5 日，借款期满时，欧元兑人民币的即期汇率下降到 1∶7.46，那么甲公司就损失了 2000 元人民币（不计利息的情况下）。

三、企业外汇交易风险的管理

近年来，由于各种经济及政治中不稳定因素的存在，外汇市场的汇率波动频繁，从而加大了企业在国际贸易及国际借贷中的外汇交易风险。例如，2018 年 4 月 27 日，美元兑人民币汇率中间价是 6.48，而 2018 年 5 月 10 日，美元兑人民币的中间价就上涨到 6.52。如果国际企业在经营活动中不考虑汇率因素，就极有可能因汇率发生不利于自己的变动而蒙受损失。

对于国际经济中产生的外汇交易风险，企业可以通过采取多种风险管理办法，来尽量躲避外汇交易风险可能造成的损失。企业需要从自身的经营目的出发，积极采取适当的风险防范措施，将可能产生的外汇交易风险损失降至最低，以最小成本达到风险管理的最佳效能。企业外汇交易风险管理就是评估外汇风险的性质，按一定的风险管理战略和原则，运用多种风险管理手段来防止未来可能发生的汇率变动给企业经营带来的各种损失。

企业的外汇交易风险管理可以分为两类：内部管理方法和外部管理方法。内部管理方法又称商业法，指的是不利用外部条件，将外汇交易风险作为企业日常经营的一部分，尽量减少或者防止可能产生风险的净外汇头寸的产生。外部管理方法又叫金融法，是当内部经营不足以消除净外汇头寸时，利用外部市场，如远期外汇市场、期货市场、期权市场及互换市场等进行交易，以降低外汇交易风险。

（一）企业外汇交易风险的内部管理方法

1. 选择货币法。在国际经济交易中，交易双方签订合同时，企业可以选择有利的结算货币来减少外汇交易风险。结算货币的选择非常重要，这关系到外汇交易风险由谁来承担的问题。

（1）选择本币计价。在涉外经济交易中，要尽量选择用本币进行结算。这是因为选择本币作为计价货币，不涉及货币的兑换，进出口商就不会产生外汇交易风险。这种方法仅适用于本国货币可以自由兑换的几个国家，目前主要工业国家（尤其是一些储备货币发行国）的出口贸易，很大部分是以本币计价结算的，如英国和德国的本币结算率分别高达73%和87%。随着日元国际化，日本企业以日元计价的出口也与日俱增。当然，如果本国货币出现严重的通货膨胀，就不能采用本国货币计价结算，以免遭受本国货币贬值的损失。选择本币计价法并没有消除外汇交易风险，只是将风险从交易的一方转嫁到交易的另一方，所以对方一般不愿意接受，从而可能影响交易的达成。

（2）选择自由兑换货币计价。选择自由兑换货币作为计价结算货币本身并不能减少外汇交易风险，因为自由兑换货币本身的汇率也是浮动的。选择自由兑换货币是为了便于外汇资金的调拨和运用，可自由兑换货币的流动性大，在汇率发生变动时，可以立即兑换成另一种有利的货币，从而达到防范或转移风险的目的。

【知识链接】

可自由兑换货币

货币的可自由兑换是指一种货币的持有人能把该种货币兑换为任何其他国家货币而不受任何限制。

当一个国家在其对外交往中，完全以外币计价结算，没有外汇市场，既不实行本币对外币的兑换，也不公布本币对外币的汇率，外币与本币完全处于隔绝状态，这种货币被称为不可兑换的货币。另外，还有一种介乎两者之间的有限度自由兑换货币，根据《国际货币基金协定》的规定，凡是对国际经常往来的付款和资金转移施加各种限制的货币，均属于有限度的自由兑换货币。这种货币通常对外汇交易也有所限制，如规定只有非居民才能自由地将该国货币转换成其他货币，而本国居民非经批准不得随意将本币换成外币。有些国家规定，在从事与商品贸易和劳务交易有关的经济活动中，货币才可以兑换，从事其他交易的则不能兑换等。

货币的兑换实际上是货币和劳务的交换。一国货币能否兑换，并不取决于该国政府及货币当局的主观愿望，而是取决于该国进出口能力及进出口的自由程度。一国货币如能自由兑换，实际上意味着该国居民可以自由地将本国货币兑换成外国货币，购买别国的商品和劳务。也意味着别国居民能通过兑换，取得对该国商品和劳务的购买权。反之，如果一国禁止本国人随意购买别国的货物和劳务，或禁止外国人随意购买本国的货币和劳务，这种货币就不能称为可自由兑换货币。世界上已有67个国家和地区接受了《国际货币基金协定》中关于货币自由兑换的规定，也就是说，这些货币被认为是自由兑换的货币。目前，可自由兑换的货币主要有美元、欧元、日元、英镑、瑞士法郎、法国法郎、意大利里拉、荷兰盾、比利时法郎、丹麦克朗、瑞典克朗、挪威克朗、奥地利先令、港元、加拿大元、澳大利亚元、新西兰元、新加坡元等。

资料来源：百度百科。

（3）选择有利的外币计价。注意货币汇率变化的趋势，选择有利的货币作为计价结算货币，这是一种很基础的防范措施。一般的基本原则是“收硬付软”，即应收外汇应选择汇率相对稳定并具有上浮趋势的“硬货币”（Hard Currency），而应付外汇则应选择汇率相对不稳定且有贬值趋势的“软货币”（Soft Currency）。也就是说，企业在国际贸易中，对于资产、债权用硬货币，对于负债、债务用软货币，以减少外汇交易风险。这样，出口商或者债权人在合同到期结算时，由于外币汇率上涨而收到更多的本币，而进口商或债务人会由于外币汇率下跌而少付出本币。同时，企业所选择的结算货币尽量与企业经常收入或支出的外币相同，以减少汇兑损失。由于一种结算货币的选择与货币汇率走势、与他国的协商程度及贸易条件等有关，因此在实际操作当中，必须全面考虑，灵活掌握，真正选择有利的币种。

（4）选用一篮子货币。对于涉及大宗商品的国际经济交易，可以通过使用两种以上的货币计价来规避外汇汇率变动带来的风险。计价货币的选择尽量在国际储备货币中选择，如美元、欧元、英镑、日元等。这些货币的汇率变化呈负相关性，也就是有的货币升值，必然有的货币会贬值。这样，升值的货币会带来收益，可以部分抵销贬值货币所带来的损失。因此，选用一篮子货币可以减少国际贸易中企业的外汇交易风险。

【知识链接】

一篮子货币中货币的币种及比重是如何确定的

目前，人民币汇率不再盯住单一美元，而是按照我国对外经济发展的实际情况，选择若干种主要货币，赋予相应的权重，组成一个货币篮子，在此基础上测算人民币多边汇率水平的变化。作为人民币汇率调节的一个参考，在篮子货币的选取以及权重的确定时主要遵循的基本原则是：综合考虑在我国对外贸易、外债（付息）、外商直接投资（分红）等外经贸活动中占较大比重的主要国家、地区的货币，组成一个货币篮子，并分别赋予其在篮子中相应的权重。因此，第一，一篮子货币的确定也是以对外贸易权重为主的；第二，一篮子货币权重的确定也要适当考虑我国对外负债的币种结构；第三，在一篮子货币中要考虑外商直接投资的影响；第四，适当考虑经常项目中一些无偿转移类项目的收支。虽然这类项目收支所占比重相对小一些，但其币种构成也会对一篮子货币的权重产生一定的影响。

资料来源：中国人民银行货币政策司。

（5）软硬货币搭配。近些年，汇率波动频繁，软硬货币此降彼升，具有负相关性，也就是说，软硬货币是可以互相转换的。在国际贸易中，对于交易双方来说，都需要选择有利于自己的结算货币，僵化地坚持“收硬付软”可能会使交易难以达成。交易双方在选择计价货币难以达成共识时，可采用这种折中的方法。该方法具体搭配有三种形式：一是软硬货币对半；二是软或硬货币多些；三是把软硬货币与介于软硬货币之间的另一种货币进行组合，使三者各占一定的比例。同时，在该方法中，一般还应在合同中标明计价货币、支付货币及当时软硬货币之间的汇率，一旦软硬货币汇率发生变化，就可按变化后的汇率调整支付货币的数量。只有这样，才能避免或减少汇率风险。

目前，我国大部分的对外贸易所采用的货币为美元或者欧元，美元和欧元的汇率变化对我国进出口企业的效益有很大的影响，因此，企业应该特别关注美元或欧元的汇率变化，以减少风险。

2. 配对管理法。配对管理法是一种使外币债权和外币债务相互抵销以消除外汇交易风险的方法，它包括以下两种方法。

（1）平衡法。平衡法是指在国际贸易中，企业有了外汇应收账款或者外汇应付账款，就有了外汇交易风险。为了消除此风险，企业可以创造一个在货币、金额、收付日期上完全一致，但资金流向相反的交易，通过轧平外汇头寸的方式来避免外汇交易风险。

平衡法包括以下两种：①单项平衡法：这种方法又可包括两种，一种是严格意义上的单项平衡，是指交易者通过创造一个相同货币、相同金额、相同期限、相反方向的外汇流动，使外汇资金有进有出，避免外汇交易风险。这种方法可以节省银行手续费、外汇买卖差价和保险费的支付，提高经济效益。另外一种是一般意义上的单项平衡，是指在外汇交易中做到收付币种一致，借、用、收、还币种一致，以此避免或减少风险。②综合平衡法：是指在交易中使用多种货币，软硬货币结合，多种货币头寸并存，将所在单项多头与空头合并，由此使多空两相抵销或在一个时期内各种收付货币基本平衡。该平衡法比单项平衡法更具灵活性，效果也较显著。

（2）组对法。组对法是指交易主体通过利用两种资金的流动对冲来抵销或减少风险的方法。一般要选择汇率相对稳定的正相关关系的两种货币，这两种货币的汇率同时上升或同时下跌，从而避免较大的风险。但是，如果一旦这两种货币的关系出现偏离，那么，组对法就无法实现，反而会产生新的风险。因此，必须注意组对货币的选择。

组对法的特点在于：平衡法是基于同一种货币的对冲，而组对法则基于两种货币的对冲。组对法比较灵活，也易于运用。但是这种资金流动的双向性如果被破坏，交易对手不能如期支付，配对管理就失去了意义。

3. 提前或推迟结汇法。提前或推迟结汇法，是指在国际贸易中，交易双方根据自己对结算货币的未来汇率变动趋势的分析，预期到某种货币将要升值或贬值时，改变收付外汇的时间，以达到减轻或者消除外汇交易风险的目的。提前或推迟结汇有两种情况，一种是预期外汇汇率将要上升时，出口商或外币债权人应尽量推迟收汇日期，以期获得计价货币汇率上浮的利益；而进口商或外币债务人则应争取提前付汇，以避免将来因计价货币升值而多支付本国货币。另外一种是预期外汇汇率将要下跌时，出口商或外币债权人应争取提前收汇，以避免计价货币贬值带来的损失；而进口商或外币债务人则应尽量推迟付汇日期，以达到用较少的本币换取计价货币的目的。具体做法见表 6－2。

表 6－2　　　　提前或推迟结汇法

汇率变动趋势	预期外币将升值	预期外币将贬值
出口商（收外币）	推迟收汇	提前收汇
进口商（付外币）	提前付汇	推迟付汇

例如，国内出口企业甲公司向新西兰乙公司出口一批货物，合同价格为 10 万美元，6 个月后付款。甲企业预测收款时美元的汇率会下跌，为防止美元下跌给企业造成损失，甲企业可以选择提前收回应收账款。如果乙企业也预测到美元汇率会下跌，就不会同意提前支付货款。如果乙企业预测美元会上涨，就有可能同意提前付款。

4. 运用系列保值法。保值条款是经贸易双方协商，同意在贸易合同中加列分摊未来汇率风险的货币收付条件。在保值条款中交易金额以某种比较稳定的货币或综合货币单位保值，清算时按支付货币对保值货币的当时汇率加以调整。在长期合同中往往采用这类做法。

（1）硬货币保值。在合同中规定以硬货币计价，以软货币支付，并注明两种货币当时的汇率。到支付日时，若计价货币（保值货币）与支付货币之间的汇率发生了变化，可作如下处理：一是按支付日实际汇率将原来以计价货币表示的货款折算成支付货币进行支付。或者规定软币对硬币的贬值幅度，若小于规定的幅度（如 1%、1.5% 或 3%），则不作调整，按签订合同时的汇率支付货款；若大于规定的幅度，则按支付日的汇率进行调整。这样，实收的计价货币金额与合同金额相同，由交易双方按一定比例共担外汇交易风险损失。在国际贸易合同中，硬货币保值条款作为一项防范外汇交易风险的有效手段，运用已非常普遍。

（2）综合货币单位保值条款。贸易双方在签订合同时，规定采用多种货币来保值，其做法与原理和硬货币保值相同。即订立合同时确定支付货币与一篮子货币中各种货币的汇率，并规定每种货币的权数和汇率变化的调整幅度。如到期支付时汇率变动超过规定的幅度，则按支付当时的汇率调整，以达到保值的目的。由于多种货币单位由不同权重的软硬货币搭配组成，各种货币的汇率变化会有升有降，汇率风险能够被分散，从而有效地避免外汇交易风险。在国际贸易中，对于大额或者支付期限长的合同，用特别提款权保值的做法经常被采用。

（3）调价保值。调价保值是指进出口商在贸易谈判中调整进出口商品的价格，将汇率波动的风险分摊到价格中，以减少使用外币结算所带来的外汇交易风险的管理办法。国际贸易中出口收硬币、进口付软币是一种理想的选择，但在实际当中有时只能是一厢情愿。在某些场合出口不得不收取软币，而进口被迫用硬币。此时就要考虑实行调价避险法，即出口加价和进口压价，借以尽可能减少风险。调价保值包括加价保值和压价保值。

加价保值的计算公式如下：

加价后商品价格 = 出口商品原价 ×［1 ÷（1 − 计价货币预期贬值率）］

例如，当1美元等于0.80欧元时确定的原出口价为100000美元，折合88000欧元，预计出口收汇时美元将贬值10%，此时的美元兑欧元汇率将变成1美元等于0.792欧元，即原来的100000美元只值79200欧元。以加价保值，加价后商品价格为

100000×［1÷（1－10%）］=1111（美元）（四舍五入取整数，下同）

按加价后商品价格和预期汇率折算，收汇仍为160000欧元，出口商的利益得到了保证。

压价保值的计算公式如下：

压价后商品价格 = 进口商品原价 ×［1 ÷（1 + 计价货币预期升值率）］

例如，现汇率为1美元兑0.880欧元，预测进口商品付汇时将变为1美元兑0.792欧元。据此计算，欧元对美元将升值11%（即0.80÷0.792－1）。假设原进口价为88000欧元，折100000美元，在进口付汇时就必须按0.792汇率折算，以111111美元购买88000欧元对外支付。

以压价保值，压价后商品价格为：88000×［1÷（1+11%）］=79279（美元）

按压价后商品价格和预期汇率折算，付汇仍为100100美元（即79279÷0.792），进口商的利益得到了保证。

（二）企业外汇风险的外部管理方法

外部管理方法又称金融法，是指企业通过在国际金融市场上签订合同进行交易来避免原来的外汇交易风险。国际金融市场包括外汇市场和货币市场。外汇市场包括即期外汇交易、远期外汇交易、外汇掉期交易、外汇期货交易及外汇期权交易等。外汇市场可以为企业套期保值，以降低交易风险。套期保值主要通过创造与未来外汇收入或支出相同币种、相同金额、相同期限的债务或债权，以达到消除外汇交易风险的目的。货币市场方法是利用短期贷款、短期投资来防范风险的方法。

1. 外汇交易法

（1）即期合同法。即期合同法是指具有近期外汇债权或债务的公司与外汇银行签

订卖出或购买外汇的即期合同，以消除汇率波动风险的方法。即期交易防范外汇交易风险需要实现资金的反向流动。企业若在近期预定时间有出口收汇，就应卖出手中相应的外汇头寸；企业若在近期预定的时间有进口付汇，则应买入相应的即期外汇。例如，美国X公司在两天内要支付进口货款10000英镑，公司可立即进行英镑的即期买进，两天后交割时公司付银行美元，银行付公司英镑，公司把英镑付给出口商。英镑兑美元的即期汇率为1.4436/1.4446。X公司以14446元购进10000英镑，实现了外汇资金的反向流动，消除了两天内的风险。

（2）远期合同法。远期合同法是指具有外汇债权或债务的企业，为了避免债权或债务到期时的外汇交易风险，与银行签订卖出或买进远期外汇的合同，以消除汇率风险的方法。具体做法是：出口商在签订贸易合同后，按当时的远期汇率预先卖出合同金额和币种的远期，在收到货款时再按原定汇率进行交割。进口商则预先买进所需外汇的远期，到支付货款时按原定汇率进行交割。这种方法优点在于：一方面将防范外汇交易风险的成本固定在一定的范围内；另一方面，将不确定的汇率变动因素转化为可计算的因素，有利于成本核算。该方法能在规定的时间内实现两种货币的风险冲销，能同时消除时间风险和价值风险。

例如，德国甲公司出口一批商品，收到100000美元的3个远期汇票，为防止届时美元贬值，甲公司与外汇银行签订出卖100000美元的3个月远期合同。3个月后，应收账款进账，甲公司把收到的100000美元与银行交割，获得本币87940欧元。设3个月远期的汇率为USD = EUR0.8794/0.8815。

由于做了外汇远期交易，可把将要收进的外币以相同的金额、时间和币别流出，这样就消除了时间和价值风险。目前，在我国外汇市场可利用的交易工具较少的情况下，远期外汇交易是我国企业防范外汇交易风险用得最多的一种方法。在我国，银行不但开设人民币与外币的远期外汇交易，也开设外币与外币的远期外汇交易，这样，企业不但可以规避外币与人民币兑换的交易风险，也可以规避外币与外币兑换的交易风险。

（3）期货交易合同法。期货交易合同法是指具有远期外汇债务或债券的公司，委托银行或经纪人购买或出售相应的外汇期货，借以消除外汇交易风险的方法。这种方法主要有以下两种做法：

① 多头套期保值，即进口商为防止日后计价结算货币升值带来的风险损失，在签订贸易合同时应在期货市场上先买进期货合同，支付到期时再卖出期货合同进行对冲。若支付到期时计价结算货币升值了，则进口商在现汇市场上为支付货款而购买计价结算货币所蒙受的损失，可由期货市场上“先买后卖”所获得的盈利来弥补。若支付到期时计价结算货币贬值了，则进口商在期货市场上“先买后卖”所蒙受的损失，可由现汇市场上所获得的盈利来弥补。这样，无论支付到期时计价结算货币是升值还是贬值，进口商均可减轻外汇交易风险。

② 空头套期保值，即出口商为防范日后结算货币贬值带来的风险，在签订贸易合同时应在期货市场上先卖出期货合同，收回货款时再买进期货合同进行对冲。若收回

货款时计价结算货币贬值了，则出口商在现汇市场上收回外币所蒙受的损失，可由期货市场上“先卖后买”所获得的盈利来弥补。若收回货款时计价结算货币升值了，则出口商在期货市场上“先卖后买”所蒙受的损失，可由在现汇市场上所获得的盈利来弥补。这样，可以减轻出口商的外汇交易风险。

（4）期权合同法。期权合同法与远期外汇合同法相比，更具有保值作用。因为远期外汇合同法届时必须按约定的汇率履约，保现在值不保将来值。但期权合同法可以根据市场汇率变动作任何选择，既可履约，也可不履约，最多损失期权费。进出口商利用期权合同法的具体做法如下：

进口商应买进看涨期权。若到期支付货款时市场汇率高于协定汇率（均指计价结算货币的间接汇率，下同），进口商就执行合约，按事先规定好的汇率买进其支付货款所需的外币，从而不受汇率变化的影响。若到期支付货款时市场汇率下跌且低于协定汇率减保险费的水平，进口商可不执行合约，而是在现汇市场上按低价买进支付所需的外汇，从中可获得因汇率下跌带来的好处。

出口商应买进看跌期权。若到期收回货款时市场汇率下跌且低于期权合约中的协定汇率，出口商就履行合约，按事先定好的协定汇率卖出其收回的外币货款，从而不受汇率变化的影响。若到期收回货款时市场汇率上升高于协定汇率加保险费，出口商就放弃执行合约，把出口收汇按市场上的高汇率卖掉，从中可以获得汇率上升带来的好处。

（5）掉期合同法。掉期合同法是指具有远期的债务或债权的公司，在与银行签订卖出或买进即期外汇的同时，再买进或卖出相应的远期外汇，以防范风险的一种方法。它与套期保值的区别在于：套期保值是在已有的一笔交易基础上所做的反方向交易，而掉期则是两笔反方向的交易同时进行。掉期交易中两笔外汇买卖币种、金额相同，买卖方向相反，交割日不同。这种交易常见于短期投资或短期借贷业务外汇交易风险的防范上。

（6）利率互换。利率互换是指交易双方在约定的一段时期内，根据双方签订的合同，在一笔象征性本金的基础上互换具有不同利率性质的利率款项的支付。在利率互换中，不交换交易本金，仅互换利率，本金只是用作计算利息的基础。

利率互换包括两种形式：一种是不同期限的利率互换，其原理如表 6－3 所示。

表 6－3　　不同期限的利率互换

当事人	优点	需求	操作	结果
甲	能在短期资金市场上以较低利率筹措资金	长期贷款	代替乙借短期贷款	降低长期借款利率
乙	能在长期资金市场上以较低利率筹措资金	短期贷款	代替甲借长期贷款	降低短期借款利率

另一种是不同计息方式（一般是固定利率与浮动利率）互换，其原理如表6－4所示。

表6－4　　不同计息方式的互换

债务人	债务结构	需求	互换后债务
X	低固定利率长期贷款X1	调整债务结构，增加低浮动利率贷款比重	X1＋Y2＋X3
	低固定利率长期贷款X2		
	浮动利率贷款X3		
Y	固定利率长期贷款Y1	调整债务结构，增加低固定利率贷款比重	Y1＋X2＋Y3
	低浮动利率短期贷款Y2		
	低浮动利率短期贷款Y3		

通过以上的利率互换交易达到减少外汇交易风险的目的。

2. 利用国际信贷

（1）外币出口信贷。外币出口信贷是指在出口贸易中，出口国银行向本国出口商或外国进口商提供低利率贷款，以解决本国出口商资金周转困难或满足外国进口商资金需要的一种融资业务。该方法有四个特点：第一，贷款限定用途，只能用于购买出口国的出口商品；第二，利率较市场利率低，利差由政府补贴；第三，属于中长期贷款；第四，出口信贷的发放与信贷保险相结合。它包括两种形式：一是卖方信贷，即由出口商所在地银行对出口商提供的贷款；二是买方信贷，即由出口商所在地银行对外国进口商或进口方的银行提供的融资便利。出口商可以利用卖方信贷避免外汇交易风险。出口商在向本国银行借得外币资金后，若预测将来汇率变动对己不利，便按当时汇率将外汇贷款卖出，换成本币以补充企业的流动资金，加速资金周转。至于出口商所欠外汇贷款，则用进口商的分期付汇来陆续偿还。这样，出口商的外币负债（从本国银行借得的外币贷款）为其外币资产（应向进口商收取的货款）所轧平，消除了风险。所借外币的利息支出也可用提前兑换的本币在国内的投资收益加以弥补。

（2）福费廷。福费廷又称为包买票据，是指在延期付款的出口贸易中，出口商把经进口商承兑的期限在半年以上的远期汇票无追索权地卖给出口商所在地的金融机构，以提前取得现款的资金融通方式。在这种交易中，出口商及时得到货款，并及时地将这笔外汇换成本币。它实际上转嫁了两笔风险：一是把远期汇票卖给金融机构，立即得到现汇，消除了时间风险，且以现汇兑换本币，也消除了价值风险，从而出口商把外汇风险转嫁给了金融机构；二是福费廷是一种卖断行为，把到期进口商不付款的信用风险也转嫁给了金融机构，这也是福费廷交易与一般贴现的最大区别。

【知识链接】

无追索权条款

无追索权条款是福费廷业务的特色，也是出口商转嫁风险的依据。福费廷业务项下银行对出口商放弃追索权的前提条件是出口商所出售的债权是合法有效的。因此，银行通常在与出口商签订的福费廷业务协议中约定，如因法院止付令、冻结令等司法命令而使该银行未能按期收到债务人或承兑、承付、保付银行的付款，或有证据表明出口商出售给该银行的不是源于正当交易的有效票据或债权时，银行对出口商保留追索权。

资料来源：百度百科。

（3）保付代理。出口商在对收汇无把握的情况下，往往向保理商做保付代理业务。该种业务结算方式很多，最常见的是贴现方式。由于出口商能够及时地收到大部分货款，与托收结算方式比较起来，不仅避免了信用风险，还减少了外汇交易风险。

在以上三种国际信贷中，出口信贷与福费廷属于中长期融资，而保付代理业务则是短期贸易信贷的一种，其特点是：第一，不能向出口商行使追索权；第二，保理组织提供广泛、综合的服务；第三，保理组织预支货款。进出口商保理组织在该业务中起了重要的作用。

3. 借款法。借款法是指有远期外汇收入的企业通过向银行借入一笔与远期收入相同币种、相同金额和相同期限的资金，并立即将其出售，换回本币，到结算日一旦外汇汇率下跌，则外汇的风险损失可由外汇借款的风险报酬来弥补。其特点在于能够改变外汇交易风险的时间结构，把未来的外币收入从银行借出来，以供支配，这就消除了时间风险，届时外汇收入进账，正好用于归还银行贷款。不过该法只消除了时间风险，尚存在着外币对本币价值变化的风险。

外汇借款法的具体程序如下：

（1）出口企业在签订贸易合同后，立即在金融市场上借入所需外币；

（2）在即期外汇市场卖出外币取得本币，将本币资金投入经营取得收益；

（3）执行贸易合同后，出口商收汇，用收回的贷款偿还贷款本金和利息。

例如，某出口企业有一笔 10 万欧元的外汇收入，3 个月后收汇。为规避欧元贬值的风险，该企业从银行借入 3 个月期限的 10 万欧元，并将这笔欧元在现汇市场上卖出。3 个月后，用到账的 10 万欧元外汇收入偿还银行贷款本息。这样，即使欧元严重贬值，对该企业也无影响。

值得注意的是，由于外汇借款法要支付银行贷款利息，所以这种防范外汇交易风险的方法有一定的成本。只有利息的支出小于汇率波动所造成的损失，才可起到保值和避免风险的作用。

4. 投资法。投资法是指当企业面对未来的一笔外汇支出时，可买入一笔与预期支出外汇相同币种、相同金额、相同期限的外汇，并将其进行同期限的投资。当待支付外汇的付汇日期来临时，用投资的本息（或利润）付汇。如果外汇汇率出现上升，则可以将外汇投资的风险收益抵补外汇支出的风险损失。一般的投资市场都是短期货币市场，投资的对象为规定到期日的银行定期存款、存单、银行承兑汇票、国库券、商业票据等。这里要注意的是，投资者如果用本币投资，则仅能消除时间风险；只有把本币换成外币再投资，才能同时消除货币兑换的价值风险。

5. BSI 法。BSI（Borrow - Spot - Invest）法，即借款—即期合同—投资法，是指企业在存在外汇应收账款的情况下，为了消除汇率波动的风险，首先借入与应收外汇相同数额的外币，将外汇风险的时间结构转变到现在办汇日（Spot Date），借款后时间风险消除，但货币风险仍然存在，此风险可通过即期合同法予以消除。即将借入的外币卖给银行换回本币，外币与本币价值波动风险不复存在，消除风险虽有一定的费用支出，但若将借外币后通过即期外汇交易卖得的本币存入银行或投资，可以其赚得的投资收入抵冲一部分采取防险措施的费用支出。BSI 法是既消除了外汇交易的时间风险又消除了价值风险的一种方法。

例如，国内 A 公司在 3 个月后有一笔 5 万美元的应收账款，为防止美元对人民币的汇率波动，A 公司可向银行借入相同金额、相同期限的 10 万美元，完成借款后，立即与银行签订即期外汇合同，按 1 美元兑换 6.35 元人民币的价格卖掉 10 万美元，获得 63.5 万元人民币，随后将这笔钱投入货币市场，投资期为 90 天，90 天后 A 公司以 10 万美元的应收账款还给银行，便可消除这笔应收账款的外汇交易风险。

6. LSI 法。LSI（Lead - Spot - Invest）法，即提前收付—即期合同—投资法，是指具有应收账款的企业，征得债务方的同意，以一定的折扣为条件提前收回货款，消除时间风险，然后通过外汇交易将外币换成本币，消除价值风险。为了取得一定利益，将这笔本币进行投资，所获的收益可以抵补由于提前收汇所折扣的损失。

例如，国内 A 公司在 3 个月后有一笔 B 公司支付的 5 万美元的应收账款，为防止美元对人民币的汇率波动，A 公司在征得 B 公司的同意，并给其一定折扣的条件下，要求其在两日内付清款项，该公司获得美元货款后，立即与银行签订即期外汇合同，按 1 美元兑换 6.35 元人民币的价格卖掉 10 万美元，获得 63.5 万元人民币，随后将这笔钱投入货币市场，投资期为 90 天，90 天后 A 公司以 10 万美元的应收账款还给银行，便可消除这笔应收账款的外汇交易风险。在这一过程中，由于提前收款，消除了交易的时间风险；由于换成本币，又消除了交易的价值风险。

第四节 银行外汇交易安全

一、银行外汇交易面临的风险

银行外汇交易风险，是指银行以外币计值的资产和负债由于金融市场汇率的变化而带来损失的可能性。对于银行来说，面临的外汇交易风险主要有三种，即外汇买卖风险、外汇信用风险和外汇借贷风险。

（一）外汇买卖风险

外汇买卖风险是指外汇银行在进行外汇买卖业务过程中出现多头寸或空头寸时，因汇率变动而蒙受损失的可能性。银行经营的外汇交易业务主要分为两种：一种是代客交易，也就是按照客户的要求，从外汇市场上买入或者卖出货币；另一种是银行的自营外汇业务，可以是即期的，也可以是远期的。

外汇银行所持有的各种外币账户余额，称为外汇头寸。由于买卖外汇的金额与交割日期不可能完全一致，银行经常出现资金期限结构不平衡的状态。因此在某一个时间点上，银行所持有的外汇买卖余额就难免有多余或短缺的情形发生，这就形成了外汇敞口头寸。某种外币头寸的卖大于买，称“空头”或“超卖”；反之，买大于卖，称“多头”或“超买”；银行保有的“多头”或“空头”统称为“敞口头寸”。

这种“多头”或“空头”的银行外汇敞口头寸会受到汇率波动的影响，例如，当外汇汇率上升时，银行持外汇多头可获利而持外汇空头则会受损。同样的道理，外汇汇率下跌时，银行持外汇空头可获益而持外汇多头则会受损。当外汇头寸不平衡程度较小时，银行可用手头资金来抵补。当差额过大时，就要卖出相同金额的即期或远期该种货币，避免出现“多头”；如果卖出过多，就要买进相同金额的即期或远期该种货币，避免出现“空头”。由此可见，银行在外汇交易中，只要交易金额不相称或者交易期限不相称，就会存在外汇敞口头寸，面临外汇风险。

以美元与欧元的买卖为例，来说明银行持有美元敞口头寸的风险情况，如表 6 –5 所示。

表 6 –5　　美元敞口头寸损益表

类别	美元空头	美元多头	无头寸
美元对欧元升值	损失	盈利	无盈亏
美元对欧元贬值	盈利	损失	无盈亏

（二）外汇信用风险

外汇信用风险是指外汇银行在经营外汇业务时，因交易对方违约给银行外汇资产和负债带来的风险。例如，外汇银行与国外同业银行进行外汇交易时，交易方在到期日破产或资历不足而不能履约，或者外汇银行与企业进行期货买卖时，企业由于某种原因不能或不愿意履行期货合约的交割。从某种程度上讲，外汇信用风险比外汇买卖风险的后果更严重，这是因为银行从事外汇业务的基础在于交易对方的资信程度。

不同的交易形式所承担的信用风险也不同。场内交易的信用风险相对较小，场外交易的风险相对较大。在场内交易中，有着严格的履约保证，即使有个别的交易者违约，也不会对交易所有太大的影响。而对于场内交易者来说，交易所几乎不可能违约。而在场外交易中，交易者的信用程度直接影响合约能否按期履行。因此，外汇信用风险在很大程度上取决于银行本身对交易对方资信情况的考查及分析能力，由此可见，外汇银行对交易方的资信情况进行考查变得尤为重要。

（三）外汇借贷风险

外汇借贷风险是指外汇银行在经营国际信贷业务中所面临的汇率变动的风险，包括对外筹资或对外负债以及外汇投资中的外汇风险。例如，银行以一种外币兑换成另一种外币进行外汇投资时，若投资本息收入的外汇汇率下降，投资的实际收益就会下降，银行因而会蒙受损失。

二、银行外汇交易风险的管理

外汇交易风险管理是每一家外汇银行从事外汇业务过程中都必须要制定的决策之一，外汇银行的外汇交易风险管理主要可以从以下三个方面进行分析。

（一）外汇买卖风险的管理

银行经营外汇业务的情况和目的主要有三个方面：一是代客户买卖外汇，为客户提供尽可能满意的服务并赚取买卖差价；二是自营买卖，即根据对未来汇率的走势进行买卖并管理银行本身的外汇头寸；三是进行平衡性的买卖，即为平衡外汇头寸而买卖外汇以防范风险，减少外汇风险对客户及银行的影响程度。

外汇银行在从事外汇业务过程中所遇到的外汇风险主要是外汇买卖风险。当银行在代理客户买卖中形成外汇头寸时，风险也随之降临。因此，外汇银行管理买卖风险的关键是要制定适度的外汇头寸，加强自营买卖的风险管理。

银行外汇头寸的管理包括以下几方面：

1. 单独外汇头寸的补进。在银行外汇买卖风险中，汇率变动风险的受险金额就是外汇头寸，即外汇持有额。银行的外汇头寸可分为净外汇头寸、现汇头寸和期汇头寸，对于每类头寸应分类管理。头寸管理的目的是将外汇持有额调整到最小的限度甚至是零。

通过即期外汇交易或者远期外汇交易来使综合头寸为零的方法称为“补进”，即把受险部分变为零和使外汇风险得以消除的管理方法，这是银行弥补风险的主要做法。另外，银行在市场上补进头寸，市场利率会发生变动。银行为了使补进交易容易做成，需要选择对交易对象有利的汇率。

2. 头寸管理的远期到期日安排。头寸管理的一个重要内容是认真地安排好远期交易的到期日和做好利率预测，以最有利的形式调换远期头寸。例如，买进的远期外汇的到期日必须与管理前的远期空头的到期日相符。否则，在远期交易到期，作为即期外汇交割时，又必须做头寸调整和资金调整。这时，如果国内市场资金状况不好，银行可能蒙受损失。

3. 多种货币头寸的补进。在银行持有各种货币头寸时，使一种货币的头寸与其他货币的头寸并存，从而使两方面的汇率变动风险分散相抵销。例如，选择汇率变动方向相同的一种货币的多头弥补另一种货币的空头。但是，在选择货币时，如果出现汇率变化反方向，及空头的货币升值、多头的货币贬值，银行就要蒙受双重的汇兑损失。

4. 预防性头寸的补进。在预测汇率将要发生变动时，比如判断会有大量客户买进美元，银行会预先在市场上大量买进美元，积极地制造头寸，以应付客户购买美元的需求，这种头寸就叫做“预防性头寸”，从总的效果来看，能起到促进美元汇率进一步升高的作用。预防性头寸管理就是银行在弥补过去头寸的同时，必须考虑到未来一段时间外币供求变化的动向。

除此之外，外汇银行为了控制好外汇头寸，要确定好外汇交易的交易额度，在确定交易额度的时候需要考虑以下五个因素：

第一，外汇交易的损益期望。在外汇交易中，风险与收益成正比。银行管理层对外汇业务收益的期望越大，对外汇风险的允许程度就越强，其外汇交易额度也就越大。

第二，银行的资本规模。银行的资本规模决定了其亏损承受能力，资本规模越大，亏损的承受能力越强，则交易额就可以定得越大。

第三，银行在外汇市场中扮演的角色。银行参与外汇市场活动，可以是一般参加者，也可以是市场活跃者，银行在市场中扮演的角色不同，其限额大小也不同。

第四，交易的币种。在国际外汇市场上，交易最频繁的货币主要有十几种，交易的币种越多，交易量自然也越大，允许的交易额度也越大。

第五，交易人员的状况。交易人员的水平越高、经验越丰富，容许的交易额越大。银行在充分考虑了这几方面的前提下，根据自身的条件制定适合自己的外汇交易限额，控制好外汇头寸。

（二）外汇信用风险的管理

对于外汇银行来说，为了防范外汇交易中的信用风险，银行应根据客户的资本实力、经营作风、财务状况等因素，制定能够给予的限额，并根据情况变化对该限额进行周期性调整。另外，对于同业银行应根据其资产和负债、经营状况和财务状况，确定拆放额度。对于不同的同业银行，拆放的额度不同。拆放额度应根据情况的变化进行调整，可以一年调整一次，使风险投资得以控制。同时，交易员必须根据规定的额度进行拆放，超额拆放则视为越权。

（三）外汇借贷风险的管理

外汇借贷风险的管理一般从以下四个方面进行考虑：

第一，应采用分散筹资或投资。这种分散化策略可以减轻某一外币汇率下跌所带来的影响程度，可以使借款货币或投资货币结构与经营中预期收入货币结构相适应，可以分散由政治因素而引起的风险。

第二，银行本身要设立专门的机构，对外汇借贷活动进行统一的管理、监督和运用。尤其是在借贷货币种类的选择上、借贷的期限上，以及利率、汇率和费用上，要有一套完善的管理措施和规定。

第三，要综合考虑借贷货币利率与汇率的变化趋势。在两种利率不同的货币中，通常选择借用利率水平较低的货币，但必须结合汇率的变动趋势综合考虑，否则将得不偿失。例如，在多种货币选择的筹资中，选择了利率较低的货币贷款，但到期还本付息时，借入的货币汇率已经上升，而且汇率上升带来的损失已超过利率相对较低的收益。

第四，灵活运用掉期交易等其他金融工具。外汇银行要灵活地运用掉期交易等其他金融工具对借贷和使用不一致的货币进行转换，以避免汇率波动风险。

三、我国商业银行外汇风险管理存在的问题及对策

（一）我国商业银行外汇风险管理中存在的问题

1. 风险管理意识不够成熟。目前，我国商业银行对外汇交易的风险管理意识尚不成熟。存在这种现象的主要原因是：目前国内商业银行的外币业务与人民币业务相比，外币业务的占比较小，并且部分银行管理层没有意识到有效控制外汇交易风险对银行整体稳健运营的重要性。例如，我国商业银行现在实行的是垂直管理制度，即由董事会作出如何管理外汇风险的决议，所以董事会以及高级管理者们对外汇风险的认识、评估以及管控水平就决定了银行能否迅速、成功地控制风险。从目前来看，大部分国内银行的高层管理者外汇风险管理知识储备有限，并且缺乏对外汇交易风险设置风险限额的意识。

2. 风险管理能力有待提高。由于我国市场化进程时间较短，所以商业银行对外汇交易风险的管理活动起步较晚、经验较少。尽管近年来我国经济发展迅猛，外汇交易的规模迅速扩大，但理论的发展却没有跟上实体发展的速度，由此导致我国商业银行没有足够的数据和切实的经验来研究建立针对外汇交易风险的模型，进而致使对外汇交易风险识别、管控等方面的能力不足。相较于国外某些大银行已经开始运用大量数据统计模型、金融工程等高科技手段对外汇交易风险进行准确的计量与检测，目前国内银行的外汇风险管理能力仍有待提高。

3. 缺乏风险规避工具。与国外相比，国内的外汇衍生品市场尚处于起步阶段，缺乏能够真正有效规避和转移外汇交易风险的金融衍生品工具。现阶段国外的商业银行普遍运用期货、远期、互换和期权等衍生品进行外汇交易风险的规避，有些跨国银行还用到金融工程等方法；而我国目前能够自主使用的外汇衍生品只包括银行间市场的远期外汇交易、银行间债券市场人民币与外币掉期交易和银行间市场人民币对外汇期权交易。由此可以看出，我国衍生品市场投资品种匮乏，尚无法为商业银行提供足够多的风险规避工具。

4. 风险管理体系不健全。目前国内商业银行普遍存在着外汇风险管理体系不健全的问题，具体表现在外汇风险管理模式不够科学，职责分工不够清晰，且在落实风险计量、限额、报告路线等方面都存在欠缺。长期以来，国内商业银行多实行由分支行将外汇敞口上报到总行，再由总行统一进行头寸抛补的外汇风险抵补方式，这导致了分支行缺乏风险管理的主动性和积极性，同时增加了风险的不可控性。由于管理体制的原因，商业银行风险管理部门未能起到总揽全局的作用，对外汇风险的管理只是建立在事后监督的层面上，而在事前识别和控制方面显得尤为薄弱，对于分散在各部门的风险未能起到预防和监督作用。

【知识链接】

中国人民银行决定将远期售汇业务的外汇风险准备金率调整为20%

2018年，我国外汇市场运行总体平稳，人民币汇率以市场供求为基础，有贬有升，弹性明显增强，市场预期基本稳定，跨境资本流动和外汇供求大体保持平衡。但受贸易摩擦和国际汇市变化等因素影响，外汇市场近期出现了一些顺周期波动的迹象。为防范宏观金融风险，促进金融机构稳健经营，加强宏观审慎管理，中国人民银行决定自2018年8月6日起，将远期售汇业务的外汇风险准备金率从0调整为20%。下一步，人民银行将继续加强外汇市场监测，根据形势发展需要采取有效措施进行逆周期调节，维护外汇市场平稳运行，保持人民币汇率在合理均衡水平上的基本稳定。

资料来源：中国人民银行网站，2018－08－03.

（二）我国商业银行外汇风险管理的对策建议

1. 金融监管当局应不断完善外汇市场，扩大外汇市场的广度和深度。目前，银行间外汇市场的参与者较为单一，虽然即期外汇交易的主体已扩展到非银行金融机构和非金融企业，但是整体上这一类主体的市场参与程度有限。要活跃外汇市场，监管当局应在政策上放宽外汇市场的进入门槛，扩大市场广度，使不同需求的客户都能进入市场。除此之外，从提高市场深度的层面上考虑，金融监管当局应开发外汇期货、期权等金融衍生品，丰富外汇衍生品的品种，为银行管理外汇风险提供更多更有效的避险手段，逐步增加外汇市场的流动性，引入更多的交易参与者，提高外汇市场的流动性，更好地满足市场主体的避险需求。

2. 银行应建立完善的外汇交易风险识别、计量、监测、控制体系。银行要在认真评估本行外汇交易风险管理状况的基础上，按照国际先进银行的标准，尽快建立完善的外汇交易风险识别、计量、监测及控制体系，将风险的识别、计量、监测和控制与全银行的战略规划、业务决策和财务预算等经营管理活动有机结合。另外，银行还要将风险管理的职能渗透到下属的各个分支行，确保各分支行的外汇交易敞口能够实时归集到总行，并能及时轧差平盘。除此之外，从技术层面来看，金融数据的缺乏已经成为了我国银行应用先进风险计量模型进行风险管理的主要制约，如历史模拟法和金融资产相关性估算等风险管理模型都需要很长时间的数据支撑。为此，我国银行还应注重风险数据的收集和积累并建立相应数据库，为运用风险计量模型提供数据支持做好准备。

3. 管理层应增强风险管理意识，提高风险管理能力。我国商业银行应充分借鉴发达国家银行业的外汇交易风险管理经验，并结合国内市场环境建立起符合自身需求的外汇风险管理机制，加强对外汇交易人员和外汇风险管理人员的培训，增强员工的风险管理意识，确保与外汇交易相关的员工都具备一定的外汇交易风险的专业知识。首先，董事会和高层管理者们要提高外汇交易风险管理的意识与能力；其次，总行应加强对基层机构的控制力，实现风险管理的垂直化、扁平化，以保障风险管理部门具有独立性和权威性；最后，要加强对外汇业务和外汇交易风险的内部审计，建立一支对包括外汇交易风险在内单独进行审计的队伍，通过组织架构、业务流程和管理流程的调整，全面提高风险管理效率。

【本章小结】

1. 外汇交易是指交易主体为了满足某种经济活动的需要按照双方约定的汇率，在规定的日期交付，将一种货币换成另一种货币的业务。外汇交易的参与者包括：进出口商和其他外汇供需者、外汇银行、外汇经纪人、外汇交易商、外汇投机者、中央银行。

2. 按照外汇交易的性质，外汇交易可以分为外币现钞交易、即期外汇交易、远期外汇交易、套汇交易、套利交易、掉期交易、外汇期货交易和外汇期权交易等。

3. 外汇交易风险，又称为外汇结算风险，是指在一定时期的国际经济、贸易、金融交易当中，一个经济实体、组织或个人，以外币计价的资产、负债、盈利因外汇汇率在一定时期内发生不可能预测的变动而引起的价值上升或下跌而带来的不确定性。风险是损失与收益的统一，在一般情况下，人们更重视风险的损失。

4. 外汇交易风险的构成要素包括本币、外币和时间。

【复习思考题】

1. 简述外汇交易的概念及外汇交易的主要参与者。
2. 简述外汇交易参与者的层次。
3. 简述外汇交易的分类。
4. 简述外汇交易风险的概念及种类。
5. 简述企业外汇交易安全的原则。

【拓展阅读】

外汇风险准备金率调整背景及影响分析

近期受贸易摩擦和国际汇市变化等因素影响，我国外汇市场出现了一些顺周期波动的迹象。为防范宏观金融风险，促进金融机构稳健经营，2018 年 8 月 3 日，人民银行发布消息称，自 8 月 6 日起，将远期售汇业务的外汇风险准备金率从 0 调整为 20%。消息公布后，离岸人民币兑美元汇率出现近 500 点的拉升。

2015 年“8・11”汇改后，市场关于人民币贬值的预期加强，为了应对“羊群效应”，抑制外汇市场过度波动，监管部门实施了一系列措施，其中就包括外汇风险准备金。2015 年 8 月 31 日，人民银行印发了《关于加强远期售汇宏观审慎管理的通知（银发〔2015〕273 号）》，通知要求从 2015 年 10 月 15 日起，开展代客远期售汇业务的金融机构（含财务公司）应交存外汇风险准备金，准备金率暂定为 20%。也就是说，假设某银行上个月远期售汇签约金额为 10 亿美元，则当月需要向人民银行缴纳 2 亿美元（上个月远期售汇签约金额的 20%）的准备金，另外准备金要零息冻结一年。表面上看，征收外汇风险准备金是针对开展远期售汇业务的金融机构，但实际上由于外汇风险准备金上缴将占用资金成本，金融机构会将成本转移到客户，最终提高了企业客户远期购汇的成本。当人民币贬值预期较强时，通常离岸市场反应更加强烈，使得离岸和在岸人民币汇率价差较大，一些投资者会通过“境内市场购汇、境外市场结汇”的方式从事跨境套利。而人民银行上调准备金率后会提高投资者购汇成本，从而有助于打击这种套利行为，在一定程度上可以起到稳定汇率波动的作用。

历史上人民银行曾两次调整外汇风险准备金率，第一次是 2015 年将准备金率从 0 上调至 20%，第二次是 2017 年将准备金率从 20% 下调至 0。从市场的表现来看，2015 年“8 · 11”汇改后人民币汇率贬值预期强烈，截至 2015 年 8 月 31 日，在岸人民币较年初累计贬值 1563 个点，离岸人民币累计贬值 2131 个点。当天人民银行决定自 2015 年 10 月 15 日起，将准备金率调整为 20%。从人民银行首次使用外汇风险准备金的效果来看，消息公布后第二天，即期人民币汇率反弹了 118 个点，并且在后续的两个多月，人民币汇率始终稳定在 6.4 以下震荡，反映了该工具短期内的确可以稳定汇率。但是中期来看，首次调整后一个月人民币汇率继续走弱，3 个月后在岸人民币较调整当天继续贬值 2413 个点，离岸人民币继续贬值 2644 个点，可见准备金上调并没有改变人民币中期继续贬值的走势。人民银行第二次调整准备金是在 2017 年。进入 2017 年，人民币汇率从 6.9557 位置一路攀升，截至 2017 年 9 月 8 日的前 6 个月，在岸人民币较年初累计升值 4585 个点，离岸人民币累计升值 4722 个点，当天人民银行宣布自 9 月 11 日起将风险准备金从 20% 降为 0。准备金下调当日在岸人民币贬值 622 个点，离岸人民币贬值 360 个点，并且在随后的 3 个月离岸人民币兑美元整体在 6.47 上方波动，反映了准备金下调后短期人民币存在一定贬值压力。但是中期来看，仍然没有改变人民币前期升值的走势，调整 6 个月后在岸人民币较调整当天继续升值 1888 个点，离岸人民币继续升值 2037 个点。

综上所述，从历史经验来看，调整外汇风险准备金率给人民币汇率带来的影响主要是短期的，上调准备金率在短期内能够起到稳定汇率波动的作用，但是中长期汇率的走势仍然取决于基本面。整体来看，人民银行历次调整准备金率中期不一定能够逆转趋势，但短期仍然可以起到稳定汇率波动的作用。2018 年上半年人民币汇率持续贬值，人民银行本次上调外汇风险准备金率反映了当前汇率水平或接近政策的容忍限度。

资料来源：和讯网，2018－08－18.

第七章

国际结算安全

【教学目的和要求】

通过学习本章内容可以了解国际结算的含义、特征、种类以及发展趋势，熟悉汇票、本票、支票三种票据结算以及汇款、托收、信用证三种结算方式的基本理论，掌握其在国际贸易运用过程中存在的风险及防范办法。

第一节　国际结算概述

随着经济全球化的进程逐渐加快，世界各国在政治、经济和文化等方面的融合不断深化，因贸易往来、资本流动、利润转移、提供服务等而发生的债权债务关系越来越频繁，所以对国际结算的需求和应用也更加广泛。

一、国际结算的含义和特征

（一）国际结算的含义

国际结算也称国际清算，是国与国之间的货币收付行为，它是指国际间由于政治、经济、文化、外交、军事等方面的交往或联系而发生以货币表示的债权债务的清偿行为或资金转移行为。从这个定义可以看出，国际结算的业务涉及范围广、参与部门多，关系到一国的对外关系，大多通过银行体系完成结算和转移，属于银行的一项重要的中间业务。

国际结算是通过有效的方式完成国际间以货币表示的债权债务的清偿，它与国内结算属于两个不同的概念，两者的区别之处主要有：第一，货币的活动范围不同，国内结算在一国范围内，货币活动不越出国界，国际结算是跨国进行的，货币活动超越一国范围；第二，使用的货币不同，国内结算收付双方一般都是用本国货币，国际结算则往往使用不同的货币，常常需要进行货币兑换；第三，遵循的法律不同，国内结算遵循同一法律，出现问题后有关方面共同遵循本国的法律法规条例进行仲裁，而国际结算在出现问题时，不能简单地由所涉及的两国中任何一国的法律法规来解决，而须根据国际惯例或根据事先由当事双方共同协商议定的采用双方任何一国或第三国的仲裁法进行仲裁。此外，国际结算与国内结算在交付工具、贸易及外汇管制而引起的业务处理方法等方面也有所不同。

（二）国际结算的特征

1. 以银行为中介的转账结算。早期的国际结算是现金结算，一手交钱一手交货，所以也是直接结算、凭货结算。由于现金携带的不便和巨大风险，逐渐以“字据”取代现金，后来“字据”发展为汇票，以及以银行为中介的间接、票据化结算。

2. 货物单据化。随着商业、航海业和保险业的分离，商人不得不通过航海业运输、保险业担保运输风险，于是出现了提单、保险单等代表物权的单据，这些单据成为转让、抵押和买卖的对象，凭单付款已经成为一种应用很普遍的付款方式。

3. 高效的资金转移网络系统。由国家间结算、投资和信贷等业务引起的货币收付，通过 SWIFT（环球银行间金融电讯协会）、CHIPS（美国交换银行互相收付系统）、CHAPS（英国交换银行自动收付系统）等电子清算转移网络系统实现高效率资金结算。

4. 国际结算和信贷融资连为一体。进出口贸易融资与国际结算相结合，使得银行发挥信用保证和资金融通的作用，同时也创造了更多更新的国际融资结算方式。例如，对进口商提供信用证项下的一系列融资服务，如免押开证、进口押汇、提货担保等；为出口商提供的贸易融资，如打包放款（装运前）、出口押汇（装运后）、出口贴现、保理、福费廷等。

5. 国际担保融入国际结算。由于劳务输出、技术和专利转让等国际贸易交易金额大、手续多，通过国际担保交易易于顺利完成；通过担保能较好地保持进出口贸易对等和平衡；由于担保可以有效降低风险，现在国际担保已经普遍应用于国际结算过程中，甚至国际组织如世界银行、各国政府贷款都以担保为前提条件，其贷款项下的项目超过一定金额都要提交担保。信用证更是出现在早期的国际结算中，是以银行信用取代商业信用的一种保证付款的结算方式，银行的担保有效促进了国际贸易和其他国际间经济活动的顺利进行。

6. 政策性金融支持国际结算。在激烈的国际贸易竞争中，各国纷纷将政策性金融手段应用于国际结算中，降低或转移了贸易结算的风险，使出口商从合同签订到结算收汇各个环节利益都能得到保障。如我国通过信用证、托收项下提供押汇、担保等国际贸易融资和保证，促进了国际结算的顺利进行和国际贸易的发展。

7. 国际结算的规模和范围越来越大。国际结算的范围从单纯的国际汇兑、国际贸易发展到广泛的国际投融资业务，以及国际金融咨询、顾问、评估、担保等业务，业务范围越来越大。随着国际经济全球化的发展，国际贸易规模和国际金融市场交易范围不断延伸，国际结算的规模也相应扩大。

8. 国际结算货币多选择国际储备货币。在国际交往的实践中，结算货币多选择国际储备货币，如进出口合同近一半以上以美元计价。以何种货币计价基本上反映了该国在国际经济交流中的重要性和该国货币在世界货币格局中的地位，同时也取决于国际市场的习惯以及融资的便利性。

二、国际结算的种类

国与国之间的当事人，无论是个人、企业还是政府，因为商品买卖、服务供应、资金调拨、国际借贷而需要通过银行办理的两国间外汇收付业务，都属于国际结算。

（一）按照产生债权债务的原因，可划分为国际贸易结算和国际非贸易结算

1. 国际贸易结算。国际贸易结算是指国际间因贸易而产生的货币收付债权债务的结清，包括有形贸易结算和服务贸易结算中的贸易从属费用结算，这部分结算由于交易额较大、业务流程复杂，在国际收支中占有重要地位。

（1）有形贸易和与有形贸易结算相关的贸易服务费结算。随着有形贸易的发展，国际贸易由传统的易货方式转化为现在银行参与的无纸化结算方式。在有形货物进出口交易中，出口商根据“象征性交货”原理，把代表货物所有权的成套的单据和相关票据交给银行，即完成了交货，也就是“交单即交货”。银行再根据原定的结算方式结清该项国际债权债务，从而最终实现资金的跨国结算。

有形贸易除了需要结算货款之外，还要结算运费、保险费、佣金等与有形贸易相关的从属于贸易的服务费用。这部分结算虽然分类上属于无形贸易，但是为了方便研究，也纳入国际结算的研究范围。

（2）记账贸易结算。记账贸易结算也称为协定贸易结算，它是在两国政府所签订的贸易协定项下的商品进出口贸易结算。这种结算多是由两国政府签订双边贸易协定或支付协定，该协定项下的商品交易用于冲抵双边债权债务，因为使用记账外汇这种特殊的清算货币，所以仍然需要通过银行办理。

（3）由国际间资本流动所引起的商品贸易或资本性货物贸易结算。伴随着国际直接投资和企业跨国经营的长期资本流动，常常会发生商品进出口交易。对于这类长期经营相联系的资本性货物贸易，银行在提供结算的同时也推出了一些中长期的融资，以促进此类贸易发展。

（4）综合类经济交易。国际贸易中除了一般贸易外，还有如“三来一补”贸易、国际承包工程、技术服务贸易等综合型经济交易。其中，银行对“三来一补”贸易方式的结算提供更为灵活的结算服务，如互用电汇、对开信用证、互开保函等。

总之，国际贸易结算涉及运输、银行、贸易等多部门，而且流程复杂，是本章的重要研究对象。

2. 国际非贸易结算。国际非贸易结算是指由其他经济活动，以及政治、文化、体育等交流活动所引起的结算，它是一国外汇收入的重要来源，大多数国家的国际非贸易结算额已经远远大于国际贸易结算额。

（1）无形贸易中的国际非贸易服务费结算。剔除有形贸易服务费以外的无形贸易结算都属于这一类，也就是由无形贸易（Invisible Trade）引起的货币收付活动，一般包括：保险、运输、通信、港口、旅游等劳务活动的收入与支出；资本借贷或国际直接投资与间接投资产生的利息、股息、利润等收入与支出；广告费、专利费、银行手续费等其他劳务收入与支出。

（2）金融交易结算。金融交易结算是以转移资金为目的的结算，在结算总量上大大超过国际贸易和其他非贸易结算。金融交易结算主要涵盖国际间各种金融资产买卖的结算，如外汇、股票、期货、期权等金融工具及金融衍生工具的买卖。

（3）国际间资金单方面转移。国际间资金单方面转移是指国家之间单方面的、无须偿还的外汇收支，包括私人单方面转移收支和政府单方面转移收支两部分。国际间资金单方面转移包括各种政府之间或者民间的援助、捐助等跨国资金调拨。

（4）银行提供的各种信用担保类结算。银行在国际商务活动中通常提供资信调查服务、融资服务、催收追账服务等，这类服务被归为银行的表外业务。

（5）其他国际非贸易结算业务。为方便政府、组织和个人在政治、教育、文化、卫生等方面跨国往来，银行提供的诸如外币兑换业务、信用卡，旅行支票、外币票据买卖等业务都可以归为其他国际非贸易结算业务。

（二）按照是否直接使用现金，可划分为现金结算和非现金结算

1. 现金结算。现金结算是指通过收付货币金属或货币现金来结清世界各国之间的债权债务关系，如甲、乙两国商品交易货款的现金结算。现金结算具有风险大、流通费用高、占用资金和影响周转的特点。

2. 非现金结算。非现金结算是指使用各种支付工具和结算方式，通过银行对资金的转账与划拨来结清世界各国之间的债权债务关系。非现金结算和现金结算相比，具有迅速、简便、节约现金和流通费用等特点，有利于资金的循环周转，促进了国际经济与贸易的迅速发展。

（三）按照付款方式，可划分为现汇结算和记账结算

1. 现汇结算。现汇结算由进出口双方通过银行汇兑，每笔交易单独结清。在国际贸易中，现汇结算通常采用的支付方式有两种：第一种是属于商业信用的，包括汇付、托收方式；第二种是属于银行信用的，包括信用证和银行保证书等方式。此外，还有政府信用和国际组织提供的信用等。目前，在现汇结算中使用最多的是以“凭单付款”为基础的信用证支付方式。

2. 记账结算。记账结算是根据两国政府间签订的贸易支付协定，由双方国家银行或其他指定的银行相互开立“清算账户”进行的定期结算。记账结算可能使用对方国家货币，也可能使用第三国货币。

三、国际结算的发展和趋势

（一）国际结算的发展历程

国际结算是伴随着国际贸易的出现而出现的。国际结算的方式随着社会生产的迅速发展和国际经济往来的不断扩大而逐渐演变，国际贸易的产生和发展决定了国际结算的产生和国际结算方式发展的变化。国际结算方式是随着社会经济制度的变革，生产力的提高，经济的增长，货币制度、银行制度及信用证制度的发展而产生和发展的，并且与金融业、国际运输业和国际运输保险业的发展等密切相关。

国际结算方式大体上经历了易货贸易阶段、现金结算阶段、非现金结算阶段、电

讯结算阶段。

1. 易货贸易阶段。《史记》记载："日中为市，致天下之民，聚天下之货，交易而足，各得其所。"易货简单来说，就是不直接通过货币的商品或者服务之间的等价交换，而是通过货物交换的方式结清债权债务。作为一种原始的交易形式，易货贸易在进入奴隶制社会后就出现在国与国之间的商品交易当中，可以说这是最初的国际结算阶段，但当时还不存在国际结算的概念。易货贸易采用的结算方式是以物换物，物品被用作交换的支付手段。例如，早期牧民用一只兔子，换取陶匠手中的一只罐子；在古罗马人们使用羊作为支付手段，在古希腊人们使用牛作为支付手段。到了封建社会，由于自然经济占据统治地位，商品经济仍不发达，易货贸易仍随处可见。例如，明朝初期的郑和七下西洋，用中国的丝绸、瓷器、铜器等与西非各国交换回来珠宝、象牙和药材等。

2. 现金结算阶段。在经历了易货贸易阶段后，随着货币的出现扩大了国际市场，世界各国经济的不断发展，各国逐步采用黄金、白银、铸币等作为国家间的现金结算货币。现金结算虽然解决了以货换货无法计算真实价值、没有统一的结算工具和结算标准等不足，但是采用现金结算不仅存在携带不便、运输成本高、占压资金长、需辨别真伪等诸多问题，而且还要承担失窃以及自然灾害等各种风险，对于发展国际间贸易和经济往来都十分不利，所以只能应付商品交易量小的交易，阻碍了大量远洋贸易的发展。

【知识链接】

早期的现金结算

17 世纪 70 年代，一个欧洲人去非洲旅行，在坦葛尼喀湖畔想租一条船，然而交租金的方式却十分有趣：斯德的代理人要他用象牙支付，但他没有象牙。这时候他发现穆哈默德·沙里布有象牙。但沙里布需要布匹，而他已经将布匹换成了其他东西。后来，他听说沙里布也需要铜钱，而他正好有铜钱，于是他给沙里布一些铜钱，沙里布给斯德的代理人所需要的象牙。这样，这个欧洲人才租到了船。这种现金结算方式突破了易货的局限性，效率更高，适用范围更广，后来被广泛使用。

资料来源：http：//www. doc88. com/p－7058347049523. html.

3. 非现金结算阶段。大约在 11 世纪，商品贸易较发达的地中海沿岸国家的商人们开始使用"字据"代替现金，由此开始迈入了非现金结算阶段，交易过程中不直接使用现金，而是使用代替现金起流通作用和支付作用的票据来结算国家间的债权债务。从 15 世纪末叶起，封建社会逐渐向资本主义社会过渡，在重商主义思想的影响下，各国都很重视发展出口贸易。由于在交易中现金的携带既不方便，又不安全，更是促使国际结算从现金结算方式逐步转变为非现金的票据结算方式。到了16—17世纪，欧洲大多数国家开始采用票据代替“字据”。19世纪末，随着国际运输业、保险业和国际货物贸易的迅速发展，票据结算形式已被广泛采用，而且出现了票据的转让行为。

4. 电讯结算阶段。20世纪中期以前，银行进行结算主要方法是使用票据，而使用票据支付的主要问题是速度慢而且费用高。进入20世纪70年代后，随着信息时代的到来，电子化、网络化和标准化使国际结算能够更加快速、安全、高效地完成国际货币的收付。电子商务技术的应用标志着电讯结算阶段的开始，互联网的迅速发展使电子数据交换的覆盖面不断扩大，国际结算无论是在结算工具、结算方式还是在结算单据方面都发生了变化。发达国家的银行把现代化通信技术和电子计算结合起来，构建了“银行电子国际结算系统”，例如，电子数据交换（EDI）技术的运用、SWIFT信用证的使用，使国际结算具有了安全、可靠、快捷、标准化、自动化的特点，从而大大提高了国际结算的速度。

（二）国际结算的新趋势

进入21世纪以后，由于国际贸易无论是在商品结构、贸易方式还是在货物运输等方面都发生了很大的变化，国际结算也有了新的进展。快速、安全、高效地实现世界各国之间的收付已成为国际贸易发展的必要条件。目前，国际结算已经出现了以下新的发展趋势。

1. 国际结算方式多元化。近年来，随着经济、金融全球化浪潮的到来，各国间贸易迅速发展，国际市场发生了重大变化，国际贸易竞争日益激烈，竞争手段不断增加，作为清偿国与国之间债权债务关系的跨国货币收付活动的国际贸易结算，其方式也经历着一次重大变革，国际贸易结算方式多元化已成为新的发展趋势。

20世纪80年代以前，国际贸易结算最主要的结算方式是信用证。但随着世界经济全球化的不断加深，买方市场在全球贸易中逐步形成。与此同时，出口竞争的方式日益多元化，竞争的层次也越来越深，出口商单凭商品本身的优势（品质、包装、价格）占有市场已不能完全满足竞争的需求，而是使用商业信用交易方式来进一步增强竞争力；同时，运用有效的手段来防范风险，已成为许多国家出口商的一种常规做法。由此，商业信用重新成为国际贸易发展的重心所在，整个贸易国际结算市场则出现了信用证结算方式被边缘化的倾向。20世纪90年代之后，国际贸易结算领域出现了一种非信用证化趋势，信用证支付方式的使用率迅速下降。

2. 国际结算技术电子化。随着科学技术的不断发展，通信技术、电子商务技术、互联网技术被普遍应用于国际结算之中，国际结算正趋于电子化和网络化。通信技术的发展消除了时空的限制，促使数据的传递和资金的划拨能够迅速完成。电子货币、票据和电子资金转账成为一种重要的支付工具。电子数据交换（EDI）技术使计算机网络在贸易伙伴之间进行贸易文件的传递和综合处理。SWIFT通信系统瞬间就能完成汇款、资金调拨、外汇交易、托收、跟单信用证以及索汇等业务。国际结算技术电子化实现了单据标准化、业务电脑化，大大降低了国际贸易和国际结算成本，提高了交易速度和资金结算的效率，为国际结算的发展提供了巨大的空间。

3. 国际结算中的附属结算方式日益广泛应用。国际结算中的附属结算方式，如保理、保函和包买票据等越来越被广泛地应用，它们作为新的结算方式也可能会取代信用证结算方式的主导地位。例如，保理业务是一项以债权转让为基础的集商业资信调查、催收贷款、应收账款管理、信用风险担保及贸易融资为一体的新型综合金融服务方式。国际保理业务在世界各地发展迅速，在我国的发展方兴未艾。国际保理业务发展迅速的原因在于发展国际保理业务对出口商、进口商和银行都有独特的优势。对进口商而言，运用国际保理业务最大的优势在于能获得无追索权的、手续简便的贸易融资，出口商出口货物后，可获得 80% 的预付款融资和 100% 的贴现融资，出口商借助保理业务可向客户提供赊销（Open Account，OA）、付款交单（Document Against Payment，DP）、承兑交单（Document Against Acceptance，DA）等结算方式，提高产品出口竞争力；对进口商来说可使用有限的资金购进更多的货物，也节省了因开立信用证付出的高额开证保证金，由此该业务在世界各地正迅速发展。

4. 国际结算中的混合结算方式日趋增多。国际结算方式的混合运用正日益增多，其多元化选择或混合选择是指多种结算方式的相结合或综合运用，如部分货款采用信用证结算，部分货款采用验货（大型设备货物）后电汇付款，或部分货款采用信用证结算，部分货款（尤其指超出信用证金额部分）采用托收结算，或都分货款采用 T/T 预先付款结算，部分货款采用信用证结算，等等。采用混合国际结算方式的优点在于使买卖双方分摊一些结算风险和成本，以有利于达成双方均可接受的结算方式合约。因此，混合国际结算方式日趋受到青睐。如根据对 2007 年参加广交会企业之一——江苏医保进出口（集团）公司的调查，发现该公司与墨西哥一家公司的进口业务就采取了 10% 预付定金，40% 发货后电汇付款，50% 即期付款交单托收等混合方式。

5. 贸易融资功能日益加强。现代商业银行可在国际结算中提供多层次中介服务，其对国际贸易结算的影响逐步扩大。银行可以充分利用自身优势帮助贸易双方简化手续，减少资金占用，节省非生产性费用甚至转嫁风险。西方国家纷纷利用新的政策性金融手段支持本国出口商开拓国际市场，其中最典型的是出口信贷和出口信贷担保，与其相适应的福费廷、卖方信贷、买方信贷等出口信贷新方式应运而生。这些被称为结构性贸易融资的新方式应用于国际结算，大大降低或转移贸易、外汇、结算中的风险，使出口商从合同签订到结算收汇各个环节的利益都能得到保障。

6. 国际结算的汇率风险不断加大。在我国，一方面，人民币尚未实现完全可自由兑换，汇率形成机制不健全，在政府有管制的浮动汇率机制下，国际结算所使用的货币兑换成本和风险较大；另一方面，外汇汇率市场化机制在逐步完善中，汇率的浮动区间在逐步增大，货币贬值或增值的不确定性增强，同时，不断蔓延的全球金融危机还冲击各国的经济稳定和金融安全环境，因此国际结算货币的汇率风险也逐渐增大。

7. 跨境人民币结算日趋普遍。国务院 2009 年 4 月开始在上海、广州、深圳、珠海、东莞开展跨境人民币试点，境外暂定以港澳和东盟国家，开展跨境人民币结算试点。开展跨境贸易人民币结算可以使我国进出口企业在跨境或国际贸易中通过选择本国货币办理结算而规避汇率风险，比外币结算手续更简单，对推动我国国际贸易稳定增长也具有十分重要的意义。自2009年以来，中国人民银行颁布了多个政策文件，将跨境贸易人民币结算试点扩大到全国，逐步便利业务开展，规范业务流程。因此，今后跨境人民币结算必将日趋普遍。

四、国际结算的主要内容

国际结算的主要内容包括三个部分：国际结算支付工具、国际结算方式和国际结算单据。

（一）国际结算支付工具

国际结算支付工具主要是指可以流通转让的票据。票据既是反映经济活动中债权债务关系的重要凭证，又是促进市场经济高效运转的信用工具、支付工具和流通手段。广义的信用支付工具包括国库券、债券、存单等，而在国际结算中使用的信用工具主要是金融票据，包括汇票、本票和支票。

（二）国际结算方式

国际结算方式又称支付方式，是指按照一定条件、采取一定形式，使用相应的信用工具实现国际货币收付的方式。这种货币收付的手段和渠道，是国际贸易结算的中心内容。国际贸易和国际非贸易往来产生的债权债务需要通过一定的方式来进行结算，传统的结算方式主要有汇款、托收和信用证，而备用信用证、保函、保理和福费廷等是现代发展起来的集融资、担保和结算于一体的新型结算方式。

（三）国际结算单据

国际结算的必备条件之一就是单据的传递和使用。在国际贸易结算中，单证是货物买卖的基础和依据，凭单交货、凭单付款决定了货物单据化，所以此时单据具有举足轻重的作用。由此可见，单据的种类、单据的制作以及单据的处理对于国际贸易债务的清偿具有至关重要的作用。这里所说的单据既包括运输单据、商业发票、保险单据等，也包括进口商根据进口国的规定、货物性质或其他需要而要求出口商特别提供的附属单据，如海关发票、领事发票、产地证书、卫生检疫证明等，以及附属于商业发票的单据，如包装单、尺码单、检验证等。

五、国际结算涉及的法律与国际惯例

（一）国际惯例的含义

国际惯例是指在长期的结算活动中逐渐形成的、国际社会普遍公认的一系列通用的习惯、做法和普遍规则，通常由国际性组织的专家研究讨论通过并颁发，要求各国的国际结算活动普遍遵循，对当事人之间的关系、权利、义务和行为有明确的规范。

（二）国际惯例的特点

1. 非强制性。国际惯例是在长期的国际贸易实践中自发形成的，其形成的过程不受政府机关的控制和制约。国际惯例一般也是由商业自治团体自发地编纂而成的，这使它有别于依靠国家立法机关制定的国内法以及依靠各国之间的相互谈判、妥协而达成的国际条约，也正是这种非主权性大大增强了国际惯例的普遍适用性。

只要在当事人明示或者默示同意采用时，国际惯例对当事人才具有法律效力。如果当事人明示或者默示地加以排除，则不能将国际惯例强加给当事人。国际惯例不是国家法律，不能强制实施。

2. 普遍接受性。国际惯例是为某地区、某一行业的人们所普遍遵守和接受的，偶然的实践不能成为国际惯例，这是国际惯例的客观特征。

这里的普遍遵守和接受并不要求人人都已经理解和接受，而只要从事这一行业的大多数人都已经知道和接受即可，就可以推定其他人理应知道这种惯例的存在。早期的国际惯例一般形成于一些比较大的港口、码头，这些地方人们的一些合理的做法慢慢地就被同行业的其他人们所接受。例如，美国西海岸的码头工会为保护自身利益向集装箱货主征收近似落地费性质的杂费，这种杂费就被各国的班轮公会列入班轮运价或者班轮条款，因而这种做法就成了同业者之间的国际惯例。

3. 确定性。确定的内容使国际惯例能够对国际经济交往活动起一定的规范作用。由于进出口商有不同的文化背景、风俗习惯，彼此在贸易过程中就会按照自己的旧习惯来进行，彼此沟通就会花费较大的时间成本和金钱成本。而当事人都不愿意按照对方国家的法律来执行，国际惯例就成为双方较好的选择，这一选择可以约束双方的交易行为，增强彼此的义务感和责任感。

（三）国际惯例的作用

国际惯例是国际组织或权威机构为了减少贸易争端、规范贸易行为，在长期、大量的贸易实践的基础上制定出来的。由此可见，贸易惯例与习惯做法是有区别的。国际惯例的适用是以当事人的意思自治为基础的，因为惯例本身不是法律，它对贸易双方不具有强制性约束力，买卖双方有权在合同中作出与某项惯例不符的规定。只要合同有效成立，双方均要履行合同规定的义务，一旦发生争议，法院和仲裁机构也要维护合同的有效性。但是，国际惯例对贸易实践仍具有重要的指导作用。这体现在，如果双方都同意采用某种惯例来约束该项交易，并在合同中作出了明确规定，那么这项约定的惯例就具有了强制性。

（四）相关法律和国际惯例

1. 与票据有关的法律。票据是国际结算中的重要内容，对票据中的各方当事人的责任、权利和义务的规定就显得相当重要。目前，国际上有代表性的与票据有关的法律有以下几种：

（1）1882 年《英国票据法》，它是英美法系票据法的典型代表。

（2）1930 年《日内瓦统一票据法》，它是大陆法系票据法的典型代表。

（3）1988 年通过并于 1990 年 6 月 30 日前开放签字的联合国《国际汇票及本票公约》。

2. 与结算方式相关的国际惯例。

（1）《托收统一规则》（国际商会第 522 号出版物，URC522）；

（2）《跟单信用证统一惯例》（国际商会第 600 号出版物，UCP600）；

（3）《国际备用信用证惯例》（ISP98）；

（4）《合同保函统一规则》（国际商会第 325 号出版物，URCG325）；

（5）《见索即付保函统一规则》（国际商会第 758 号出版物，URDG758）；

（6）《跟单信用证项下银行间偿付统一规则》（国际商会第 725 号出版物，URR725）；

（7）《合约担保统一规则》（国际商会第 524 号出版物，UECB524，特别针对保险业适用）；

（8）《国际保理业务通用规则》（GRIF）；

（9）《审核跟单信用证项下单据的国际标准银行实务》（国际商会第 681 号出版物，ISBP681）；

（10）《2010 年国际贸易术语解释通则》（INCOTERMS2010）。

3. 与运输单据有关的国际惯例。

（1）《海牙规则》；

（2）《海牙—维斯比规则》；

（3）《汉堡规则》。

第二节　票据结算安全

一、票据概述

（一）票据的定义

随着国际贸易的迅速发展，国际结算主要采用非现金结算方式完成，即不直接使用现金，而是使用代替现金起流通手段和支付手段的信用工具来结算国际债权债务的一种方法。在国际结算中，票据是重要的支付工具，但由于各国法律的差异，票据的概念也不完全相同，一般将票据分为广义的票据和狭义的票据。广义的票据是指代表商业权利的单据，是记载一定文字、代表一定权利的书面凭证，如股票、债券、发票、提单、保险单等，作为流通手段的纸币也属于此范畴。狭义的票据是以支付一定金钱为目的，可以流通转让的有价证券。它是由出票人在票据上签名，无条件约定由自己或者委托他人在一定日期支付确定金额的流通证券。若票据约定由出票人本人付款，则是本票；若由他人付款，则是汇票或支票。本节研究的票据专指狭义的票据，即汇票、本票和支票。

（二）票据的特征

票据是一种信用工具，可以代替货币进行非现金结算，具体有如下特征。

1. 设权性。所谓设权性，是指票据持有人的票据权利随票据的设立而产生，离开了票据，就不能证明其票据权利，即票据上的权利完全由票据行为所创立。票据的签发，不是为了证明已经存在的权利，而是为了创设一种权利，即支付一定金额的请求权。这种权利一旦创设，即与创设该权利的背景相分离，成为一种独立的、以票据为载体的权利。

2. 流通转让性。一般的债权在转让时，必须要经过债务人的同意，而票据上的债权可以通过背书或无背书交付的方式进行流通转让，不必通知债务人，但票据上标明“禁止转让”字样的除外。根据国际上通行的做法，凡记名票据必须经过背书才能交付转让；凡无记名票据仅凭支付就可转让。对于任何票据，无论采用何种形式支付票款给持票人，该持票人都有权把它流通转让给别人。

3. 要式性。所谓要式性是指票据在形式上需要记载的必要项目必须齐全，并符合票据法的规定，才能使票据产生法律效力。首先，在票据的做成形式上，各国的票据法对这些必要项目都作了详细规定，使票据的文义简单明了，并根据文义来解释票据，明确当事人的债权。其次，票据的行为也必须合法，例如，出票、背书、提示、转让、追索等票据行为必须符合票据法的要求，否则票据和票据行为无效。

4. 无因性。票据的无因性是指票据必须无条件支付。票据是否有效，不受出票或转让原因的影响，只要符合法定要式，在票据到期日付款人必须无条件支付款项。只要要式齐全，受让人不需要了解票据产生或转让的原因，就能取得票据上载明的权利；而债务人也要自其票据行为完成之日起对正当持票人承担相应的票据责任。票据无因性特征目的是为了保护持票人，确保票据的流通性。

5. 提示性。票据上的债权人（即持票人）请求债务人（即付款人）履行票据义务时，必须向持票人提示票据，请求付给票款，否则付款人就没有履行付款的义务。因此，票据法规定了票据的提示期限，超过期限付款人的责任即被解除。

6. 返还性。票据的持票人收到票款后，应将已收款的票据交给付款人，该票据一经正当付款即被解除责任而归入付款人的档案，由于票据的返还性特征，所以它不能无限期地流通，而是在到期日付款后就结束其流通。

（三）票据的作用

票据作为一种重要的结算工具，它和资金的收付有着直接的关联，其功能主要有如下几点。

1. 支付和结算功能。票据的支付和结算是其最原始也是最基本的功能。票据最早是作为支付工具出现的，它代替现金的使用，既可以保障债权债务的清偿安全、迅速、准确，又可以加速资金大周转，提高资金的使用效率。以票据作为支付手段，不仅可以进行一次性支付，还可以通过背书转让实现多次支付。

2. 流通功能。票据是可以转让流通的信用工具。票据可以仅凭交付或适当背书后即可转让，受让人背书后还可再转让，而且背书的次数越多，该票据的付款担保性就越强。因此，票据也被形象地称为“商人的货币”。票据的流通大大减少了现金的使用，降低了流通费用，方便了债权的自由转让，扩大了流通领域，提高了结算效率。

3. 信用功能。信用功能是票据的核心功能，被称为“票据的生命”。票据本身并不是商品，也没有价值，它是建立在信用基础上的书面支付凭证。个人之间、贸易商之间的延期偿付，都可以使用票据这个信用工具。如果买方要求卖方延期付款，一旦卖方同意，可以由卖方向买方开立一张远期汇票，经买方承兑后，于到期日付款，或者由买方向卖方签发一张远期本票，也于到期时付款。这时票据所表现的不仅是价款，而且还表现了买方和卖方之间的信用关系。

4. 融资和汇兑功能。在票据到期前，如果卖方急需资金，还可将票据背书转让给他人或向银行贴现，实现资金的融通作用，提前转化为现金。此外，还可以将票据抵押给银行进行抵押贷款融资。另外，不同国家或地区间的货币兑换和转移资金，也可通过票据的转移和汇兑实现，即通过在甲地将现金转化为票据，再到乙地将票据转换为现金或票款。

（四）票据的种类

1. 汇票。汇票在票据中占有重要的地位，它是国际结算中使用最为广泛的一种信用及支付工具。汇票在使用过程中最能反映票据的性质、特征和作用，也最能集中体现票据所具有的信用、支付和融资等功能，是票据的典型代表。

1882 年英国《票据法》第 3 条规定，汇票是出票人向另一人签发的，要求即期、定期或在可以确定的将来某个时间，向某人或其指定人或来人无条件地支付一定金额的书面命令。根据《中华人民共和国票据法》第二章第十九条规定，汇票是出票人签发的，委托付款人在见票时或者在指定日期无条件支付确定金额给收款人或持票人的票据。汇票的分类方式有很多种，常见的有按照出票人不同，分为银行汇票和商业汇票；按照付款时间不同，分为即期汇票和远期汇票。

2. 本票。1882 年英国《票据法》规定，本票是一人向另一人签发的，保证即期或定期或在可以确定的将来某个时间，对某个或其指定人或执票人支付一定金额的无条件的书面承诺。根据《中华人民共和国票据法》规定，本票是出票人签发的，承诺自己在见票时无条件支付确定的金额给收款人或持票人的票据。在我国，本票仅限于银行本票，企业和个人不能签发本票。

3. 支票。1882 年英国《票据法》规定，支票是以银行为付款人的即期汇票。根据《中华人民共和国票据法》规定，支票是出票人签发的，委托办理支票存款业务的银行或者其他金融机构在见票时无条件支付确定金额给收款人或持票人的票据。

（五）票据行为

票据行为是以票据权利义务的设立及变更为目的的法律行为。广义的票据行为是指票据权利义务的创设、转让和解除等行为，包括票据的签发、背书、承兑、保证、参加承兑付款、参加付款、追索等行为。狭义的票据行为专指以设立票据债务为目的的行为，只包括票据签发、背书、承兑、保证、参加承兑等，不包括解除票据债务的付款、参加付款、追索等。

1. 出票。出票是指出票人依照法定款式做成票据并交付于收款人的行为。它包括“做成”和“交付”两种行为。所谓“做成”是指出票人按照法定款式制作票据，在票据上记载法定内容并签名。由于现在各种票据都由指定机关印制，因而所谓“做成”只是填写有关内容和签名而已。所谓“交付”是指根据出票人本人的意愿将其交给收款人的行为，不是出于出票人本人意愿的行为如偷窃票据不能称作“交付”，因而也不能称作出票行为。

2. 背书。背书是指持票人转让票据权利给他人的一种票据行为。票据的特点在于其流通。票据流通转让的主要方法是背书，当然除此之外还有单纯交付。背书转让是持票人的票据行为，只有持票人才能进行票据的背书。背书是转让票据权利的行为，票据一经背书转让，票据上的权利也随之转让给被背书人。

3. 承兑。承兑是指汇票的付款人承诺负担票据债务的行为，为汇票所独有。汇票的发票人和付款人之间是一种委托关系，发票人签发汇票，并不等于付款人就一定付款，持票人为确定汇票到期时能得到付款，在汇票到期前向付款人进行承兑提示。如果付款人签字承兑，那么他就对汇票的到期付款承担责任，否则持票人有权对其提起诉讼。

4. 参加承兑。参加承兑是指票据的预备付款人，或第三人为了特定票据债务人的利益，代替承兑人进行承兑，以阻止持票人于汇票到期日前行使追索权的一种票据行为。它一般是在汇票得不到承兑，付款人或承兑人死亡、逃亡或其他原因无法承兑，付款人或承兑人被宣告破产的情况下发生。

5. 保证。保证是指除票据债务人以外的第三人，以担保特定债务人履行票据债务为目的，而在票据上所为的一种附属票据行为。票据保证的目的是担保其他票据债务的顺利履行，适用于汇票和本票，不适用于支票。

6. 保付。保付是指支票的付款人向持票人承诺负绝对付款责任的一种附属票据行为。保付是支票付款人的一种票据行为。支票一旦经付款人保付，在支票上注明“照付”或“保付”字样，并经签名后，付款人便负绝对付款责任，不论发票人在付款人处是否有资金，也无论持票人在法定提示期间是否有提示，或者即使发票人撤回付款委托，付款人均须按规定付款。

二、票据结算的风险

国际贸易结算中使用的票据主要有汇票、本票和支票。在使用票据进行国际贸易结算时具有方便灵活、费用低廉等特点，但同时因其流动性大、欺骗性强，因此在使用中也存在一定的风险。风险，即意味着当事人遭受不可预知损失的可能性。由于支付方式的不同，银行对资金收付责任不同，造成当事人的风险也不同。多年来，利用假银行票据及汇款凭证进行诈骗的案件频频发生，对此我们应保持高度警惕，时刻注意各种风险的防范。常见的票据风险主要有以下几种。

（一）票据伪造风险

票据伪造是指假借他人名义出票或假借他人名义在票据上签章的行为。在伪造票据情形中，被伪造人由于未在票据上亲自签章，因此不负票据责任。此项抗辩事由，被伪造人可以对抗一切持票人，即使持票人为善意持票人。伪造人因为未在票据上签署自己的姓名，因此也不承担票据责任。基于票据行为的独立性，票据上有伪造签章的，不影响票据上其他真实签章的效力。

票据的伪造有两种情况：一种是票据本身的伪造，也叫狭义上的票据伪造；另一种是票据签名的伪造，也叫广义上的票据伪造。票据本身的伪造如伪造发票人的签名或盗盖印章的发票，是假冒他人名义进行的发票行为。票据签名的伪造是假借他人名义而为发票以外的票据行为，如背书签名的伪造、承兑签名的伪造等。票据的伪造必须是无权限之人假冒本人签名，如果在票据上表明为本人代理之旨而将本人的姓名载在票据上的，属无权代理而不是伪造。法人代表人为自己利益而以法人名称在票据上签名的，也不是票据的伪造。伪造的票据，没有法律上的效力，即使持票人是善意取得，也不能享有票据上的权利。

票据伪造的构成要件有以下几个：第一，行为人实施了假冒行为，假冒他人名义出票或在票据上签章，是票据伪造的前提条件；第二，伪造行为符合票据行为的形式要件，即在外观上符合票据行为的形式要件；第三，行为人的目的是骗取他人财物，票据是金钱证券、流通证券、支付证券；第四，行为人须将伪造的票据转手，否则其伪造行为就难以认定。

在票据伪造过程中，对于不同的当事人来说效力是不同的。对被伪造人而言，尽管形式上看票据上有其签章，但由于是他人假冒而非被伪造人自己的真正签章，所以被伪造人对此不负任何票据责任，并且还可要求伪造者对于自己权利的侵犯赔偿相应的损失。对伪造人而言，由于伪造人在票据上没有签章，所以他也不负票据上的责任。但是伪造人要承担《民法》上规定的因民事侵权而导致的民事责任，以及《刑法》上规定的因构成欺诈罪或伪造有价证券罪而导致的刑事责任。对于其他在票据上真实签章的人而言，由于票据行为具有独立性，所以在票据上有真实签章的人仍对自己的票据行为负责。对善意持票人而言，如果是直接从伪造人手中取得伪造的票据的，则对伪造人有《民法》上的赔偿请求权；如果是间接取得伪造的票据的，即从真实签章人手中取得票据的，则对真实签章的直接前手以及其他真实签章的前手，可以行使追索权。而直接从伪造人手中取得伪造票据的真实签章人，在被追索而清偿票据债务后，有权要求伪造人赔偿损失。

由于票据本身就是一种流通性极强的有价证券。伪造的票据虽然在票据有效的实质要件上存在瑕疵，但是在外观上与真实票据极为相似，导致普通人难以辨别，最终产生的结果将是伪造人的非法目的得逞，票据权利人无法向伪造人行使权利，从而使权利落空，所以在国际结算中需要防范管理。

（二）票据变造风险

票据变造是指无权限却改变票据上除签章以外的其他记载事项，以影响票据责任的行为。票据变造必须具备三个条件：第一，必须是无变更权的人所为的变更行为。如果是有变更权的人对票据记载事项进行变更，则叫做票据的更改。第二，必须是变更票据签章以外的其他事项。第三，变更票据其他记载事项足以引起票据权利内容发生变化。无票据记载事项变更权的人，以实施票据行为为目的，对票据上除签章以外的记载事项进行变更，从而使票据权利义务关系内容发生改变的行为。

需要注意的是，票据的变造行为，由以下条件构成。

第一，该行为人是无权对票据事项进行变更的人。依据我国《票据法》的规定，只有出票人才有权对所签发的票据的有关记载事项进行变更，而其他人不具有变更票据上记载事项的权利。

第二，变造的票据是依法签发的有效的票据，如果票据本身是无效的票据，也就不会产生票据的变造的效力。

第三，变造的事项是签章或签名以外的其他记载事项。如果是假冒他人的签章，则构成票据的伪造行为。票据被变造后，该票据并不因此而失效，仍是有效的票据。但是，在该票据上签章的人所承担的票据责任是不同的。这是因为票据是文义证券，行使票据权利或承担票据义务，都是根据当事人在票据上的记载事项，并且是以在签章时的记载事项为准。所以，在票据上签章的人要以其在票据上签章时的记载事项来确定其票据责任。那么，对于变造的票据来说，在变造之前签章的人，仅对原记载事项负责。在变造后签章的人，仅对票据被变造后的记载事项负责。如果不能辨认当事人的签章是在变造前作出的，还是在变造后作出的，票据法规定，视同该当事人是在变造前作出的签章，按原记载事项承担票据责任。

我国《刑法》第一百七十七条规定，从事票据的变造行为，即构成犯罪，依法追究其刑事责任，给他人造成经济损失的，并同时承担民事责任。在票据变造过程中，对于不同的当事人来说效力是不同的。

对变造人而言，变造行为属于严重的违法行为，变造人须为此行为承担刑事责任和民事赔偿责任。变造人应否对该行为负票据责任，视其是否为票据行为人而定，如果变造人自身就是票据上的票据行为人，如背书人在背书时改写了金额、保证人在为保证行为时改写了付款地等，该背书行为或者保证行为不因此而无效。这时，变造人所负的刑事责任和民事责任不影响其仍应负的票据责任。至于按票据变造之前还是之后的文义负责，法无明文。

所谓“被变造人”，应当是指变造之前在票据上签章的所有票据行为人。他们在票据上的签章，意味着他们愿意按照当时票据上记载的事项承担票据责任，但后来票据上记载事项被他人改写，此改写行为并非出自被变造人的本意，所以，他们只对变造之前的记载事项承担责任。当然，如果被变造人与变造人恶意串通或者变造人经其同意，又或者有可能防止变造而因其疏忽未能防止等，该被变造人也需承担相应的法律责任。

对不能辨认其签章在变造之前或之后的签章人来讲，法律推定其在变造之前签章，从而按照原记载事项承担票据责任。

对持票人来讲，因其所持票据上存在瑕疵，其票据权利的实现就受到一定影响。如果持票人向变造之前的签章人主张票据权利，仅能依据原记载事项，而不论其得到票据时所负代价为多少；如果持票人向变造之后的签章人主张票据权利，则有可能实现票载的全部票据权利。如果持票人向变造人主张权利，变造人若同时又是票据行为人，持票人既可以行使票据权利，又可以行使民事赔偿请求权；变造人若不是票据行为人，持票人只能行使民事权利。

对付款人或代理付款人来讲，票据变造的后果与票据伪造相同。

【案例分析】

票据变造风险事件及其法律责任

A银行接受B公司的委托签发了一张金额为8600元人民币的本票，收款人为某电脑公司的经理李某。李某将票据背书转让给了王某后，王某将票据金额改写为“8.6万元”人民币随即转让给了C商店，C商店又将该票据背书转让给了某供销社。当该供销社向付款银行提示付款时，付款银行以票据上有瑕疵为由退票。

［问题］

（1）涉及的本票是银行本票还是商业本票？为什么？

（2）王某改写票据金额的行为，在票据法上叫什么行为？他应承担哪些责任？

（3）如果最后的持票人向前手行使追索权，除王某以外的各位前手承担怎样的票据责任？

资料来源：王利华．国际结算［M］．上海：上海财经大学出版社，2016.

（三）持票人享有的票据所有权有缺陷

如果票据是以欺诈、暴力、恐吓等手段，或以非法手段支付对价，或在流通转让过程中违反诚信原则，或在相当于欺骗的情况下取得的，这类票据持有人享有的票据权利属于有缺陷的，在票据取得和流通的过程中会损害部分人的利益，从而产生票据风险。例如，某人曾用一家大公司的物资供销部的名义，到邻近的一个地区的商业银行以50%存款保证金的形式骗取了600万元的银行承兑汇票，之后以回头背书形式（回头背书又称还原背书或逆背书，是以票据上已有的债务人为被背书人的背书）在另一个地区办理了贴现。六个月后，签发承兑汇票的银行被骗走了300万元。

（四）金融机构工作人员玩忽职守的风险

我国《票据法》第一百零四条规定，金融机构工作人员在票据业务中玩忽职守，对违反该法规定的票据予以承兑、付款或者保证的，给予处分；造成重大损失，构成犯罪的，依法追究刑事责任。金融机构工作人员因上述行为给当事人造成损失的，由该金融机构和直接责任人员依法承担赔偿责任。

根据我国《票据法》第五十七条、中国人民银行发布的《支付结算办法》第十七条，银行应该履行的义务有以下几项。

（1）审查汇票背书的连续；

（2）审查提示付款人的合法身份证明或者有效证件；

（3）审查票据和结算凭证上的签章是否真实；

（4）银行的审查行为应当是善意的，而且要符合规定和正常操作程序。付款时不能有恶意或者重大过失。

银行担负着审查票据的签章是否真实的义务，如果银行的审查符合上述的要求，对于票据伪造没有发现异常而付款，银行即不承担法律责任。

根据上述法律和行政规章的规定，以付款人是否是善意无过失为标准，划定了银行和其他当事人之间的风险分担。

（五）非真实交易风险

非真实交易风险是指企业利用签订的虚假商品贸易合同，套取银行承兑汇票，并进行贴现时给银行带来的风险。我国《票据法》规定，银行只有严格审查票据的真实交易背景之后，才可办理承兑业务。但现实中，企业与企业之间一般是按照“付款—发货—开税票”的流程进行交易。在商业银行审查交易背景时，常常只以企业相互之间签订的合同为依据。如果企业之间并未发生交易，但却签订虚假合同，银行就很难核实承兑汇票的真实交易背景。甚至有一些银行为了达到存款指标，在未进行贷前调查的情况下，只要申请人可以提供交易合同，而不顾合同的真实性，就会给予开票，从而增加了银行承兑的风险。

三、票据结算的风险防范

票据作为国际结算中一种重要的支付凭证，使用十分广泛。但是由于票据种类繁多，性质各异，流动性大，再加上大多数国内居民极少接触到国外票据，缺乏鉴别能力，因此在票据使用过程中也存在着许多风险，一定要加强票据风险的防范。在票据的风险防范方面，要注意以下几点。

（一）完善相关法律法规

2004 年修订的《票据法》已不能完全适应形势发展需要，增加了控制票据业务风险的难度。因此，需要加快《票据法》的修订进程，强化票据业务的监督管理。

首先，要尽快补充修订有关票据法律法规，堵塞现行票据交易法律中存在的诸多漏洞，完善法律所应具备的约束和惩罚机制；其次，要加强票据市场的监管力度，充分发挥监管机构的监管作用，对于违法违规行为加大处罚力度，以引导和规范承兑贴现业务活动；最后，要加大执法部门对票据违法犯罪的查处和处罚力度，最大限度地减少票据诈骗案件的发生。

（二）创新票据管理系统

第一，建立票据业务网络查询认证系统，加强信用秩序建设，防范道德风险。摒弃当前通过电报查询等为主要手段的检验票据真伪的方式，在电子联行或信贷登记咨询系统基础上，建立承兑汇票电子查询网络系统，对每笔已签发的银行承兑汇票，在转让、贴现、转贴现、再贴现时必须通过电子查询网络系统进行查询核对，有效杜绝假票和“克隆”汇票行为的发生。

第二，优化票据业务发展的外部环境，建立社会征信体系，完善社会信用制度，规范社会各经济主体的信用行为，为银行全面真实掌握客户的信用状况提供保证。加大对失信企业的联合制裁力度，发挥银行同业公会的作用，通过制定同业竞争规则，建立风险预警机制，防范道德风险。开发适应票据业务管理和发展的信息系统，应用高科技手段防范票据业务风险。尽快在全国范围内建立统一的信息网络，实现信息共享，以提高业务效率，降低业务成本，防范和化解票据业务风险。

（三）提高组织人员保障力度

当下，不仅需要构建完善的银行信用评级体系，还需要从优化自身组织保障入手，为迎合当前票据业务发展打造一支高精专的员工队伍，并且要具备高水平专业知识，掌握市场某些行业、产业特有票据贴现、真伪票据识别的相关知识，打造一支素质高、技能精的票据业务团队。

第一，重视人员的培训。加大优秀票据业务人员培训力度，不断发掘优秀业务人员的工作潜力，通过全面培训、考核、评估等提升票据业务人员的业务技能，继续加大对银行从业人员的职业教育，提高从业人员票据业务风险防范意识。经常开展风险教育，增强业务人员对假票的防范能力，正确处理银行业务发展与防范风险的关系。

第二，加强对票据业务人员的监管，对于员工工作和生活中出现的异常变化，要及时采取相应措施，防止出现内部风险。同时采取有效激励措施促使客户经理及潜在客户经理在工作中发挥个人价值。

第三，加强道德素质培养。员工具有良好的思想素质和业务素质是防范风险的前提条件，银行票据业务流程也需要员工具备更高职业道德素质。因此，银行必须加强内部从业人员职业道德修养工作，通过开展多种活动，提升员工的职业道德素养，提高岗位忠诚度，激发工作积极性，强化内部业务人员风险意识，进一步防范票据业务操作风险。

（四）加强虚假票据的防范

首先，通常情况下，犯罪分子对商业银行票据流程很熟悉，为了避免银行的内部审计人员认出假票据，犯罪分子通常会使用高科技手段来伪造票据，用虚假票据去银行请求贴现，从而大笔金额入账。在这方面，银行票据业务员要加强职业技能培训，提高识别常见虚假票据的能力，提升对虚假票据的防范意识。

其次，银行要对容易导致票据诈骗案的票据加强审核。骗子在成功骗得票据之后，一般会转让给其他人。因此，银行在办理票据解付、贴现业务的时候，要特别注意对应的前后手的审核，审核商品交易与票据的对应关系，审查增值税发票的真实性和票据持有人的证件。不法分子一般在银行网点办理票据解付后，再转至储蓄账户提款。因此，金融机构应严格监控对公网点和储蓄所的汇款路线，关注大额提取现金和频繁提取现金的情况。

最后，银行要采用高科技印刷方法和防伪技术。积极引进高科技防伪技术和先进的印刷手段，加强技防工作。切实提高票据防伪技术含量，改进承兑汇票操作方法和程序。针对银行业传统的“凭印支取”审核办法已远远落后于电子化发展步伐的现状，要建立银行印鉴预留库，实行票据业务自动化处理。将所有商业银行的票据，统一编号和排版，加强票据鉴别能力，增加伪造票据的难度，由银保监会加强监督和管理纸质票据的印刷质量；配备专门的防伪设备，逐步取代人防的防伪方式；把容易伪造的传统纸票业务更换为电子账单支付密码，把该密码作为付款的必要条件。

（五）了解客户的资信状况

出口商在贸易成交之前，一定要了解客户的资信，做到心中有数，防患于未然。特别是对那些资信不明的新客户以及那些外汇紧张、地区落后、国家局势动荡的客户，更要加强资信调查。出口商可以通过多种渠道了解和调查客户的资信以及经营状况。常见的方法有很多，例如，可以咨询进口方国家的信用保险、委托专业咨询公司进行调查、派人实地考察更好地了解情况。如果进口方客户的经营状况不好，那么进口商毁约、拒付的可能性就会增加，因此出口商应尽量避免选择经营状况不好的进口商合作。订立买卖合同前，还需要对进口商所在国家的政治、经济、文化、法律等多方面做全面的调查和了解，结合多方面因素作出正确的判断，最大限度避免风险带来的损失。

在了解了客户的资信状况以后，贸易成交前，买卖双方定要签署稳妥、平等互利的销售合同，确保贸易往来的真实性和合法性。之后，出口商对客商提交的票据一定要事先委托银行对外核实其真实性，以确保能安全收汇。在银行未收妥票款之前不能过早发货，以免货款两空。

对于汇票的风险与防范，在汇票的使用过程中，除了要注意以上所述之外，还要注意遵循签发、承兑、使用汇票的原则：

（1）使用汇票的单位必须是在银行开立账户的法人；

（2）签发汇票必须以合法的商品交易为基础，禁止签发无商品交易的汇票；

（3）汇票经承兑后，承兑人即付款人负有无条件支付票款的责任。

【知识链接】

真假本票和支票的识别方法

第一，真正的本票（支票）系银行采用专用纸张印刷，纸质好，有一定的防伪措施，而假本票（支票）只能采用市面上的普通纸张印刷，纸质差，一般比真本票（支票）所用纸张薄且软。

第二，印刷真本票（支票）的油墨配方是保密的，诈骗分子很难得到。因此，只能以相似颜色的油墨印制，这样假本票（支票）票面颜色较真本票有一定差异，如果能找到真本票（支票）来对比就很容易发现。

第三，真本票（支票）号码、字体规范整齐，而有的假本票（支票）号码、字体排列不齐，间隔不匀。

第四，由于是非法印刷，假本票（支票）上的签字也必然是假冒的签字，与银行掌握的预留签字不符。

资料来源：https：//www. waimaoribao. com/gjjs/9499. html.

第三节　结算方式安全

一、汇款结算安全

（一）汇款概述

国际贸易结算方式是指国际贸易主体实现国际结算货币与货物对流的具体条件和程序。在国际结算中，有80%以上涉及的是国际贸易结算。各种结算方式在国际贸易合同中被称为付款条件或支付条件，主要是指交易双方就资金从付款一方转移到收款一方的时间、条件和程序等。在目前的国际贸易结算中，绝大多数采用的是非现金结算方式，而汇款具有操作手续简便、成本低廉等特点，因此成为国际结算的主要方式之一。

1. 汇款的概念。汇款（Remittance），也称汇付，是债务人或付款人主动通过银行以一定的方式将确定金额的款项汇交收款人的一种结算方式。汇款方式不仅可用于贸易货款的支付，还可用于各种贸易从属费用（如保证金、运费、保险费等）的支付以及非贸易结算的支付。在汇款业务中，债务人主动将资金和汇款申请书交给当地一家银行，这家银行根据债务人的要求，制作付款委托书作为结算工具寄送债权人所在地银行。同时将资金转移给该银行，委托其转交给债权人。在这一过程中，资金的流向和结算工具传递的方向为同一方向，即由债务人转向债权人。

2. 汇款的性质。汇付是一种商业信用的支付方式，即银行只提供服务而不提供信用。在汇付业务中，银行只负责按债务人的指示将资金转交给债权人，汇出银行对信息传递过程中的延误、遗失及通信部门的其他过失不承担责任；汇入银行则仅依据汇出银行的指示（在代理协议范围内）承担解付款项的义务。无论是汇出银行还是汇入银行，都不对贸易中的货物及与货物有关的单据承担责任，而是由出口商（卖方）在发货后，自行将有关单据寄送给进口商（买方）。因此，汇款业务又称为“单纯付款”业务。

3. 汇款方式的当事人。汇款方式主要有四个基本当事人：汇款人（Remitter）、收款人（Payee or Beneficiary）、汇出行（Remitting Bank）和汇入行（Paying Bank）。

汇款人是向银行申请汇款并交出款项的当事人。对于贸易货款的支付而言，汇款人通常就是贸易货物的买方，即进口商。作为贸易合同的买方，其权利是要求出口商提供合格的货物。作为汇付的一方当事人，其义务是“填制汇款申请书”，向汇出行交款付费，履行付款义务。

收款人是汇款人指定接受款项的当事人。收款人通常就是贸易货物的卖方，即出口商。作为贸易合同的卖方，其权利是凭合格单据取得货款。在汇付业务中，收款人是汇款业务的受益人。其义务是审查汇款的内容、金额，按国家外汇管理机构的要求提交相关材料。

汇出行是接受汇款人委托，办理汇出款项业务的银行。该银行一般是进口地及汇款人所在地的某家银行，其主要义务是按照“汇出汇款申请书”的相关内容以及汇款方式办理款项的汇出业务，向汇入行转交资金，收取相关费用。

汇入行又称解付行，是接受汇出行委托，办理汇入款项和解付汇款给收款人的商业银行。该银行通常为收款人所在地银行，一般为汇出行的联行或代理行。其主要义务是证实汇出行委托付款指示的真实性（收到电文后核对密押、印鉴等，确认无误后办理解付手续），通知收款人并向其解付款项。

此外，如果汇出行和汇入行之间没有直接往来账户关系时，还必须有其他代理行参与汇款业务。例如，通过汇出行和汇入行的共同账户行进行转汇结算，这个共同账户行就是它们的“中心账户行”，也称为转汇行。

汇款方式主要当事人之间的相互关系如图 7－1 所示。

4. 汇款方式的种类。根据汇出行向汇入行发出付款委托书（Payment Order）的方式不同，汇款可分为电汇、信汇和票汇三种。这三种汇款方式在结算速度以及安全性方面均有差异，其中电汇在贸易结算中使用的最多。但无论采用哪种汇款方式，都应符合《中华人民共和国外汇管理条例》，并经外汇管理机关批准。

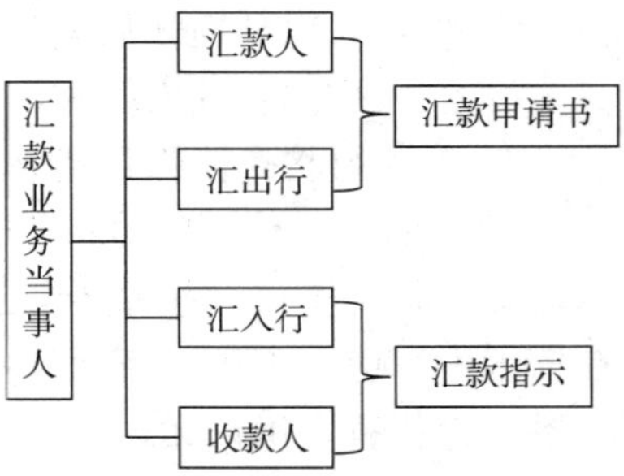

图 7－1　付款当事人及其相互关系

（1）电汇。电汇（Telegraphic Transfer，T/T）是指通过电报办理汇兑，是汇款人将一定款项交存汇款银行，汇款银行通过电报或电传给目的地的分行或代理行（汇入行），指示汇入行向收款人支付一定金额的汇款方式。在这种汇款方式下，汇出行根据汇款人申请书内容，以电报、电传或 SWIFT 方式通知汇入行授权时，为了使其得以证实电讯内容，汇出行要加列双方银行约定使用的密押（Test Kay）。电汇是汇兑结算方式的一种，汇兑结算方式除了适用于单位之间的款项划拨外，也可用于单位对异地的个人支付有关款项，如退休工资、医药费、各种劳务费、稿酬等，还可适用个人对异地单位所支付的有关款项，如邮购商品、书刊，缴纳大学学费等。

电汇是目前使用最普遍的汇款方式，在使用过程中由于使用电信方式，电汇是各种汇款方式中收款速度最快的，随着电讯技术的发展，电汇完成也更加迅速。因此，国际银行间进行外汇交易时，都是以电汇的方式进行支付交割，外汇市场的汇率也以电汇汇率作为基准。电汇传递的各种方式，尤其是 SWIFT，是银行之间的直接通信，并且有加注密押的保证，差错率低、安全性高。另外，电汇中的电信费用成本较高，并且由于收款速度，银行占用客户资金的时间较短，因此，银行收取的汇款手续费用也较高，对于汇款人来说，负担较重。电汇业务流程如图 7－2 所示。

其具体步骤如下：

① 汇款人填写电汇申请书，并交付汇款款项和相关费用给汇出行。

② 汇出行接受申请，并向汇款人开立电汇回执。

③ 汇出行根据电汇申请书的内容，以电讯方式向汇入行发出支付委托书。

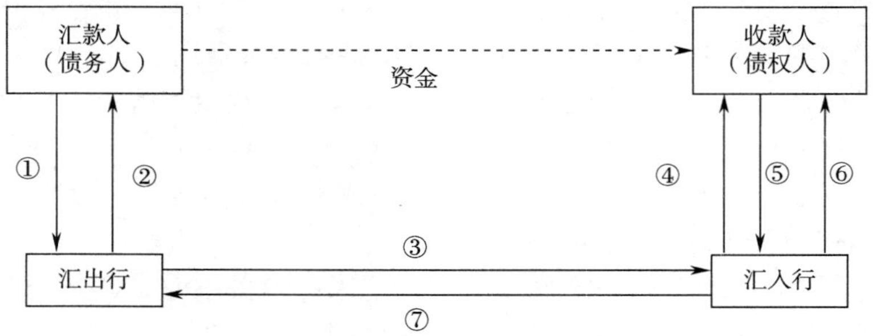

图 7-2　电汇业务基本流程

④ 汇入行收到支付委托书后核对密押，确认其真实性后，通知收款人取款。

⑤ 收款人得到通知后凭相关证件取款，并在收据联上盖章或签字。

⑥ 汇入行向收款人解付汇款。

⑦ 汇入行将付讫借记通知书寄汇出行，通知解付完毕，电汇汇款业务完成。

（2）信汇。信汇（Mail Transfer，M/T）是指汇出行应汇款人的要求，使用航空信函的方式邮寄支付委托书给汇入行，通知其解付汇款金额给收款人的一种汇款方式。在信函中，应有汇出行有权签字人的签字，也就是印鉴，汇入行收到信函后，要核对印鉴是否相符，确认无误后，汇入行按照支付委托的内容通知收款人取款。

信汇是一种传统的汇款方式，与电汇相比，信汇采用邮寄方式，信函在途时间比较长，有时候还可能会出现积压等现象，因此采用信汇收款速度相对较慢。信函中的印鉴一旦被伪造或冒用，将存在较大的风险，而且在航空邮寄过程中，信件还有可能会发生丢失或损毁，安全性较差。另外，在信汇方式下，银行可以占用一个邮程时间的资金，而且航空邮寄的成本较电报、电传等来说较低，因此，银行对汇款人收取的汇款手续费用也较低。信汇业务流程如图 7-3 所示。

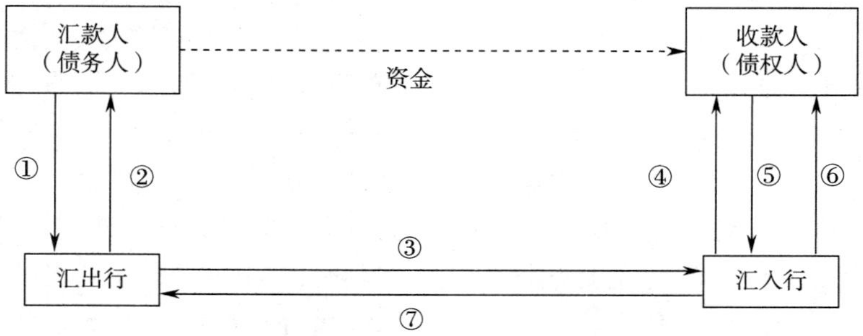

图 7-3　信汇业务基本流程

其具体步骤如下：

① 汇款人填写信汇申请书，并交付汇款款项和相关费用给汇出行。

② 汇出行接受申请，并向汇款人开立信汇回执。

③ 汇出行根据信汇申请书内容，以航空邮寄的方式向汇入行发出支付委托书。

④ 汇入行收到支付委托书后核对信函印鉴，确认真实性后，通知收款人取款。

⑤ 收款人得到通知后凭相关证件取款，并在收据联上盖章或签字。

⑥ 汇入行向收款人解付汇款。

⑦ 汇入行将付讫借记通知书寄汇出行，通知解付完毕，信汇汇款业务完成。

（3）票汇。票汇（Demand Draft，D/D）是指汇出行应汇款人的要求，代汇款人开立以其分行或代理行为解付行的银行即期汇票并交给汇款人，由其自行寄送或携带出国交给收款人，凭票取款的一种汇款方式。票汇业务中使用的银行即期汇票，出票人是汇出行，付款人是汇入行，收款人就是汇款业务的收款人。汇款人拿到汇出行开立的即期汇票后，可以通过各种方式自行交给收款人去取款。在汇票抬头允许的情况下，也可以将汇票带到汇入行亲自取款，汇票经过收款人背书后还可以进行流通转让。

票汇业务与电汇和信汇业务不同，在票汇方式下，汇入行无须通知收款人取款，而是由收款人自行主动持票到汇入行取款，这样简化了取款手续，收款人可以根据自己的需要在有效时间内随时凭票取款，相对方便。另外，收款人不仅可以凭票收款，还可以通过背书转让汇票，一旦汇票进入流通领域，涉及的环节和当事人就会增多，最终到汇入行取款的可能不是汇票上记载的收款人。因此，虽然在使用上有很大灵活性，但也增加了相应的风险，安全性较差。票汇业务流程如图 7－4 所示。

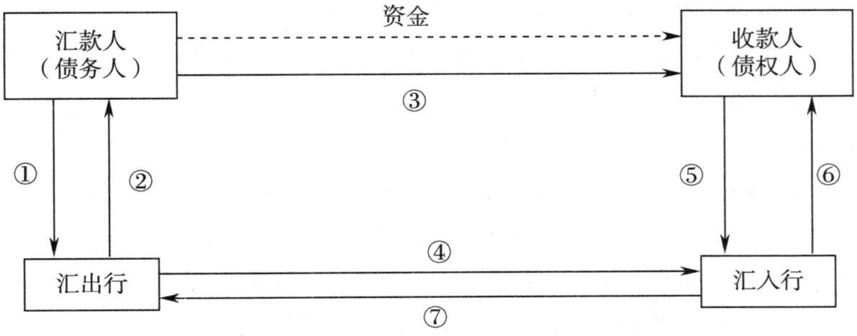

图 7－4　票汇业务基本流程

其具体步骤如下：

① 汇款人填写票汇申请书，并交付汇款款项和相关费用给汇出行。

② 汇出行接受申请，并向汇款人开立银行即期汇票。

③ 汇款人将汇票邮寄给收款人或自行携带出国交由收款人。

④ 汇出行将票汇通知书以及汇票票根邮寄给汇入行。

⑤ 收款人凭汇票到汇入行取款。

⑥ 汇入行核对票根无误后向收款人解付汇款。

⑦ 汇入行将付讫借记通知书寄汇出行，通知解付完毕，票汇汇款业务完成。

5. 汇款的付款方式。汇款结算的付款方式有预付货款和货到付款两种结算方式。

（1）预付货款。预付货款又称为“先结后出”（先 T/T），是指进口商先把款项汇给出口商，出口商收到款项后再发出货物。这种付款方式对于进口商而言是不利的，对出口商非常有利，因为进口方单独负责融资的同时还要负担出口方不按合同规定货运货物的风险。因此，进口商可以为了保证自己的利益，请出口商银行担保从而来汇出货款。

（2）货到付款。货到付款又称为“先出后结”（后 T/T），即出口商先发出货物，进口商收到货物后汇给出口商货款。具体来讲，货到付款有两种实现途径：一是经销，即出口商与进口商事先签订好销售合同，等到进口商收到货物后，立即将货款汇给出口商；二是寄售，即出口商先把货物运到国外，委托国外商人在当地市场上代销货物，等到货物售出后，被委托人把扣除佣金后的货款汇给出口商。无论是哪一种形式，都会对出口商产生不利影响。因为出口商既要单独负责融资，又要冒着进口商不汇款的风险。

（二）汇款结算的风险

国际汇款业务是相对于国内汇款业务而言的，它是指由汇款人（进口商）委托银行将一定金额的款项汇交给国外收款人（出口商）的一种结算方式。由于银行在办理国际汇款业务时并不处理代表货物转移的有关单据，所以国际汇款业务具有简便、快捷、费用低等特点。正是由于这一特点，使得国际汇款业务在国际结算中所占比重一直处于稳步上升的趋势。

但是，在国际汇款业务中，进出口双方由于缺乏对另外一方的有效制约，安全性最差，风险最大，而且对于办理汇款的银行来说，也存在被诈骗的可能性，所以对于其中存在的风险必须有充分的认识，从而加以防范。

1. 出口商风险

（1）国家宏观风险。国家宏观风险主要来源于不可抗拒的国外因素，它是由进口国的法律和法规所产生的，并不是合同条款所能免除和改变的。在进出口贸易结算中，主要是那些因进口国家不履行职责，采用主权措施而造成拒绝接受货物或阻止向国外付款所产生的风险。这种风险是结算主体面临的首要风险，它对结算决策起到决定性作用。

首先，在国际经济活动中，存在由于进口国政府行为所导致的出口商无法按时收回货款的风险。如进口国政府禁止外汇汇出、取消进口许可证，乃至爆发战争等，从而使进口商无法用外汇付款或收货，最终导致出口商无法收回货款。其次，存在因进口国社会的动荡而导致出口商无法按时收回货款的风险。如进口国出现骚乱、种族冲突或大规模罢工等，破坏了国家的政治稳定和经济的正常运转，进而影响到进口商向出口商付款。最后，存在因进口国家经济出现恶化或危机而导致出口商无法按期收回货款的风险。如爆发经济危机或金融危机等，往往导致国家外汇储备大幅下降，甚至导致众多进口商破产或出现财务危机，无法按时向出口商付款。如美国次贷危机，席卷全球的金融风暴，导致冰岛国家破产。

（2）对手方信誉风险。这种情况主要表现在双方按货到付款或赊销交易条件下，出口商面临着进口商在收到货后迟付或不付货款的风险。

当今国际市场上，竞争日益激烈，买方市场的特点越来越凸显。为了争取在竞争中占据主动地位，出口商不仅要在商品价格上占有优势，而且还要通过其他非价格因素如商品质量和结算方式上显示出吸引力。其中常用的就是采取货到付款方式，由出口商先发货，待进口商收到货物后，立即或在一定期限内将货款通过汇款方式汇交给出口商。

这种结算方式相当于由出口商向进口商提供了信用和资金融通。进口商没有承担任何风险，而出口商则面临着由于对方经营作风不佳，迟迟不予付款，长期占压资金的风险，而且可能因为货物已不掌握在出口商手中，失去对进口商的制约，进而承担着进口商不付货款的风险，最终导致出口商钱货两空，遭受巨大的损失。

（3）技术风险。所谓技术风险是指汇出行设计汇款路线不合理，汇出行不能使解付行收到或及时收到内容完整准确的付款委托书而导致出口商承担迟收汇款的风险。具体情况有两种：

第一，汇出行设计汇款路线不合理而造成迟收。汇出行在办理汇款业务时，设计汇款路线的原则应当选择那些经营信誉好、办事效率高、查询方便、汇路直的国外银行作为自己的代理行，担当转汇行和解付行。但在实际业务中，汇出行往往设计汇路不合理，或者选择的转汇行和解付行效率不高，或者设计的汇路不通畅，汇路没有拉直，造成汇路迂回曲折、错综复杂的局面。这样增加了不必要的中间环节，从而延长了汇款在途时间也增加了出错机会，最终引致出口商迟收汇款。

第二，汇出行不能使解付行收到或及时收到内容完整准确的付款委托书而导致迟收汇款。

众所周知，除非有法院的禁令，银行没有客户明确的付款指示是不能划拨客户资金或借记客户账户的，这是银行办理结算的三大基本原则之一。银行办理国际结算也不例外，转汇行或解付行借记汇出行账户的依据就是由汇出行发出的付款委托书（电）。

① 解付行不能收到或不能及时收到付款委托书，具体说来有三种表现：

一是在使用SWIFT（环球银行金融电讯系统）操作电汇业务（T/T）时，汇出行在发给转汇行电汇委托书中的附言栏里由于漏写“电通知收款人”（TEXBEN），导致转汇行接到通知后，仅贷记解付行了事，并没有向解付行发出相应的付款委托电，造成解付行迟付。

二是汇出行只向解付行发出无印鉴或密押的通知，而未向转汇行发出相应的转汇指令，致使解付行因收不到与其有印、押关系的转汇行付款指令而迟付。

三是汇出行工作上的疏忽或唯恐重付（Re-payment）而漏发委托书，导致解付行迟付。

② 汇出行发出的电汇或信汇委托书，由于其格式、内容有误而使解付行无法解付款项。

③ 汇出行张冠李戴，误发付款委托书，使转汇行、解付行无法及时收到付款委托书造成迟付。

【知识链接】

SWIFT（环球银行财务电讯系统）

SWIFT 系统是国际银行之间通过计算机网络系统传输资金汇划和业务往来的电讯系统，是一个非营利性合作组织。它是银行之间最基本最有效的结算网络，于 1975 年 5 月按比利时法律在布鲁塞尔注册设立，1977 年 5 月 3 日正式投入运行。中国银行于 1982 年加入该组织并成为会员银行。通过该网络系统传递和处理的国际银行电讯业务共有 9 类：客户汇款（资金划汇）；银行的资金划汇和头寸调拨；外汇买卖证实及存贷款业务；托收；证券；空缺（还在设计中）；信用证；特种付款，如信用卡等；账户收付的借贷证实及对账单。该系统的优点如下：

（1）迅速便捷。传递每笔业务只需 25～45 秒钟，整个系统每周 7 天，每天 24 小时均能提供服务。

（2）安全可靠。该系统具有一整套科学管理的装置和措施，保证高度安全：第一，双线制度。除主机外都有备用机，可随时自动转换。第二，严格检验。银行终端机每天开机后必须向系统发出通讯申报、使用序号和代码，须待系统鉴别确认后方可进行收发电信的工作。第三，自动探测监视。各地区处理站对非本系统的电信闯入或其他意外事件，能随时自动报告操作中心，采取必要的措施。第四，保密。会员银行系统内传输电讯，因线路密封而绝对保密，系统的操作人员倘因工作需要了解电信内容时须经收发双方银行同意，并在协会总稽核的监督下才能办理。

（3）收费低廉。每份电信的费用仅及电传电汇的 1/7，标准化统一格式，可以避免各会员银行通过该网络系统进行相互间的业务通讯往来中任何文字或翻译上的误解或差错。必须按照统一规定的电报格式代码发报，各种不同业务使用不同的发报格式，例 MT100 是客户付款格式，MT200 是银行头寸调拨格式，每种格式里面又规定有不同的代码以区分电文内容，这样，既能提高效率，又能保证准确可靠。总之，该系统提供高速、准确而又安全的电讯服务，对于银行业务高度自动化和进一步国际化具有深远的意义。

资料来源：https：//baike. baidu. com/item/% E7% 8E% AF% E7% 90% 83% E9% 93% B6% E8% A1% 8C% E9% 87% 91% E8% 9E% 8D% E7% 94% B5% E8% AE% AF% E7% B3% BB% E7% BB% 9F/9803074？fr = aladdin.

（4）汇率风险。所谓汇率风险是指在采取以外币作为计价货币的情况下，出口商面临的由于本币汇率上升而造成的利益损失风险。一桩国际性的交易从订立合同到最后收妥货款，中间经历了相当长的一段时间。在当今国际金融市场日益动荡不安，汇率反复无常的情况下，出口商面临着本币坚挺导致交易成本上升，利润较少甚至亏损的风险。

2. 进口商风险。进口商在国际汇款业务中面临的主要风险是指在采取预付货款（Payment in Advance）的情况下，进口商面临的对方不予发货，或迟发货，或对方以次充好的风险。

（1）出口商收到货款后不发货或迟发货。预付货款交易方式主要是针对那些销路好的紧俏产品而言的。进口商很可能面临对方不讲信誉，迟迟不予发货，造成资金被占用甚至钱货两空的危险。例如，广东电子生产厂A在1998年广交会上认识了马来西亚客商B，双方商定A从B公司进口电子零部件70万美元，出口商坚持以预付款方式交易，要求进口商先付合同金额35%的预付定金。由于当时该产品较为紧俏，进口商也迫切需要，就答应了马来西亚客商的要求。但当预付款付出后，对方就失去了联系。最后得知B公司是个皮包公司，收款人早已经逃之夭夭，A公司造成了巨大损失。这个案例说明在预付款形式下，出口商的风险当然最小，但进口商会因为预付款而承担较大的风险，双方存在资金负担不平衡的状况。所以，通常只有在买卖双方信用条件较好的情况下才会采用这种结算方式，尤其对于跨国公司关联企业之间的国际结算业务是较为理想的一种结算方式。

（2）出口商以次充好，以少充多。出口商不讲信誉，所发货物品质、数量规格与合同不符给进口商造成重大损失，其原因主要是没有对出口商资信情况、资产状况、经营管理等进行深入了解。

（3）汇率风险。对于进口商而言，在采取以外币作为计价工具情况下，还面临着由于本币汇率下降而造成利益损失风险。买卖双方从签合同到取货付款这段时间较长，如果以外币计价的话，进口商就面临着本币贬值外币升值造成的汇率风险，特别对于合同金额较大的货物。

（三）汇款结算的风险防范

汇款是国际贸易中最简单、最常用的货款结算方式，但在结算过程中存在各种各样的风险，出口商和进口商应该对每笔业务认真研究风险存在的可能性，若发生了风险及时采取措施进行应对，化解风险以减少结算风险造成的经济损失，具体的防范方法有以下几种。

1. 信用风险防范

（1）充分认识结算风险，做好客户资信调查。汇款属于纯商业信用，银行在汇款结算方式下，只提供服务不提供信用，进口商到底是否付款，完全取决于进口商的信用，这种情况下切实了解对方身份以及资信状况十分重要。进出口商签约前，必须了解清楚对方的资信情况，加强对客户资信的查询可以大大降低风险。

（2）出口商争取收妥货款后发货。如果在之前就发货，之后收款，那么出口商在收到全部款项之前需要特别注意对所有权单证的控制和对仓库的监管。不能够轻易将所有权单证交给进口商，同时如果自己享有所有权的货物已经存放在进口商所在地的仓库，那么必须加强对仓库的监管，防止货物由于保管不善发生损失以及发生擅自同意进口商到仓库提货的情况。

（3）要关注汇款行资信。为防止进口商与当地银行恶意共谋的风险，出口商可以建议进口商选择其所在地信誉好的世界性银行或者与出口商开户银行有良好合作关系的银行来作为付款行，这样不仅可以加快出口商收款的速度，同时一旦出现问题也便于查询以及处理。

（4）争取采用C组术语。出口商联系承运人有利于对货物的控制，如果进口商拒付款项，出口商可以通知承运人处理货物，或者也可以委托承运人运回货物来避免钱货两空的损失。如果是由进口商承运人运输货物，那么风险较大，因为货物装上进口商运输工具后，出口商很难控制货物，一旦进口商拒付或者与承运人恶意串通，指示承运人无单发货，那么出口商将面临更大的风险。

（5）严格审查银行票据的真实性。收到银行的汇款凭证或者银行汇票不等于已经收妥了货款，出口商要争取通过出口地银行确认收妥该笔款项后才能放单。对于在出口业务中采用票汇付款的交易，为了保证收汇安全，应该先持票向付款银行提示付款，付款行确认付款之后再发货和放单，如果付款行在国外，那么尽量让出口地银行通过其国外的代理行向付款行提示，收妥款项后再发运货物。另外还要提高企业财务人员对国际结算票据的专业知识，加强收汇的监管和控制，树立相关人员在处理汇付中的风险意识。

（6）发挥银行在汇款中的作用。银行在汇款中虽然不提供信用，但是银行提供服务。进出口商应该加强与银行的合作，充分发挥银行在结算业务中的优势，来为企业提供服务。如在预付款业务中，进口商可以委托银行凭单付款，进口商先委托汇出行通过信汇或者票汇的方式把货款汇给出口地银行，再委托汇入行凭出口商交付符合合同规定的单据支付货款，大大减少进口商的风险。而出口商可以借助银行的专业知识，识别结算票据的真实性，通过出口地银行对国外汇出行以及进口商进行资信的调查，来降低在汇款结算方式中面临的风险。

2. 技术风险防范

（1）提高业务人员的综合素质。结算过程中风险是客观存在的，技术风险的存在往往是由于相关业务人员专业知识不足、不按规范操作、考虑问题不全而造成的。提高业务人员的综合素质，必须做到严格规范地操作交易中的每一个环节，充分地认识到结算风险的特点、规律以及危害，高度理解并严格遵守有关规章制度，同时保持高度的警觉性。这是防范结算风险的必要措施。

（2）综合运用不同国际结算方式。睿智地选择和综合运用多种国际结算方式是分散风险的有力措施。进出口双方可以根据交易的实际情况，针对性地选择与汇付相结合最佳的结算方式，特别是商业信用与银行信用相结合，不仅增加了交易的安全性和灵活性，同时兼顾了买卖双方的利益，提高了企业在国际市场上的竞争能力。

3. 外汇风险防范。当结算货币和进出口商本国货币不一致时，就可能因为汇率的波动给经济交易主体带来经济损失或利益。汇率的波动十分频繁，难以捉摸，不过也不是完全没有规律，在一定时间内汇率总是围绕某一值上下浮动，体现汇率的本质，因此汇率风险是可以防范的，一般可以采取如下的措施。

（1）选择稳定的结算货币。在国际贸易中，汇款结算货币的选择十分重要，一方面需要进出口双方都可以接受的可以自由兑换的货币，另一方面需要币值和汇率相对稳定。汇率的浮动对进出口双方都存在风险和收益的可能，因此在一般情况下，都倾向于选择相对稳定的货币。美元、日元和欧元是目前国际贸易结算中使用比较多的三种货币，但是欧元和日元一直表现得不是非常稳定，人民币兑美元在2005年7月升值2%后，仍然表现出了强劲的升值态势，因此三种货币孰优孰劣不能一概而论。

（2）套期保值。在国际汇款结算中，进出口商将来会拥有一笔外汇负债或外汇资产，为了防止已经发生的外汇资产和外汇负债因汇率变动造成的损失，进出口商可分别做一笔与其负债或资产等金额的相反交易，称为套期保值，即进口商买进一笔外汇，而出口商卖出一笔外汇。如果进出口商在进口付汇或出口收汇中受损，则在所做的套期保值交易中一定会得益，损失与利益也就相抵销了。相反，因汇率变动，进出口商在套期保值交易中受损，那么在付汇或者收汇中就会得益，损失与收益自然也抵销了。这样就可以达到货币保值和防范汇率变动风险的目的。在2005年7月中国政府宣布人民币升值前，民间已经对升值形成了强烈的预期，升值基本上是大势所趋，在这种情况下，有经验的出口商应该采取套期保值的措施以避免损失的发生。

（3）外汇保值和保险制度。外汇保值就是在贸易合同中规定一种保值货币与支付货币之间的汇价，到实际支付时，如汇价变动超过一定范围，则按支付当时的汇价对支付总金额加以调整，来达到保值的目的。目前常采用一篮子货币保值方法。由于一篮子保值货币与支付货币汇价有涨有跌，可以实现外汇升值与贬值的抵补，就可以有效地避免或减轻外汇风险。实践中，在使用一篮子货币保值时，一般都能把汇率风险限制在商品总额比较小的范围内。

在一些发达国家专门设有一种外汇保险制度，提供汇率波动保险服务。进出口商根据有关保险规定投保，若因汇率变动造成了损失，则可根据保险合同向保险公司索赔，从而弥补因汇率风险损失给企业带来的经济损失。

【案例分析】

货到付款对出口商的风险事件

2018年3月18日，中国内地某外贸公司（卖方）与香港H商社（买方）签订了一份金额为10万美元的贸易合同。合同规定：由买方开出即期不可撤销的信用证向卖方付款。但过了合同约定的开证日期仍未见买方开来信用证，卖方多次查询，对方才告知“因开证行与卖方银行并无业务代理关系，故此信用证已经开往有代理关系的某地银行转交”。此时，船期已到，因合同规定货物需直接运抵加拿大，而此航线每月只有一班船，若错过这一次船期，则要推迟至下个月才能装船，这将造成利息和费用的损失。这时，香港H商社提出改用电汇方式把货款汇来，以促成这笔生意。鉴于以上情况，卖方只好同意并要求对方提供汇款凭证传真件，确认后马上发货。次日，香港H商社便传来了银行的汇款凭证，卖方财务人员持该汇款传真件到银行核对签字无误后以为款项已经汇出，便放心地安排装船。但货物出运后10多天，卖方才发觉货款根本未到账，大呼上当。原来，香港H商社资信甚差，经营作风恶劣，瞄准卖方急于销货的心理，先购买一些小额汇票，涂改后再传真过来，冒充电汇凭证，蒙骗卖方，使其遭受重大的经济损失。

[问题]

（1）从本案例中可以得到什么教训和启示？

（2）如果必须采取货到付款方式进行支付，出口方应如何降低风险？

资料来源：王利华．国际结算［M］．上海：上海财经大学出版社，2016.

二、托收结算安全

（一）托收概述

托收业务是国际结算中较为重要的方式之一，与汇款方式相比，托收方式的一个显著改进就是把金银结算中“一手交钱，一手交货”的钱货相互制约移植到票据结算中，用支付或承兑汇票与交付货运单据来相互制约双方，在实际业务中经常使用。

1. 托收结算方式的概念。托收（Collection）是指债权人（出口商）在货物装运后，开具以债务人（进口商）为付款人的汇票，连同有关单据委托当地银行的国外分支机构或代理行向进口商代为收款的一种结算方式。接到托收指示的银行，根据所收到的指示处理金融单据或商业单据以便取得付款或承兑，凭付款或承兑交出商业单据，凭其他条款或条件交出单据。

国际商会《托收统一规则》（*Uniform Rules for Collection*，*URC*）对托收所下的定义是：“托收意指银行依据所受指示，处理资金单据（汇票、本票、支票等）或商业单据（发票、运输单据、物权单据等），以求获得付款或承兑，凭付款或承兑而交付单据，按其他条件交付单据。”该定义是对用于国际贸易结算和国际非贸易结算的托收方式的广义概括。

2. 托收的性质。托收属于商业信用性质，是卖方（出口商）主动催收款项，属于逆汇法。托收是比较常见的国际贸易结算方式。为了与信用证结算方式区别开来，在我国习惯上把托收称作“无证托收”（信用证结算方式被称作有证结算业务）。在国际贸易结算中，绝大多数都采用跟单托收的方式。

3. 托收的特点

（1）结算的基础是商业信用。托收方式与汇款方式一样，都基于商业信用，是商人间的信用，银行并不介入。出口商与托收银行之间、托收银行与代收银行之间是一种代理关系，托收中的银行一般承担代理人的角色，对托收过程中遇到的一切风险、费用和意外事故等均不承担任何责任。在跟单托收方式中，托收银行与代收银行只是对进出口货物的安全性、收回的及时性负有道义上的责任，至于进口商能否按照规定的交单条件付款赎单，完全取决于其付款的能力和付款的意愿，银行并不承担付款的责任，即能否按期收回货款，完全取决于买卖双方的商业信用。

（2）与汇款方式相比较为安全。汇款方式因不能钱货当面两讫而存在较大风险。跟单托收方式中出口商以控制物权单据来控制货物，以交付物权单据代表交付货物，而交单又是以进口商的付款或承兑为条件，实际上就是一手交钱一手交货的形式，大大降低了交易的风险。

（3）进出口双方的资金负担不平衡。托收方式中，出口商的资金负担相对较重，因为在进口商付款之前，货物占用的资金均由出口商承担，进口商基本上不负担资金。当然，出口商也可以通过办理出口押汇从银行融通资金，在一定程度上减轻了资金负担的压力。但整体上来说，托收方式中出口商的资金压力比进口商大，风险要更大一些。

4. 托收的基本当事人

（1）委托人。委托人（Principal）称出票人，是指开出汇票连同有关单据交给银行，委托银行向付款人收款的当事人，通常是出口商，也是汇票的收款人。

（2）托收行。托收行（Remitting Bank）又称寄单行，是指接受委托人的委托受理托收业务，委托其国外分行或代理行向付款人收款的银行。在进出口贸易中，它通常是出口地银行。当托收行把托收汇票和单据寄给国外代收行时，须背书给代收行。

（3）代收行。代收行（Collecting Bank）是指托收行的国外分行或代理行，即接受托收行的委托向付款人收取款项的银行，在进出口贸易中，它通常是进口地银行。

（4）付款人。付款人（Drawee）又称受票人，是指依照托收指示，由代收行向其提示单据并要求其付款的人，在进出口贸易中，它通常是进口商。

（5）提示行。提示行（Presenting Bank）是指向付款人提示汇票和其他单据的银行，一般又称为交单行。代收行可以自己兼任提示行，也可以委托与付款人有往来账户关系的银行作为提示行。

（6）需要时的代理人。在托收业务中，委托人还可以指定某一在付款地的代理人作为“需要时的代理人”（Principal's Representative in case of Need）。因为托收是一种商业信用，卖方发出货物后能否及时、全部收到货款完全取决于买方的信誉。如果买方失去信誉，银行就会拒付货款。当发生拒付时，代收行可向“需要时的代理人”询问如何处理单据，或由该代理人办理提货、存仓、保险、转售、重新议价或者运回等事宜。委托人必须在托收申请书上写明此代理人的权限，否则代收行对其指示不予受理。

在托收业务中，存在着两对代理关系，一对合同关系。两对代理关系分别是委托人和托收行之间的代理关系，托收行和代收行之间的代理关系。一对合同关系是指委托人与付款人之间签订的合同关系。托收当事人之间的关系如图 7－5 所示。

5. 托收的种类。根据托收时是否向银行提交货运单据，可分为光票托收和跟单托收两种。

（1）光票托收。光票即指不附带任何货运单据的汇票（其中仅附非货运单据，如发票、垫款清单等的汇票也属于光票范畴），包括国际汇票、银行支票、本票等。光票托收通常用于收取货款尾数、样品费、佣金、代垫费用等。在实际工作中，光票托收

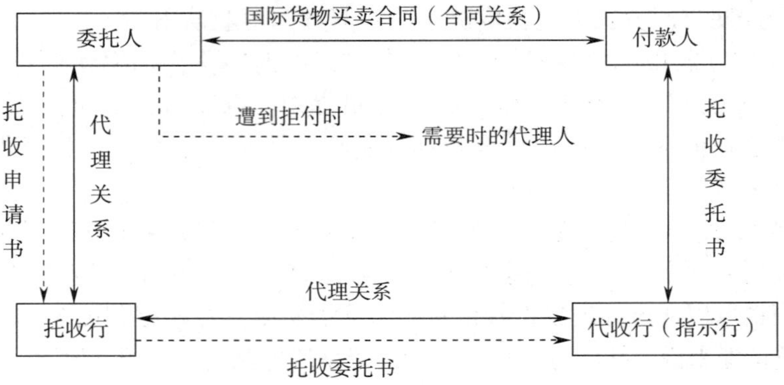

图 7－5　托收当事人之间的关系

还包括许多委托行不能立即解付或因各种原因不能立即付款的各类票据。

光票托收有三个基本关系人，即出票人、付款人和受益人。出票人签发票据给受益人，指示付款人向其指定的受益人（收款人）支付一定金额的款项。受益人将票据提交当地银行，当地银行作为受托银行接受票据受益人的委托，向异地的付款银行收款。如果受托行与付款行无直接的账户建立，则委托其国外联行或代理行代为向付款行收款，这一个过程为光票托收。

（2）跟单托收。跟单托收有两种情形：附有金融单据的商业单据的托收和不附有金融单据的商业单据的托收。在国际贸易中所涉及的托收多指附有金融单据的商业单据的托收。

跟单托收是指附带有商业单据（主要是货运单据）的托收。跟单托收可以附带汇票也可以不附带汇票。不附带汇票的托收并不影响跟单托收的效果，此时的发票金额代表汇票金额。近几十年来，欧洲大陆的部分国家，对于即期托收业务已开始免除汇票的使用，从而减轻了商人在汇票上加贴印花的负担。但是，不附带汇票的托收如果出现拒付，由于缺少独立于商业合同的票据，将对委托人产生不利影响。所以，不附带汇票的托收一般用于彼此信任的客户，同时也不需要利用汇票做流通工具的情况。对于远期托收业务，则不能免除汇票。因此，跟单托收最实质的要件是代表货权的运输单据，国际贸易中货款的托收大多采用跟单托收。

（二）托收结算的风险

托收是商业信用，缺少第三者作出付款的承诺和保证，因此，货款能否顺利收妥，一是要看收款人（出口商）提供的收款单据（金融单据和商业单据）是否能被付款人（进口商）所接受；二是要看付款人的资信、财力和贸易项下商品的质量、货物价格的涨落等诸多因素，总体上而言，风险较高。

1. 出口商风险。对出口商而言，在托收业务中，银行只是提供中介服务的中间人，它并未作出收妥不可或非付款不可的保证。因此，在跟单托收中，相对而言出口商面临的风险更大。

（1）进口地市场风险。作为出口商，虽然买卖双方签订了贸易合同，但从履行义务的角度来说，出口商需要经历备货、加工、打包、发运制单结汇等过程，时间周期较长，其间外汇汇率的变动、货物市场价格的突然下跌等都会造成出口商利润的变动甚至亏损。例如，进口地货物价格下跌会使进口商无利可图，从而借故拒绝付款赎单，使得出口商根本收不到货款。

（2）对手方的信用风险。首先，如果进口商经营不善，导致财务状况恶化甚至破产倒闭，那么就会延迟支付或无力支付货款；其次，当货物销售市场行情发生变化，价格下跌，进口商推断如果接受货物将无利或亏本，所以就借故拒付货款、拒收货物。最后，在承兑付款交单方式下，进口商承兑汇票后取得包括物权凭证在内的货运单据，在汇票未到期前就提货潜逃。这是进口商故意采用欺诈手段，以诈骗出口商的货物，造成出口商钱货两空的重大损失。

（3）进口国的政治法律风险。进口国的政治法律风险主要是指因进口国政府突然采取苛刻的对外贸易政策、外汇管制政策或因政治动荡、国内暴动等导致进口商无法取得进口许可证或申领不到所需支付的外汇，最终导致其无法支付货款，出口商由此遭受损失。例如，进口国政府对某些商品禁止或限制进口，或者在批汇方面施加某种限制，将导致进口商无法进口货物或申请不到所需外汇，也将不能向出口商进行付款。

（4）代收行资信风险。一种情况是代收行与进口商勾结，明明知道进口商无力支付货款却在没有经过出口商同意的情况下，擅自把单据交给进口商，使其得以提货，致使出口商造成钱货两空的重大损失；另一种情况是代收行自身资信不好或经营不佳，在从进口商处收到货款后，故意不及时或不将货款划拨给托收行，使出口商延迟或根本收不到货款。

（5）汇率风险。汇率风险主要是指汇率的大幅度变动导致付款人（进口商）遭受损失。例如，A 公司向美国出口货物一批，签订合同时汇率为 1:6.8，待汇票到期付款时汇率为 1:6.0，合同价值 680 万元人民币的货物因为汇率变动造成进口商成本增加，需要多支付 13.33 万美元［680×（1/6－1/6.8）］。

（6）出口商操作不当的风险。若出口商在签订合同时对于价格条款选择不当，货物在运输途中发生意外损失或灭失，将可能导致出口商无法从保险公司处获得赔偿。在 FOB① 或 CFR② 价格条款下，货物的保险由进口商负责，如果进口商对该批货物准备拒收，那么他就不会为货物办理保险，这样货物就会丧失应有的保险保障，一旦发生，出口商将陷入非常被动的境地。

2. 进口商风险。托收项下进口商主要担心货物的状况，因而其面临的风险也主要围绕货物展开，主要包括以下几种。

（1）欺诈风险。欺诈风险主要表现为出口商用虚假单据或者残次货物骗取进口商

---

① FOB（Free On Board），也称“船上交货价”，按离岸价进行的交易，买方负责派船接运货物，卖方应在合同规定的装运港和规定的期限内将货物装上买方指定的船只，并及时通知买方。货物在装运港被装上指定船时，风险即由卖方转移至买方。

② CFR（Cost and Freight），即成本加运费，指在装运港船上交货，卖方需支付将货物运至指定目的地港所需的费用，但货物的风险是在装运港船上交货时转移。

付款，尤其在付款交单（D/P）[①] 方式下，进口商付款后才能获得单据，提取货物，可能会面临付款后所提取货物与合同不符甚至出现假货的问题，存在钱货两空的风险。这种情况下，虽然进口商可以通过控告出口商不履约而要求赔偿，但是这种跨国赔偿诉讼往往很困难。

（2）市场风险。由于对进口货物的销售趋势预测存在一定程度的偏差，就会导致进口商在收到货物后因市场形式的变化而面临亏损的风险，如货物价格下跌。

（三）托收结算的风险防范

托收建立在商业信用基础之上，出口商在结算时面临潜在的风险。若进口商不按合同履行付款义务，出口商即使能采取一些后期补救措施，一般也将遭受损失。所以为了加强托收结算的安全，出口商和进口商都应该采取一定措施进行风险防范。

1. 出口商风险防范措施。出口商虽面临很大风险，但这些风险基本上都是可控的，能够通过采取一定措施加以防范，具体方法有以下几种。

（1）加强对进口商的资信调查。托收业务是一种基于商业信用的买卖行为，出口商在交易前，可通过互联网、驻外大使馆、展销会、专业的评级机构等一些方式对进口商的财务状况、经营情况、声誉资信等方面进行认真调查，切实降低进口商无理拖延货款从而使出口商遭受损失的概率。在实际业务中应该完善各项资料，建立无漏洞的合同，可对客户建立信用档案，评估其资信状况，依据不同资信状况进行业务往来，对于新客户更应该通过多种渠道收集客户信息，调查了解客户的状况，避免发生不必要的损失。

（2）关注进口国的市场及法律法规动态变化。第一，在进出口贸易中，某些商品在进口时需申请进口许可证或取得外汇许可，对于这些涉及进口国贸易法令、外汇管制的业务，出口商都应事先了解掌握，否则可能无法安全收汇。第二，还要熟悉进口国在托收业务上的习惯做法，比如在一些国家，D/P 远期被视作承兑交单（D/A）[②]。第三，还要了解进口国海关的有关规定，如货到后存仓管理等办法。第四，出口商还要对出口货物的市场行情进行调查及预测，尽量选择市场行情好，有上升趋势的货物品种交易，缩短交货期，以防止市场行情等因素动态变化给进口商留下拒绝付款的隐患。

（3）选择合适的托收方式和价格术语。出口商在签订合同时，应尽量掌握货物的控制权，争取以 CIF 或 CIP 价格术语成交，由出口商自己办理运输、保险。万一货物在运输途中出事，可向保险公司索偿。同时，在托收业务中尽可能采用即期付款交单方式，对于远期付款方式的使用应该尽量避免。若一定要使用，在办理时尽量不要使远期天数与航程时间间隔太长，应该对期限加以控制，一般掌握在不超过从出口地到

---

① 付款交单（Documents against Payment，D/P），是指代收行必须在进口商付清货款后，才可将商业（货运）单据交给进口方的一种结算方式。

② 承兑交单（Documents against Acceptance，D/A），是指出口人的交单以进口人在汇票上承兑为条件。即出口人在装运货物后开具远期汇票，连同商业单据，通过银行向进口人提示，进口人承兑汇票后，代收银行即将商业单据交给进口人，在汇票到期时，方履行付款义务。

进口地的运输时间。否则，非但不能起到远期付款交单的作用，反而还会受进口商所在国当地法规对收取货款设置障碍的影响，使出口商遭受经济损失。例如，中东地区有关海关规定，货物进仓后 60 天无人提取即公开拍卖，这对买卖双方都不利。

【知识链接】

CIF 和 CIP

CIF（COST，INSURANCE，AND FREIGHT）术语的中译名为成本加保险费加运费，货价的构成因素中包括从装运港至约定目的地港的通常运费和约定的保险费。具体是指卖方向其指定的承运人交货，其间卖方必须支付将货物运至目的地的运费，并办理买方货物在运输途中灭失或损坏风险的保险。亦即买方承担卖方交货之后的一切风险和额外费用。

CIP 与 CIF 有相似之处，它们的价格构成中都包括了通常的运费和约定的保险费，而且按这两种术语成交的合同均属于装运合同。但 CIP 和 CIF 术语在交货地点、风险划分界限以及卖方承担的责任和费用方面又有其明显的区别，主要表现为 CIF 适用于水上运输，交货地点在装运港，风险划分以装运港船舷为界（《Incoterms 2010》风险划分界限已改为装运港船上），卖方负责租船订舱、支付从装运港到目的港的运费，并且办理水上运输保险，支付保险费。而 CIP 术语则适用于各种运输方式，交货地点要根据运输方式的不同由双方约定，风险是在承运人控制货物时转移，卖方办理的保险，也不仅是水上运输险，还包括各种运输险。

资料来源：https：//baike. baidu. com/item/cif/1175316？fr = aladdin.

（4）慎重选择代收行。托收项下的代收行的选择至关重要。代收行作为交易中介，直接担当着付款人的收款交单或提示承兑等义务，它的行为对于保护委托人、托收行的利益非常重要。信誉制度良好的代收行对货款起到督促作用，同时还能避免银行操作失误造成的风险。代收行可以由委托人在托收申请书中指定，出口商应尽量选择有长期业务合作的、信誉良好、知名度高的外国银行作为代收行；代收行也可以由托收行自行指定，最好不要接受进口商指定的银行作为代收行，防止进口商与代收行联合串通来欺诈出口商，后果只能由出口商企业自己承担。因此选择值得信赖的代收行很有必要。

（5）投保出口信用险和卖方利益险。投保出口信用险和卖方利益险，可以转嫁出口收汇的风险。在托收业务中，出口商可通过投保出口信用险，将风险安全有效地转移给出口信用保险机构，由其负责并承担安全收汇的风险。对出口商而言，出口信用保险是一种有效的风险转嫁制度，可以使出口商在采用托收时因进口商无力偿还货款、不按期付款、违约拒收货物，进口国实行外汇管制、进口管制，进口国家发生战争、动乱等所导致的损失获得赔偿，从而起到防范风险的目的。另外，可投保卖方利益险，这是一种为保障卖方利益而投保的独立险种。

（6）出口商预收部分货款。为了确保托收方式下的收汇安全，出口商可通过预收一定的预付金，余额用 D/P 即期的方式收汇。预付金的比例一般占合同总金额的 25% ~30%。进口商预付了货款，在一定程度上就受到了牵制，日后即使想毁约，也会考虑其预付金而勉强履约。如若进口商不付款，出口商还可以降价销售或使用其他办法处理，损失的金额可用进口商的预付金来得以补偿。

（7）选择稳定的计价货币。结合货物的国际市场供需和价格水平等其他情况，选择适宜的计价货币，在合同中订立外汇保值条款，可以有效规避汇率变动给出口商带来的风险。

（8）指定需要时的代理人。为了预防进口商违约给出口商带来更大损失，出口商可事先指定一个与自己关系较好的进口地贸易商或代收行作为需要时的代理人，以便发生拒付时可及时处理货物仓储、转售、保险或运回等相关事宜，从而减少损失和产生额外费用。

2. 进口商风险防范措施。如前所述，在托收业务中进口商面临的风险主要是 D/P 项下进口商凭单提取货物的风险，可通过以下几个方法来加以防范。

（1）加强对出口商的资信调查。必须事先对出口商的资信、经营作风等进行深入的调查，避免出现单货不符和虚假单据的情况。

（2）了解货物的市场行情。从签订合同到收到货物要经过一段相当长的时间，进口商要对货物价格趋势、销售趋势、本国外汇管制等有一定的了解，并做出正确的预测，如有市场变化提前做些调整工作以减少损失。

（3）认真审查单据。由于银行不负责审单，因此进口商要对单据进行仔细审核，防止票据和单据伪造。对某些单据可指定由国际上某些信誉卓著的机构出具，如为保证货物质量，可以要求出口商提供由一流商检机构出具质量书。另外，进口商还要严格审查单据与合同、单据与单据之间的一致性，以便决定是接受还是拒绝接受，降低风险。

（4）尽可能争取 FOB。采用 FOB 价格条件成交，进口商就可以用自己的船运输，并自己办理保险，从而可以防止出口商伪造单据、故意沉船、纵火等行为的发生。但需要注意的是，进口商的交单条件和价格条件往往与出口商处于相对的立场，因此要综合考虑，灵活运用。

【案例分析】

托收方式下的风险事件

中国某银行受理了一笔付款条件为 D/P at Sight 的出口托收业务，金额为 USD300000。托收银行按出口商的要求将全套单据整理后，制作了托收面函一同寄给德国一家代收银行。单据寄出的 10 天后，进口商电告出口商要求“D/P at Sight”

修改为“D/A at 60 Days Sight”。于是出口商按照进口商的要求将D/P修改为D/A，托收银行按出口商的要求发出了修改指令，但此后一直未收到代收银行发出承兑的指令。两个多月后出口商要求退回全套单据，但三份提单只退回两份。后经调查，货物已经被进口商提走。出口商多次要求代收行要么退回全部单据，要么承兑汇票，但是代收行始终不予以理睬，货物始终没有退回。

[问题]

试分析出口商在本案中应该吸取哪些教训。

资料来源：王利华．国际结算［M］．上海：上海财经大学出版社，2016.

三、信用证结算安全

在国际贸易中，进出口双方当事人由于分别处于不同的国家和地区，彼此互不了解，甚至互不信任，这样就很难达成交易。作为进口商，总是希望能在收到货物后再支付货款；而作为出口商，则总是希望收到货款后再发运货物。在这种情况下，进出口双方就需要一个第三者充当中间人和担保人，为双方的商业信用进行保证，来解决双方互不信任的矛盾。随着银行参与到国际贸易结算中，逐步形成了信用证（Letter of Credit）结算方式。

（一）信用证概述

与汇款相比，托收结算方式对出口商更安全一些，付款交单或承兑交单使货款的顺利收回有了一定的保证。但是在托收方式下，货款的收回最终仍然是依靠进口商的信用，即商业信用，因此出口商在不了解进口商的情况下，风险是比较大的。对于进口商而言，托收是一种比较有利的结算方式，其在一定程度上掌握了付款的主动权，但是在对出口商不了解的情况下，进口商也面临着货物与合同不符的风险。

信用证结算是由托收演变而来的一种比较完善的结算方式。它主要是把托收方式下由进口商履行的跟单汇票付款的责任转由银行完成，保证进出口双方的货款或单据顺利交收，同时还能为进出口双方提供融通资金的便利，可以说是克服了托收的缺陷（商业信用）。目前，该支付方式已成为国际贸易中普遍采用的一种支付方式。

1. 信用证的含义。信用证（Letter of Credit，L/C），是指由银行（开证行）依照申请人（进口商）的要求和指示或以自身的名义，在符合信用证条款的条件下，凭规定单据向第三者（受益人）或其指定方进行付款的书面文件，即信用证是一种银行开立的有条件承诺付款的书面文件。

《跟单信用证统一惯例2007年修订本》（以下简称《UCP600》）在第二条“定义”中规定：“信用证意指一项约定，无论其如何命名或描述，该约定不可撤销并因此构成开证行对于相符提示予以兑付[①]的确定承诺。”

---

①　兑付意指：一是对于即期付款信用证即期付款；二是对于延期付款信用证发出延期付款承诺并到期付款；三是对于承兑信用证承兑由受益人出具的汇票并到期付款。

根据以上定义，我们可以将信用证的要点概括为以下几点。

（1）以银行信用为付款承诺。信用证是银行（开证行）的一项书面付款承诺，是银行以自己的信用向受益人（出口商）提供的付款保证。在信用证结算过程中，银行取代了进口商成为第一付款人。因此，开证行的资信状况直接决定了保证是否可靠，以及受益人能否顺利收款，一般情况下资金雄厚、作风正派的开证行开出的信用证是受益人得到付款的有力保证。

（2）开证行可以自己付款也可委托其他银行代付。根据《UCP600》的规定，开证行的付款方式主要有三种：一是开证银行直接付款或对汇票进行承兑或支付；二是指定另一银行付款或对汇票进行承兑或支付；三是授权其他银行议付，即授权其他银行以有追索权地买进受益人持有的单据的方式进行支付，然后单据受让人再向付款银行寄单要求其付款。

（3）开证行的付款是以受益人提交的单据为条件的。开证行的付款并非无条件的。根据《UCP600》的规定，受益人只有在其行为符合信用证规定，且提交了符合信用证规定的单据时，银行才会保证付款，否则银行有权拒付。因此，受益人得到银行付款的条件是“单证一致、单单一致”，即提交的单据符合信用证的条款和要求。

2. 信用证的特点。根据《UCP600》的规定，信用证业务的特点可以概括为以下三点。

（1）开证行负首要付款责任。在信用证结算方式中，开证行的付款不以进口方的付款作为前提条件，而是银行信用。银行以自己的信用作了付款保证，在任何情况下银行一旦开出信用证，就表明自己处于第一付款人的地位，成为主债务人，对受益人负有了不可推卸、独立的付款责任。只要受益人提供了合格的单据，银行必须首先安排付款，然后再与开证申请人清算。即使开证申请人已破产或明显不能支付信用证款项，开证行也不能解除其对受益人的付款责任。正因为这一特点，信用证成为了一种比较安全的结算方式。

（2）信用证是一份独立的文件。《UCP600》第四条明确规定：“就性质而言，信用证与可能作为其依据的销售合同或其他合同，是相互独立的交易。即使信用证中提及该合同，银行也与该合同完全无关，且不受其约束。”可以看出，虽然信用证的开立必须以贸易合同为基础，但一经开出，信用证即构成独立于贸易合同以外的一份自足契约，不依附于贸易合同或者开证申请书。在信用证业务中，当事人只受信用证条款的约束，却不受贸易合同或开证申请书的约束。信用证交易已与贸易合同交易相分离，成为一项独立的关于银行支付的交易，因此贸易合同的修改、变更，甚至失效都丝毫不影响信用证的效力。这就是信用证的独立性，也称独立抽象性原则。

（3）信用证业务是纯单据业务。《UCP600》第五条明确规定：“银行处理的是单据，而不是单据所涉及的货物、服务或其他行为。”所以，银行承担信用证项下付款责任的唯一先决条件，是受益人提供符合信用证要求的全套合格单据。银行唯一的责任，就是根据信用证的条款，按照所收单据的表面状况进行审查，只要单据表面上符合要求，银行就应承担付款责任，如果表面上不符合，银行就有权拒付。

在信用证业务中，银行对于受益人履行契约的审查也仅仅针对受益人交到银行的单据进行，而单据所代表的货物是否完好则不是银行关心的问题。即便货物确实存在问题，进口商对出口商提出索赔要求，银行也不会因此改变信用证的任何条款和付款义务。即只要出口商提交的单据符合信用证的条款，受益人可享有信用证的利益，银行就必须对其付款。因此可见，信用证结算方式把合同下的货物买卖变成了单据买卖。

3. 信用证的作用。信用证结算方式是在托收方式的基础上演变出来的一种较为完善的逆汇结算形式。它的主要作用就是把托收方式由进口商履行跟单汇票的付款责任，转由银行履行，保证进出口双方的货款或单据不至落空，同时使双方在资金融通上得到便利，从而有利于国际贸易的发展。

（1）银行保证作用。信用证解决了贸易双方互不信任的矛盾。信用证使用的前提是买卖双方缺乏相互满意的信任基础，需要借助银行信用实施国际贸易结算。采用信用证结算，由银行出面担保，只要卖方按合同交货并提交符合信用证要求的单据就可拿到货款，而买方又无须在卖方履行合同规定的交货义务前支付货款。

对进口商来说，信用证可以保证进口商在支付货款时即可取得代表货物的单据，并可通过信用证条款规定来控制出口商保质保量、按时交货。

对出口商来说，信用证可以保证出口商在履约交货后，按信用证条款规定向银行交单取款，装货或收款不受进口国进口管制的影响。因此，在实行贸易外汇管制的国家，开证行开立的信用证必须经贸易、外汇管制机构批准，出口商在信用证项下出口，则避免了进口国家限制进口或限制外汇转移所可能产生的风险。

（2）资金融通作用。对出口商来说，在信用证项下货物装运后即可凭信用证所需单据向出口地银行申请押汇，取得全部或部分货款。

对进口商来说，开证时一般不需付给银行全部开证金额，只需缴纳部分押金，单据到达后再向银行赎单付清差额。因为对开证行来说，代进口商开立信用证所贷出的是信用，而不是资金，银行开立信用证不必占用资金。对进口商而言，只交部分押金，也减少了进口商资金的占有。如为远期信用证，进口商还可以凭信托收据向开证行借单先行提货出售，到期再向开证行付款。

对银行来说，开证行贷出信用，掌握物权单据，收取一定手续费和利息，利用开证申请人交付的押金进行资金周转，带动其他业务；出口方银行有开证行做保证，只要出口商来议付，议付行就可收取垫款贴息。

4. 信用证的种类。信用证自诞生以来在不同国家和地区被广泛使用，其所涉及的业务也千差万别，常见的信用证分类方式主要有：

（1）按信用证项下是否附有单据划分，可分为光票信用证和跟单信用证。

光票信用证（Clean Credit）是不附商业单据（主要是指货运单据），受益人可以凭开立收据或汇票分批或一次在通知行领取款项的信用证。在贸易中它可以起到预先支取货款的作用，贸易结算中的预支信用证和非贸易结算中的旅行信用证都属于光票信用证。

跟单信用证（Documentary Credit）是指凭附带货运单据的汇票或仅凭货运单据付

款的信用证，国际贸易结算中使用的大部分是跟单信用证。

（2）按信用证性质划分，可分为可撤销信用证和不可撤销信用证。

可撤销信用证（Revocable Letter of Credit）是指开出信用证的银行有权在开出信用证后不必征得受益人（出口商）同意，即可片面地随时修改或撤销的信用证。其目的主要是维护开证银行的利益，若进口商因市场、运输等情况的变化而出现或处于困境，甚至倒闭时，开证银行可随时撤销或修改已开出的信用证。因此，可撤销信用证对出口商来说无保障，风险大。

不可撤销信用证（Irrevocable Letter of Credit）是指开证行一经开出，在有效期内未经受益人或议付行等有关当事人同意，不得随意修改或撤销的信用证，只要受益人按该证规定提供有关单据，开证行（或其指定的银行）保证付清货款。

（3）按信用证是否有银行加以保兑划分，可分为保兑信用证和不保兑信用证。

保兑信用证（Confirmed Credit）是指开出的信用证由另一银行保证对符合信用证条款规定的单据履行付款责任，保证承担付款的信用证。因此，保兑信用证具有双重的银行保证。

不保兑信用证（Unconfirmed Credit）是指开证行开出的信用证而没有经另一家银行保兑。当开证行资信较好和成交金额不大时，一般都使用不保兑信用证。不保兑信用证是相对保兑信用证来说的，它可以是不可撤销信用证，也可以是可撤销信用证。

（4）按信用证的结算方式划分，分为即期付款信用证、延期付款信用证、承兑信用证和议付信用证。

即期付款信用证（Sight Payment Credit），是指开证行或指定的付款行收到的与信用证条款相符的单据给予付款的信用证，通常情况下不需要汇票，也不需要领款单据，付款行或开证行只凭与信用证相符的单据付款。

延期付款信用证（Deferred Payment Letter of Credit）是远期信用证的一种，也称无汇票远期信用证。它是指远期付款不需要汇票的信用证，开证行在信用证中规定货物装船后若干天付款，或开证行收到单据后若干天付款。

承兑信用证（Acceptance Credit）是指信用证指定的付款行在收到信用证规定的远期汇票和单据，审单无误后，先在该远期汇票上履行承兑手续，等到该远期汇票到期，付款行才进行付款的信用证。由于这种信用证规定的远期汇票是由银行承兑的，所以也称为“银行承兑信用证”。

议付信用证（Negotiation Credit）是指开证行在信用证中明确指定或同意其他银行以议付行的身份买入受益人提交的汇票和符合信用证要求的单据，并保证对议付后取得善意持票人身份的银行及时付款。议付行审单议付后如遭拒付，可向受益人追回垫款及利息。

5. 信用证的当事人。信用证业务涉及三个基本当事人，即开证申请人、开证行和受益人。此外，通常还会有其他当事人，即通知行、议付行、付款行、保兑行、承兑行和偿付行。

（1）开证申请人。开证申请人是指要求开立信用证的一方。在国际贸易中一般为进出口贸易业务的进口商，开证申请人根据贸易合同的规定向其业务往来的银行申请开立信用证，有时候开证申请人也可能是银行自己。

（2）开证行。开证行是指接受开证申请人的申请或自己主动开立信用证并承担付款责任的银行。开证银行一般是开证申请人的账户行，这样既便于进口商从开证行处进行资金融通，也利于银行更方便、更好地掌握进口商的情况。

（3）受益人。受益人一般是出口商或中间商，是信用证指定的唯一享有凭该证交单支取款项权利的人。在国际贸易中，信用证的受益人是出口商或卖方，同时还是信用证汇票的出票人、货物运输单据的托运人，也是信用证的收件人。

（4）通知行。通知行是指受开证行或申请人委托，将信用证通知或转递给出口商的银行。它证明信用证的表面真实性，并不承担其他义务。通知行大多为开证行在出口地的分行或代理行。

（5）议付行。议付行是指受开证行的委托，应受益人要求对所提交的单据进行审核并付款的银行。议付行通常是通知行或出口商所在地的其他银行，议付行议付后对受益人有追索权。

（6）付款行。付款行是信用证上指定的支付货款的银行。多数情况下就是开证行，也可以是开证行指定的另一家银行。开证行一般将其规定为信用证的付款人或信用证项下汇票的付款人。付款与议付不同，付款行付款后对受益人无追索权。

（7）保兑行。保兑行是指根据开证行请求在信用证中加以保兑的银行。保兑行具有与开证行相同的责任和地位，对受益人独立负责，对单证查符的单据有必须议付或代付的责任；而在已经议付或代付之后，不论开证行倒闭或无理拒付，都不能向受益人追索。保兑行通常由通知行兼任，但也可以由其他银行加以保兑。

（8）承兑行。承兑行是开证行在承兑信用证中指定的并授权承兑信用证项下汇票的银行。在远期信用证项下，承兑行可以是开证行本身，也可以是开证行指定的另外一家银行。

（9）偿付行。偿付行是指信用证指定的代开证行向议付行或付款行清偿垫款的银行。为了结算方便，开证行有时委托另一家有账户关系的银行代其向议付行或付款行偿付，被委托的银行就是偿付行，偿付行只有在开证行存有足够的款项才会受到开证行的委托指示付款，偿付行付款后应向开证行索偿。

（二）信用证结算的风险

尽管信用证是建立在银行信用基础上的结算方式，一般来说比汇款、托收结算方式更容易被进出口双方所接受。但由于此方式下的出口商、各银行以及进口商等相关当事人在业务处理的过程中以信用证条款为基础，以出口商提交的单据为中心，而且信用证项下的单据与实际发运的货物相分离，因此信用证项下的各当事人可能面临更多、更复杂的风险。

1. 出口商风险

（1）拒付风险。在信用证业务中，造成拒付的原因多种多样，有些是合理拒付，有些是无理拒付，常见的主要有以下几种情况：

第一，单证不符，即单据的名称或内容与信用证条款规定的不同。如信用证中规定所需产地证为普惠制产地证，而出口商提交的却是一般产地证。

第二，单单不符，即单据与单据之间内容不一致。如信用证中规定受益人证明中要注明全套副本单据已经快递寄给开证申请人，快递收据作为结汇单据，而出口商交单时却无此快递收据内容。

第三，国际市场价格因素的影响。买方在开立信用证时希望取得预期的利润，但由于种种原因，致使该批货物到达目的地时，市场价格下跌，只赔不赚，于是买方毁约。在单据上挑剔错误，以拒付或以退货相要挟，迫使卖方做出让步。

（2）当事人丧失支付能力的风险。信用证是一种以银行信用为依托的支付方式，取代了商业信用。在整个信用证交易中，开证行是责任中心，如若开证行倒闭或无法履行承诺，也就不能对单据进行偿付，从而直接威胁了议付行或出口商的利益。

（3）伪造信用证欺诈风险。有些进口商使用非法手段制造假信用证，或窃取其他银行已印好的空白格式信用证，或无密押电开信用证，或假印鉴开出信用证，签字和印鉴无从核对，或开证银行名称、地址不详，信用证金额较大，但有效期却很短等。对于假信用证，若出口商没有发现信用证系假造而交货，将导致钱货两空。

这种欺诈一般有如下特征：信用证不经通知行便直接送达受益人手中；所用信用证格式为陈旧或过时格式；信用证签字笔画不流畅，或采用印刷体签名；信用证条款自相矛盾，或违背常规；信用证要求货物空运，或提单做成申请人为收货人等。

伪造信用证诈骗又可分为以下几种情况：

第一，申请人诈骗。申请人诈骗是行骗人扮演开证申请人角色，用伪造的假冒信用证，行骗通知行和受益人的信用证诈骗。此类诈骗在目前的信用证诈骗案中比例较大，诈骗分子的真实身份有的来自国内，有的来自国外，还有的是内外勾结。诈骗的主要手段是通过伪造信用证，用无密押电开信用证或假印鉴信开信用证骗取受益人货物。

第二，开证行诈骗。开证行诈骗是诈骗分子以虚拟的开证行的名义，利用伪造的信用证，欺骗通知行和受益人的信用证诈骗。此类诈骗的迷惑性在于利用信用证当事人对银行信用的信任，忽视对开证行的资信调查，趁机行骗。

（4）软条款信用证带来的风险。信用证软条款有时也称为“陷阱条款”，是指在不可撤销的信用证加列一种条款，据此条款开证申请人（买方）或开证行具有单方面随时解除付款责任的主动权，即买方完全控制整笔交易，受益人处于受制人的地位，是否付款完全取决于买方的意愿。这种信用证对出口商是很不利的，但由于它们的生效方式表现出来的虚假性和隐蔽性，往往出口商不易识别且疏于防范，因而落入货款两空的陷阱。

从表面上看，软条款信用证是合法且真实的信用证，但实际上信用证中却规定了一些限制性条款，或界定不清，或责任不明，使受益人的利益处于无保证的状态之中，常见的软条款有难以实施的条款、无法操作的条款、高风险条款、限制性条款、限制额外增加费用的条款等。

（5）严格的信用证条款带来的潜在风险。有时信用证条款过于严格、苛刻也会给出口商带来潜在的风险，这方面的风险因素主要有：

第一，信用证一般对货物的品质要求很细微、很严格，容易造成出口商有时不注意或难以满足相关的要求。如对某些产品的出口，信用证要求出口商必须满足对方国家或某国产品的质量标准等，此时出口商也将面临巨大的收汇风险。

第二，信用证对银行保证的有效期、对货物的装船日期以及对出口商的交单日期的规定比较短。出口商较难满足这些要求，不能提供相应的单据，容易造成对方拒付。

第三，信用证规定海运提单的收货人为开证申请人，造成出口商难以控制货物。众所周知，此时的提单仅仅是货物收据，而不是物权证书。进口商无须提单即可提取货物，而出口商则不能较好地掌握这些货物，丧失了对货物的控制权。

第四，信用证规定的有效日期及有效地点均在开证行所在地。这样，出口商的交单日期就要提前，开证行对出口商提供的付款保证期限，从实际操作而言就相对缩短了。出口商难以保证准时按照信用证的要求将单据交到开证行手中，因此出口商收汇将面临巨大风险。

2. 进口商风险。由于信用证业务是“纯单据业务”，各当事人处理的都是单据，而不是实际货物，银行只审查受益人提交的单据是否与信用证条款规定“表面上”相符，以决定是否履行付款责任。这样，进口商获得单据后可能会面临以下几种风险。

（1）伪造单据的诈骗风险。在信用证方式下银行审单只是依照单证相符的原则，对任何单据的完整性、准确性、真实性和法律效力概不负责，对任何单据所代表的货物的质量、数量、包装、价值、存在与否不负责任，对于货物的发货人、承运人或其他任何人的诚信以及行为也不进行审查。所以，如果出口商伪造单据，就会使进口商在不知情的情况下对空头提单付款赎单，遭受惨重损失。

一方面，进口商获得的可能不是由合法的签发人签发的虚假单据，而是由诈骗人或诈骗人委托他人伪造，或在合法签发人签发单据后进行篡改，改变了单据中的有关内容，使单据相符，骗取货款；另一方面，进口商凭单据提取的货物可能与合同规定不符，装运的货物可能一文不值，甚至货物根据不存在，使进口商蒙受重大损失。

（2）预支信用证的延付风险。预支信用证下银行对出口商的预支款项通常是在获得进口商及开证行的指示后进行的。预支的目的本来就是帮助出口商，但当出口商获得付款后不发货或者消失时，进口商预付的款项就要遭受严重损失。

（3）成组化商品运输的风险。把货物装在托盘中或集中箱中，组成较大的装卸单位以提高装卸效率，这种运输方式被称为成组化运输。出口商若采用成组化方式运输货物，托运人对每一个组合货物中的小包装数量并不负责任，承运人对箱内装有什么货物，货物是否完好都不负责任。因此，除非进口商对出口商非常了解，确保出口商有很好的信誉，才能降低损失发生的概率，因此进口商最好在开证时明确规定不接受成组化装运的提单。

3. 银行风险。信用证是银行以自己的信用保证向单证一致的受益人履行付款责任的承诺，开证行是信用证的第一付款人。因此，银行也面临了很多风险，具体如下：

第一，如果开证申请人要求开立“提单径寄开证申请人”条款的信用证，首先考虑风险的是银行。因为一旦受益人接受了此条款，履行了将提单寄往开证申请人的义务，且议付的单证相符，若申请人提货后不付款，或破产倒闭，开证行是不能免除付款责任的。

第二，当货物到达而提单还未到达的情况下，开证申请人要求银行出具担保提货时，也有利用银行提货担保向开证行行骗的。对开证行而言，作出的担保具有不可撤销性，一旦签订了担保书，就丧失了对货物的主动权，如果提单到达开证行，开证行就要承担付款责任，这时，开证申请人能否及时付款，就形成了担保提货中的信用风险。因此，当开证申请人要求出具此担保时，开证行应该要求开证申请人提供绝对付款的书面保证和保证金，以防开证申请人以单证不符为由达到提取货物后不付款的目的。

第三，信用证开证时，开证申请人并不需要向开证行交清全部货款，只需交纳一定数量的保证金，而且保证金所占开证金额的比例较小，因而实际是由银行垫付大部分资金。当信用证到期，开证申请人无力支付或由于其他原因不支付银行垫款，银行的垫款将难以收回。

第四，由于进口信用证业务流程复杂，牵涉面广，其中一些当事人由于利益驱动勾结起来，利用远期信用证进行金融诈骗，有目的地骗购外汇，侵占银行资金。

（三）信用证结算的风险防范

信用证绝不是一种完美且无懈可击的支付方式，银行信用不可能完全取代商业信用，也不可能完全避免商业风险，必须注意对信用证项下风险的防范。

1. 出口商风险防范措施

（1）加强资信调查。一方面，对于进口商做好资信调查和研究。在订立合同时，必须进行深入的资信调查，包括买方卖方之间的相互资信的了解，银行与开证申请人、受益人之间的资信了解。建立客户信息档案，定期或不定期客观分析客户资信情况。在交易前通过一些具有独立性的调查机构仔细审查客户的基本情况，对其注册资本、盈亏情况、业务范围、公司设备，开户银行所在地址、电话和账号，经营作风等，进行必要的调查评议，选择资信良好的客户作为自己的贸易伙伴。

另一方面，当接到进口商要求其银行开立的带有各种条款的信用证时，面对对方银行的付款保证，出口商应做好开证行的资信调查。信用证属于银行信用，开证行承担第一付款的责任。所以，资信良好，信誉卓著的一流银行开来的信用证是安全收汇的保证。因此，对开证行的资金能力、财务状况、经营作风要进行调查了解。如果开证行的等级太低，应要求资信较好的银行开证；若对开证行的状况不是很了解时，出口商可以要求进口商指示开证行去邀请出口地银行对其开出的信用证保兑，当出口商拿到保兑信用证时，出口商就可以获得除开证行之外的第二家银行的付款保障。这样，可以最大可能地避免风险，为业务的顺利进行起到积极的作用。

（2）认真审核信用证。根据《跟单信用证惯例》的规定，通知行有责任鉴别所通知信用证的真伪。因此，出口方银行必须认真负责地核验信用证的真实性，并掌握开证行的资信状况。如发现疑点，应立即向开证行或代理行查询，以确保来证的真实性、合法性和开证行的可靠性。

出口方也需对信用证进行认真审查，审查内容主要有两个方面：一是核对信用证的内容与买卖合同是否一致，发现有出入的内容及有困难履行的条款必须迅速要求进口方改进，只有在收到开证行的改运通知书后方能装运货物；二是审查信用证的真伪、开证行的信用、信用证的种类等。实际业务中，卖方可以向通知行落实情况，此外，卖方还可以要求买方或开证行请其他自己较为熟悉或资信好的银行对信用证加具保兑。

审证时还应注意来证的有效性和风险性。信用证通知行和受益人应加强合作，对信用证的生效条件、信用证中是否列有主动权不在自己手中的“软条款”或“陷阱条款”以及其他不利条件条款进行认真审核，若发现是伪造的信用证，出口商应立即采取措施避免损失。通过审证若发现有“软条款”，应立即以最快捷的通信方式与进口商协商，要求改证，对信用证的“软条款”不予接受。

（3）投保出口信用保险。尽管信用证方式建立在银行信用基础上，但对出口商而言不是说没有风险了。出口商在发运货物前可以向出口国保险机构投保出口信用保险以转移和降低收汇风险，从而保障安全收汇。只有这样，业务双方才能防患未然。

2. 进口商风险防范措施

（1）加强资信调查。与出口商一样，在合同订立前进口商也应该做好对出口商的资信调查，了解出口商的生产经营状况、经营实力、经营规模、有无不良出货记录等基本情况。进口商要从历史交易记录和同业交易情况了解出口商的诚信和交易能力。如有必要，进口商可通过国内外知名的征信公司对出口商进行专业性的资信调查与评估。

（2）订立好货物合同条款。进口商作为信用证业务中的买方，其对出口商发运的货物是非常关心的，但由于信用证业务的特点之一就是单据与实际货物相脱离。因此，进口商只能通过信用证中加列一些条款来约束出口商发运货物。比如，要求出口商提交商品相关的检验证书，如质量检验证书、数量/重量检验证书等。这样进口商可以对出口商发运的货物加以控制，以避免出口商不发货、发假货、发残次货物及少发货等行为的发生。

（3）加强审单工作。对进口业务，进口商还应加强审单工作，以避免由于伪造单据或欺诈性单据而带来的损失。针对欺诈性单据，进口商可在买卖合同中规定货物在装运前由一个信誉卓著的检验机构负责对货物进行检验，并规定检验证书中的一份由该检验机构直接寄给议付行或开证行，以便银行在审单时将之与出口商所提交的检验证书核对，对重要的进口商品或大型成套设备的进口，进口商还可指定由本国自己所熟悉的商检机构到装运港检验及监装。

3. 银行风险防范措施。首先，调查开证申请人资信情况，严格控制信用额度，落实有效担保，必要时要求其提交100%保证金。其次，了解是否是真实的贸易背景，防止开证申请人与受益人串通一气，伪造贸易背景，骗取银行资金。最后，调查受益人的资信情况，防止利用单据恶意欺诈。

【本章小结】

1. 国际结算也称“国际清算”，是国与国之间的货币收付行为。国际间由于政治、经济、文化、外交、军事等方面的交往或联系而发生的债权债务予以了结清算。从这个定义可以看出，国际结算的业务涉及范围广、参与部门多，关系到一国的对外关系，大多通过银行体系完成结算和转移，属于银行的一项重要的中间业务。

2. 国际结算的内容主要包括三个部分，即国际结算支付工具、国际结算方式和国际结算单据，其中国际结算支付工具和国际结算方式构成了主要内容。国际结算支付工具主要是指可以流通转让的票据，在国际结算中使用的信用工具主要是金融票据，包括汇票、本票和支票。国际结算方式是指按照定一定条件、采取一定形式，使用相应的信用工具实现国际货币收付的方式，在国际结算中使用的信用工具主要包括汇款、托收和信用证。

3. 票据结算风险是指在国际结算过程中由于诸如票据的伪造、变造；票据的取得不当，是出于恶意或重大过失取得；票据行为无效或缺陷；有关人员工作上的经验不足或能力不够等原因引起的，给有关当事人造成利益损失。常见的票据结算风险有票据伪造风险、票据变造风险、持票人享有的票据所有权有缺陷、金融机构工作人员玩忽职守的风险、非真实交易风险等。

4. 国际结算方式风险是指在国际结算过程中使用包括汇款、托收和信用证等结算方式所产生的风险。汇款结算风险发生于国际汇款业务中，它是指由汇款人（进口商）委托银行将一定金额的款项汇交给国外收款人（出口商）的结算过程中产生的风险。托收结算风险是指债权人（出口商）在货物装运后，开具以债务人（进口商）为付款人的汇票，连同有关单据委托当地银行的国外分支机构或代理行向进口商代为收款的结算过程中产生的风险。信用证结算风险是指由银行开立的有条件承诺付款的书面文件（即信用证），从而产生的结算风险。

【复习思考题】

1. 国际结算的含义和特征是什么？
2. 票据结算中的票据行为有哪些？
3. 托收与汇款结算方式的主要当事人分别有哪几个？
4. 汇款、托收、信用证三种结算方式的区别是什么？
5. 简述国际结算过程中存在的风险以及风险防范方法。

【拓展阅读】

取代 SWIFT 体系？看懂区块链跨国结算系统

金融科技（FinTech）将金融与科技相结合，推进创新举措，这一运动正在全世界范围内改变现在的金融体系。2019 年 3 月 19 日至 21 日在新加坡举行的全球顶级金融峰会 Money 20/20 上，IBM 的区块链和数字货币主管 Jesse Land 向记者表示，“跨境汇款是金融业的一个主要难题”，但是可以通过区块链解决国际汇款问题。

一、跨国汇款问题

金融业存在各种各样的问题，其中值得关注的一个问题是“跨国汇款”的效率低下。现在的汇款方式有哪些问题呢?

首先说明跨国汇款所采用的“通汇协定”汇款方式。例如，我在美国的 X 银行有一个银行账户，而 A 先生在日本的 Y 银行有一个账户。当我向 A 先生提交转账申请时，美国银行 X 从我的账户中扣除汇款金额，并将钱转到美国 X 银行的 Y 银行账户。之后，日本的 Y 银行从日本 Y 银行的 X 银行账户中扣除相同金额，并将其转入 A 先生在日本的账户。国际货币转移是通过这种签订契约的机制实现的。

二、汇款速度

在通汇协定中，关于“谁”“给谁”“多少钱”的信息是不可缺少的，在此将这些支付所需的信息称为“电文”。电文是通过一个叫做“环球同业银行金融电信协会(SWIFT)”的银行结算系统交换的，SWIFT 是一个使用了约 50 年的古老系统。

进行国际汇款时，会发送包含“谁”“给谁”“多少钱”等信息的电文。此后经过批准，美国的 X 银行和日本的 Y 银行都分别进行必要的处理，处理内容被记入银行的分类账，一连串的处理后用 SWIFT 发送电文。然后进行最终确认来避免出错，这笔交易需要三到四天完成。

三、汇款费用

当我把钱从美国 Z 银行汇到日本 Y 银行的 A 先生的账户时，美国 Z 银行将用 SWIFT 系统向日本 Y 银行发送电文。于是，日本的 Y 银行对美国的 Z 银行说：“我们的通汇协议是美国的 X 银行，请通过那里汇款。”

在这种情况下，两个银行之间有别的银行插手，所以过程会变得非常复杂，而且可能会变得更复杂。因为根据银行之间的合作关系，两家银行之间有可能有 3 家到 4 家以汇款为媒介的银行，在此中转过程中就要收取手续费。因此，SWIFT 电文并不包括沿途中所收的手续费。举例来说，如果你想向对方发送 100 万美元，你不知道要交付 100 万美元需要支付多少额外费用。

另外，在钱流动期间，也并不知道钱现在在哪里以及它处于什么状态。此外，由于每个点需要更长的时间，处理时间将进一步增加。可以看到，当公司之间进行国际汇款交易时，会存在很多利益相关者，并且交互变得更加复杂，效率非常低下。

四、转账效率低下

大约 50 年以来，随着银行的增加和减少，SWIFT 系统变得庞大起来。其中也有长期和很多其他银行保持代理关系的银行，这样的银行一般是大银行。小银行的关系银行数量相对较少，因此汇款路线之间没有大型银行就无法转账。而且即使汇款，结算的路径也会变长。

同样，在 SWIFT 系统要按照结算的路径走，为了遵循结算路线，必须要签订通汇协定。因此，在国际汇款上，通汇协定和SWIFT系统一直是一种效率低下的结算机制。如果能够统一这两种机制，并连接全世界所有的银行，就不需要汇款的中间点和手续费了。

五、区块链结算系统

因此，IBM创建了一种基于区块链技术的跨国结算系统，称为IMB区块链全球支付系统（IBM Blockchain World Wire），IMB区块链全球支付系统将消息交换和数字资产交换整合在一个区块链网络上，银行使用持有的数字资产进行货币交换。比如，美国的X银行准备往日本的Y银行汇款。IMB区块链全球支付系统将X银行的信息和加密货币同时发送到区块链网络上的Y银行账户，从而实现近乎实时的清算和结算。

IMB区块链全球支付系统的另一个优势是促进金融包容性（为贫困人口提供改善正规金融交易的解决方案）。现在，地球上的许多人生活在不稳定的政府和不稳定的经济之下。很多地方没有银行，这里的人也没有银行账户，所以不能通过银行交易。然而，这些地区手机也已经普及，他们可以使用手机进行交易，而不再需要实体银行和银行账户。

只要是受到政府监管的正规金融机构都可以加入IMB区块链全球支付系统，各种各样的金融机构都能进入传统银行的领域从而引发竞争，而且有竞争的话消费者也能享受到更好的服务。

资料来源：https：//www. sbbit. jp/article/cont1/36274.

参考文献

[1] 刘洋，纪玉山．从“逆全球化”到“新全球化”：中国发展的战略选择［J］．江苏行政学院学报，2018（3）．

[2] 张茉楠．“特朗普主义”下的逆全球化冲击与新的全球化机遇［N］．中国经济时报，2017-02-16．

[3] 胡鞍钢，王蔚．从“逆全球化”到“新全球化”：中国角色与世界作用［J］．学术界，2017（3）．

[4] 赵智．金融开放下的中国金融安全［D］．成都：四川大学，2006．

[5] 刘惠好．国际金融（第三版）［M］．北京：中国金融出版社，2017．

[6] 张炳辉．金融安全概论［M］．北京：中国金融出版社，2018．

[7] 叶蜀君．国际金融（第三版）［M］．北京：清华大学出版社，2014．

[8] 杨海珍．国际资本流动研究［M］．北京：中国金融出版社，2011．

[9] 杨胜刚，姚小义．国际金融（第四版）［M］．北京：高等教育出版社，2016．

[10] 沈国兵．国际金融（第三版）［M］．北京：北京大学出版社，2018．

[11] 张国光．主权债务危机的生成机制与全球治理——基于全球债务资金运动轨迹的实证分析［J］．西南金融，2012（10）．

[12] 陶士贵，吉莉．中国外汇储备的安全评估与预警指标体系研究［J］．中国软科学，2013（9）．

[13] 孙红，张国柱，罗红光，等．国际三大评级机构主权信用评级模式的经验及启示［J］．征信，2015（5）．

[14] 王凡一．欧元国际化对欧洲主权债务危机的影响研究［D］．长春：吉林大学，2018．

[15] 刘慧．全球金融危机后中美经济关系再平衡［D］．长春：吉林大学，2017．

[16] 戴金平，张素芹，邓郁凡．主权债务危机：国家信用神话的破产［M］．厦门：厦门大学出版社，2012．

[17] 孙海泳．中美关系中的债务问题研究［M］．北京：时事出版社，2015．

[18] 杨宝荣．债务与发展——国际关系中的非洲债务问题［M］．北京：社会科学文献出版社，2011．

[19] 刘淑娥，赵秀艳．国际金融［M］．北京：中国人民大学出版社，2017．

[20] 吕鹰飞．国际金融实务（第2版）［M］．北京：中国财政经济出版社，2018．

[21] 罗航．外汇储备与风险管理［M］．武汉：武汉出版社，2009．

[22] 王欢．金融全球化背景下我国货币主权的法律思考［D］．武汉：华中科技大学，2012．

[23] 刘苗．以货币主权为底线的中国金融安全问题研究［D］．天津：天津财经大学，2016．

[24] 程鹏．人民币国际化的影响因素与路径研究［D］．沈阳：辽宁大学，2018．

[25] 张鸿午. 论金融全球化背景下的国家货币主权 [J]. 北华大学学报 (社会科学版), 2009 (1).

[26] 史金城. 基于货币主权的法律性质谈人民币国际化 [D]. 成都: 西南政法大学, 2016.

[27] 施箐. 货币权利研究——以美元为例 [D]. 上海: 上海外国语大学, 2014.

[28] 张萌. 货币国际化视角下的系统性风险传导机制与监管策略研究 [D]. 昆明: 云南大学, 2015.

[29] 韩龙. 国家货币主权的构成与限制问题——兼对美元持续贬值的国际法思考 [J]. 福建金融管理干部学院学报, 2009 (5).

[30] 郝超捷. 我国金融安全指数的构建及综合评价——基于人民币汇率波动对我国金融安全的冲击效应分析 [D]. 沈阳: 东北大学, 2013.

[31] 王利华. 国际结算 [M]. 上海: 上海财经大学出版社, 2016.

[32] 侯迎春, 石月华. 国际结算实务 [M]. 北京: 中国财政经济出版社, 2015.

[33] 郭红蕾. 国际结算 [M]. 北京: 冶金工业出版社, 2008.

[34] 周箫. 国际结算 [M]. 北京: 科学出版社, 2012.

[35] 孟昊. 国际金融理论与实务 [M]. 北京: 人民邮电出版社, 2010.

[36] 刘欣, 郭忠林. 国际金融基础新编 [M]. 北京: 清华出版社, 2007.

[37] 李秀章. 国际贸易中不同结算方式的风险防范 [D]. 济南: 山东大学, 2007.

[38] 兰海青. 出口贸易托收风险及防范措施 [J]. 财经界 (学术版), 2012 (7).

[39] 任娜, 廖华汶. 追本溯源: 探究票据市场风险 [J]. 金融市场研究, 2017 (9).

[40] http: //www. dtsygz. com/mdxw/589. html.

[41] http: //m. kdnet. net/share - 11880443. html.

[42] https: //baike. baidu. com.

[43] https: //www. sbbit. jp/article/cont1/36274.

[44] https: //www. waimaoribao. com/gjjs/9499. html.